聖母文庫

こころのティースプーン もうひとさじ

ガラルダ神父の教話集

ハビエル・ガラルダ

聖母の騎士社

「もうひとさじ」の発行に寄せて

この本は、雙葉学園に通う子どもたちの保護者を対象にして行った講話をまとめたものです。講話の目的は、生徒たちの家族が学校の教育理念をより深く理解することです。家族が、その教育の根底に流れるキリスト教になじんで、学校の雰囲気を家庭の雰囲気にまで広げることができるようにするという目的です。

こういった一致を深める最もふさわしい手段は、親が良い意味で善い人であるということです。カトリックの精神に従って生きる人は、本当は、良い意味の善い人になるはずです。

そのように思いながら話している時、「もうひとさじ」を出す計画があると聞き、驚きました。すでに『こころのティースプーン上・下』が出版されているからです。

しかし、２０１9年度の講話の途中、２０２0年を迎えるころから、世界中の人々が新型コロナウィルスを平等に受けて共に苦しむようになりました。このパンデミックの時に出版されるこの本は、心から特に引き出すべきことがあると理解しました。それは、連帯感です。神は、このパンデミックを、私たちと一緒に受け入れてくださっています。悩んでいる私たちを慰めてくださるだけではなく、その苦しみを愛に変えるように応援しながら抱きしめてくださるのです。

この試練を通して神が人間に悟らせたい真実があります。それは、共に平等に悩んでいる皆が、共に平等に助け合って生きるべきだという真実です。

残念ながら、諸悪の根源である人間のエゴイズムと傲慢は連帯意識を妨げます。私たちは、この悪い力に負けないで、どのようにして連帯感を実現することができるでしょうか。

返事はすでに皆さんの心の底にあります。ティースプーンでもう一度心の底をかき回して、連帯感を生き方にまで引き出すように努めましょう。

講話を真剣に聞いてくださって、録音した中身を丁寧に直して忍耐強く編集してくださった雙葉学園のお母さんたちには、深く感謝いたします。

2020年11月1日（諸聖人の祭日）

ハビエル・ガラルダS.J.

目次

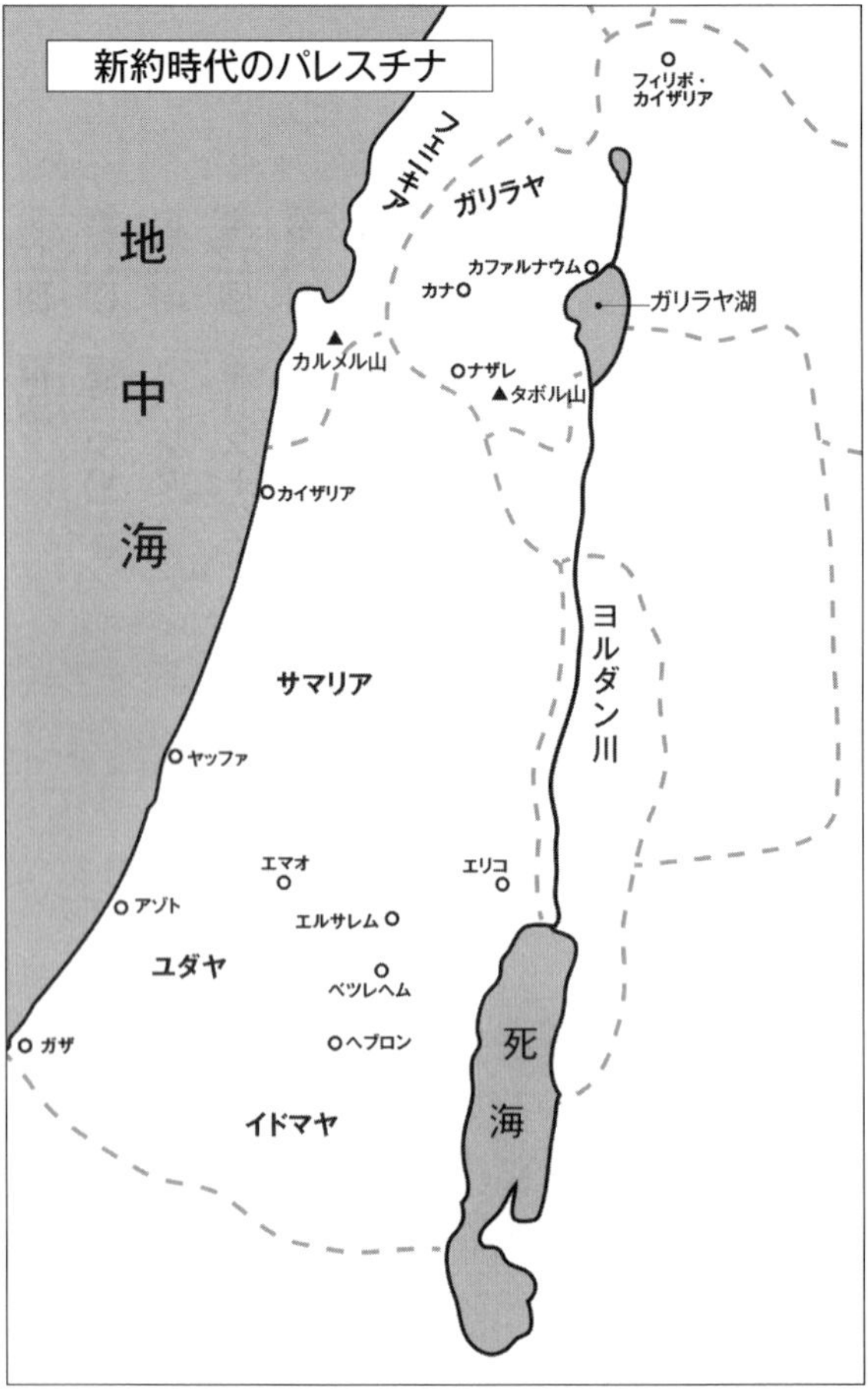
新約時代のパレスチナ
フィリポ・カイザリア
フェニキア
ガリラヤ
地中海
カファルナウム
カナ
ガリラヤ湖
カルメル山
ナザレ
タボル山
カイザリア
ヨルダン川
サマリア
ヤッファ
エマオ
エリコ
アゾト
エルサレム
ユダヤ
ベツレヘム
ガザ
ヘブロン
死海
イドマヤ

第1回　言葉を聞く姿勢

「種を蒔く人」のたとえ　マタイによる福音書　13章1～9節

まず「平和を求める祈り」で始めたいと思います。祈りの始めと終わりに「父と子と聖霊のみ名によって。アーメン。」と言いながら十字を切ります。ちょっと見てください。覚えてください。

† 父と子と聖霊のみ名によって。アーメン。

それではみんなで唱えましょう。

わたしたちをあなたの平和の道具としてお使いください。
憎しみのあるところに愛を、
いさかいのあるところにゆるしを、

分裂のあるところに一致を、
疑惑のあるところに信仰を、
誤っているところに真理を、
絶望のあるところに希望を、
闇に光を、悲しみのあるところに喜びを、
もたらすものとしてください。
慰められるよりは慰めることを、
理解されるよりは理解することを、
愛されるよりは愛することを、わたしが求めますように。
わたしたちは与えるから受け、
ゆるすからゆるされ、
自分を捨てて死に、永遠のいのちをいただくのですから。
✝　父と子と聖霊のみ名によって。アーメン。

おはようございます。先程ご紹介にあずかりましたガラルダと申します。61年前にスペインのマドリードから日本に来ました。上智大学と聖イグナチオ教会でおもに仕事をしてきました。イエズス会の司祭です。よろしくお願いします。

今日は初めてですので、ここで何をするのか少し簡単にイントロダクションをしましょう。皆さんの中には雙葉学園の卒業生の方も多くいらっしゃると思います。その方たちは既に分かっていらっしゃると思いますが、この学校で皆さんの大事な娘さんたちが、どのような授業を受けているのか、どのような雰囲気の中で学んでいるのか、ということがなかなか伝わってこないと思います。ですから、ここで、皆さんにお話しすることは、学校で娘さんたちに伝えていることと一致すると思います。家庭での教育と学校での教育が一致していることを確認する場として活用できると思います。でも、どのようなテーマのもとに進められるのか気になっている方もいらっしゃるでしょう。

教話の目的

アネクドート（anecdote、逸話、小話）ですけれど、私があるミッションスクールの高校2年生の黙想会、錬成会に初めて行った時のことです。事前にシスターには、生徒たちに会で話してほしいテーマがあればリクエストして私宛に手紙を書くよう伝えていました。それで皆さんはいろいろなことを書いてくれました。すると、その中の一人がおもしろいことを書いたのです。その学校の生徒は中学一年生から毎年黙想会がありますので、

「先生、聖書の話ではなくて、役立つ話をしてください」（笑）と書いたのです。聖書の話ではなくて、役に立つ話にしてください、と。私はその手紙がとても印象に残りました。なるほど、それもそうですね、と。たしかに聖書の話だけですと日常生活を送る上であまりピンときませんね。

ですから、この教話では、聖書の話の中から私たちがピンとくるテーマについてご一緒に考えてみるつもりです。何かを教えるとか、皆さんに新しい知識を伝えるということを目的としていません。既にあなた方の心の中にある素晴らしいものが引き出されるということが目的です。

たとえて言いますと、私が以前考えた、あ、あそこに『こころのティースプーン』という本がありますね、まさにその本のことです（会場の入り口に既刊の『こころのティースプーン上・下』が置いてある）。紅茶のカップにお紅茶を注いで、お砂糖を入れます。そのままですとお砂糖の味はしません。底に溶けずに残っていますから。でも、ティースプーンでその底をかき回して飲みますと、あっ今度はお砂糖の甘い味がしますね。底に溶けずに残っていた砂糖の甘さが、ティースプーンでかき混ぜることによって感じられるようになったのです。

では、この意味はというと、カップはあなたの心。そして、お砂糖はあなたの心の中に昔からあった素晴らしいものです。あなた方は生きることに対して、愛することに対して、信じることに対して、素晴らしいものをたくさん備えていらっしゃるはずです。しかし、心の底に残っていて生き方にまであふれ出てこないでいるのです。これでは、せっかくの素晴らしいことが活かされません。ですから、この講座をティースプーンにしたいと思います。ティースプーン。あなたはこのティースプーンを手に自分の心を混ぜながら、本来あった素晴らしいものが活かされるようにするのです。生き方にまであふれ出るようにするのです。これがこの教話の目的です。ですから、このティースプーンですが、私たちの日常生活に役立つ話をしていくつもりです。が、やはりイエス様を知ることは大切だと思います。ですから、福音に出てくるイエス様の姿にも少し馴染まれた方がいいと思います。

四つのS

私は『4S』という言葉を作りました。ローマ字でSという字で始まる四つの動詞です。その四つの動詞をイエス様にあてはめてみます。すなわち、キリストを知る。ローマ字を考えてください。二番目、キリストを好きになる。三番目、キリストに従う。キリストのように生きる。四番目はキリストを知らせる。生き方で知らせる。ですから、知る、好きになる、従う、知らせる。知れば知るほど、好きになります。もちろん分かりにくいことが多いです。イエス様はどうしてこのようなことを言われたのでしょう、どうしてこのような態度を取られたのでしょう。ピンとこないところも多いですが、それでも知れば知るほど好きになると思います。好きになれば、キリストと共にキリストのように生きたいと思うはずです。キリストの生き方を私たちの日常生活に合わせる。キリストに従う。そして知らせる。どのように知らせるかというと、人が助かるために人に仕える、ということです。これが知らせる方法です。このようなことをおもに求めています。

もう一つ。毎回来ていただければそれにこしたことはありませんが、難しいかもしれません。来られない時もあります。ですから、その回ごとにそれぞれテーマを用意します。場合によっては回を跨いで続けることもあると思いますが。

言葉を聞く姿勢

では今日は言葉を聞く姿勢について考えましょう。この講座の言葉だけでなく、言葉を聞く姿勢についていろいろ考えてみましょう。そのためにまず福音を読んでいただきたいと思います。それではマタイ13章1節から9節まで。はい、お願いします。

「種を蒔く人」のたとえ：マタイによる福音書　13章1～9節

その日、イエスは家を出て、湖のほとりに座っておられた。すると、大勢の群衆がそばに集まって来たので、イエスは舟に乗って腰を下ろされた。群衆は皆岸辺に立っていた。イエスはたとえを用いて彼らに多くのことを語られた。「種を蒔く人が種蒔きに出て行った。蒔いている間に、ある種は道端に落ち、鳥が来て食べてしまった。ほかの種は、石だらけで土の少ない所に落ち、そこは土が浅いのですぐ芽を出した。しかし、日が昇ると焼けて、根がないために枯れてしまった。ほかの種は茨の間に落ち、茨が伸びてそれをふさいでしまった。ところが、ほかの種は、良い土地に落ち、実を結んで、あるものは百倍、あるものは六十倍、あるものは三十倍にもなった。耳のある者は聞きなさい。」

ありがとうございます。このたとえは分かりやすいと思いますが、分かりにくい部分もありますので、ご一緒に考えていきましょう。

種は言葉

種を蒔く人の種とは何でしょう。何だと思いますか。種は、言葉ですね。この、言葉というのは聖書に書いてある神の言葉だけを指すのではなく、おもに次のようなことだと思います。

あなたにインパクトを与えた言葉、心の琴線に触れた言葉、「そうだ」と。ある映画を観た時、小説を読んだ時、話を聞いた時、夕日を見た時、犬と一緒に散歩していた時、いつのことだったか、何か、これは！というような印象に残った言葉があるでしょう。その言葉をどのように受け留めれば良いのかということです。

そしてまた、誰かがあなたに願っている言葉。人間の心の言葉です。口から出る言葉は分かりますね。あなたの娘さんや、誰かがこれをお願いします、と言えば分かります。でも、人が一番言いたい言葉はなかなか口に出てこないのです。心の中に残っています。ですからその人の心の願いを察して聞かなければならないのです。ただどのように聞くかということです。願う言葉、インパクトを与える言葉、感動させる言葉、それらは大変貴重です。あなたの宝物です。

では、この言葉、この種は一体誰が蒔くのでしょう。最終的には神様ですね。

皆さんの中には神様がピンとこないという方もいらっしゃると思いますが。この聖書の意味では神様です。ところが、神様が直接あなたに話すことは滅多にありません。人を通して、音楽を通して、自然を通して話してくださいます。悲しみや喜びを通して話してくださいます。あなたの家族を通して話してくださるのです。これらは全て神様が蒔かれた種です。

さて、そういうあなたも種を蒔く人でもあります。お母さんとして、人として、種を蒔いているのです。種は良い言葉です。人に善いことをする言葉です。あなたはその種を蒔いています。何回も何回も沢山の種を蒔いてきたでしょう。自分の家族、子供たち、そして弱い立場に置かれている人に対して、良い言葉を述べ、良い行いをしてきたはずです。それが種を蒔いた、ということです。ですから、あなたは種を蒔く人です。私はこのような祈りを考えてみました。大好きな祈りです。神様を信じないという方も一応合わせて祈ってみてください。

主よ、私が蒔く、あるいは私が蒔いた、あなたの種を実らせてください。

この、「あなたの種を実らせてください」のあなたの種というのは愛の種です。善いことをする種。人の幸せを求める種です。それらが全て愛そのものになります。神のものに。ですから、主よ、わたしが蒔いたあなたの種、あなたの種ですが蒔いたのは私、ですから威張っても良いと思いますよ。私が蒔いたあなたの種を実らせてください。私たちは愛する人にいつも良いアドバイスをしようと思っているのですが、ともすると右の耳から入って左の耳から出ていってしまうことになりかねません。全然影響が出ません。それが悩みの種でしょう。母親として、教育者として。私があのようにアドバイスしたことを受け留めてくれたかな、無駄だったみたい……。そうではないのです。あなたは種を蒔く。そして、実らせてくださいと祈る。その種はいつか実るのです。

上智大学のある学生が卒業した時にこんな言葉を言いました。

「私たちはこの大学で種をもらった。」

彼は無神論者です。ヘルメット学生に近い。学園紛争の時にはすごいバリケードを築きました。その人が、私たちはこの学校でいい種をもらった、と言うのです。いつ実るのかは定かではありません。でも必ず実る時は来ます。そういうことです。必ず実ります。あなたはそれを見届けることはできないかもしれません。しかし、あなたが祈れば必ず、蒔いた種は実ります。ですから、主よ、わたしが蒔いたあなたの種を実らせてください。私には種を蒔くことはできても、実らせることはできないのです。ですからそれを祈ってください。

種を受け入れる四つの姿勢

その種を受け入れる姿勢について。このたとえ話では四つの態度、四つの姿勢が描かれています。ある種は道端に落ちました、他の種は石だらけの所に落ちました、他の種は茨の間に落ちました、他の種は良い土地に落ちました。それによって実るか実らないかということが異なってきます。私たちがどのような態度で、その種という言葉を受け入れるか、ということがこの話のポイントです。

1、道端に落ちた種

一番目に蒔かれた場所を確認しましょう。ある種は道端に落ちて鳥が来てついばんでしまいました。持っていってしまいました。道端というのは土の表面ですね。何を意味するのか、皆さん考えてみてください。私の考えは、まぁイエス様も似たような説明をされていますが、道端というのは深さのない浅い場所です。下手をすると私たちも深みのない生き方をしているかもしれません。軽い生き方。もちろんいろいろ心配事もあるでしょうし、しなくてはならない仕事もあります。でも、ほどほどにやっていて、非常に向上心があるわけでもなく、ただまぁ楽しくやっている。これは、道端です。その生き方は危ないです。深さが足りない。ですから鳥が来ると蒔いた種を取って行ってしまうのです。

では、鳥は誰でしょう。私の考えでは二種類の鳥がいて、一つは良い友達であっても自分を悪い所に導く友達です。決して悪い人ではないけれど。悪い所に誘う友達がいますね。その仲間に入ると必ず悪口を言う人がいます。その人が、鳥。その鳥はあなたの言葉を盗んでしまいます。しかも考えてみれば鳥はかわいらしいです。全然怖くない。コンドルのように大きな鳥だったら怖いけれど、普通は鳥はかわいいものです。でも、その鳥はあなたの種を持っていってしまいます。そのような友達は付き合っていて楽しい。遊ぶのがうまい。ですから一緒にいるととても楽しいのです。でもいつの間にか、あなたは大切な言葉を失っているかもしれません。ですから友達は大切ですが、見極めた方がいいです。本当にこの友達はあなたの人生にプラスになっていますか。それともマイナスになっていますか。全てが悪い人ではありません。いいところもあるでしょう。でもあなたの向上心と、人を大切にするという思いは奪われるかもしれません。あなたがこれだと思う言葉を持ち去ってしまうかもしれません。そのような友達です。

もう一つの種類の鳥は執着。私たちはいろいろなことに対して執着があります。悪い、あまりよくないことに執着しています。ご自身で考えてみてください。たとえば、あまりいいものとは言えなくても、どうしても欲しいものがあるとします。習慣とか、雰囲気とか、食べ物、飲み物など。それはあなたにとってブレーキになっているのです。それに縛られているのです。でも、解放することができません。どうしても欲しい。私にはよくないとわかっていても欲しい。その執着は鳥です。あなたの大切なことばを奪い、向上心のブレーキとなります。

2、石だらけの所に落ちた種

二番目にいきましょう。他の種は石だらけの所に落ちて、土が少ないので芽を出したけれど根を下ろすことができませんでした。石だらけで、土が少ない所。根を下ろせないのでどうなったかといいますと、芽を出しても太陽が昇ると、焼けて枯れてしまいました。これは麦の穂ですね。日本でしたら稲穂ですが、イエス様の国では麦の穂でした。5月、6月は日差しがとても強いです。ですから麦の穂は焼けて黄色くなるのです。でも、根があれば焼けても枯れないで済みます。根は土の下から水分を吸えるので焼けても枯れないのです。内面的な潤いがあるから枯れません。根を通して吸うのです。ですから根を下ろさないと焼けて枯れてしまいます。根が無いからですね。

根は夢や憧れ

では、根とは何でしょう。いろいろと考えられますが。一つは、夢とか憧れでしょう。何かを本気で求めること。当然、自分の家族もその一つです。そしてそれと同時にあなたの心が望む夢、心を満たす夢です。その夢を本気で求めることが根だと思います。もう少しこれについて考えましょう。

夢あるいは憧れにはまた二つの種類があります。海を背景にしてその二つの種類を考えてみましょう。海が背景です。

一つは目標という島々です。この島、他の島、次の島。これらは具体的で一時的な目標です。たとえばみなさんの子供が高校三年生だったとしますね。だとしたら彼女の目標は明らかです。希望する大学に入ることです。そのために勉強します。そして大学に入った時点で、希望の大学に入る、という島を過ぎ去ります。島は過去のものとなります。そして新たな島が現れます。つまり入学した大学での学問、クラブ、また運転免許を取る、結婚する、そして子供を持つ……、どんどん、具体的で一時的な島々が現れます。この島々は必要ですよ。人は皆持っています。皆とは言えないのですが、大体持っています。これらは一時的な目標です。これは大切です。この目的によって人は生かされるのです。何もないとダラダラ、ダラダラしてしまいますので。一時的な目標です。

それと同時にもう一つ夢という種類もあります。これはもっと難しいです。すなわち、水平線を求める夢です。水平線を求める夢は、具体的で一時的なことではありません。生きる根本的な目的。言い換えれば、いただいた命であなたは何をしようとしているのか。大学に入ることだけではないでしょう。勉強することだけではないでしょう。あるいは、結婚することだけではないでしょう。それら一つひとつはとても大切なことですが、もっと根本的に水平線を求める。しかもその水平線には永遠にたどり着けないのです。島ならば到着できますが、水平線はようやく近づいてきたと思っても遥か彼方に遠ざかり、いつまでたってもたどり着くことができません。たどり着くことなく遠ざかります。この場合、到着することより旅の方が大切です。

生きる根本的な目的

では、あなたの生きる根本的な目的とは何でしょう。考えてみた方がいいと思いますよ。文章で書くなどして……。私は何のために生きるのだろう。私にとって、生きることとは何を求めているのか。たとえば自分の子供の健康管理など、それはもちろんのことですが。ヒントは、良い意味での善い人でありたい、ということ。これは水平線的な目的になり得ます。悪い意味で善い人でありたいというのは、ぶりっ子のことです。そうではなくて骨までいい人。そうありたいものです。ところが「もう善い人になりました」と言える日は残念ながらやってきません。ずっと求め続けなければなりません。

あるいは社会に恩を返そうと思っている。これはテレビで知った話です。多分みなさんもご存知でしょう。二年程前、ボランティア活動をしている定年退職された男性が、行方不明になっていた子供を見つけ出しました。その時のインタビューで、

「なぜこんなに多くのボランティア活動をされているのですか？」

との問いに対して、彼は、

「社会に恩を返そうと思っているのです。」そう答えていました。(1)

なるほどなぁ、と思いましたよ。いい言葉だなと。社会というのは親を含む社会です。赤ちゃんが最初に出会う社会は親です。私は社会ということばを聞くたびに何か冷たいイメージを抱いていました。社会というのは自分の収入から税金を取っていく存在だと。あるいは電車に乗ると背後から容赦なく押してくる人たち、それが社会だと。でもそれだけではないですね。社会のおかげで私たちは生きているのではないですか。健康の面でも、文化の面でも、全ての面で。この時

計、このお茶、交通機関、大学、博物館、病院、全て社会です。家族と親を含むこの社会のおかげです。その社会に恩を返そうと生きることは目標として良いと思います。善いことをしていると言えます。

では、生きる目的についてもう一つ。自分の愛の行いが感じさせる喜びを求めて生きる。自分の愛の行いが人に感じさせる喜び。人にも動物にも植物にも。あなたがお花に水をやれば、お花は喜ぶでしょう。ワンちゃんと一緒に散歩すればワンちゃんが喜ぶでしょう。ですから、あなたは愛の行いで、自然と人々を喜ばせる生き方ができればいいと思います。なるべく沢山の人に沢山の喜びを感じさせたいですね。

そこで一つの例を挙げましょう。時々引用する私の好きな映画です。「生きる」という黒沢明監督の映画です。

「命、短し～（歌♪）」

ご覧になりましたか？　是非観てください。白黒でちょっと聞き取りにくいところもあって退屈かもしれませんが、いい映画ですね。黒沢明監督は日本より海外の方が有名だそうですよ。私も大好きです。とにかくその映画の全てをここでは話すことはできませんが。主人公は渡辺さんという市役所の課長だったと思います。戦後日本が貧しかった頃の話ですね。ある時、お母さんたちが子供たちが遊ぶ公園が少ないので作って欲しいと役所にやって来ました。彼はそれを断ったのですね。ところが、彼は胃癌になってしまいました。余命5、6ヶ月しかないことになった時、果たして生きるとは何か、ということについて考えました。今まで自分たちはこの仕事のため、というよりは、自分のポジションを守る、この席を守るために仕事をしてきた、と思ったのです。なるほど。市役所で働いているにもかかわらず市民のために仕事をしてきたわけではない、自分の生活を守るために仕事をしてきたというわけです。それで彼は非常に虚しくなったのです。自分はもうすぐ死ぬけれど、生きるとは何かと考え始めた。そして彼なりに試行錯誤して、公園を作ろうと考えたのです。彼は貧しい子供たちのために小さな公園を作ることにしました。次第に癌が悪化していくのですが、あらゆる逆境や困難に打ち勝って、とうとう小さな公園を作り上げました。そのできたての公園に

一人、雪がぱらぱらと舞う夜、ブランコに座って

「命、短し～（歌♪）」

と歌いながら亡くなるのですね。彼は生きるという意味がやっと分かったのです。

彼にとっての喜びとは何だったのでしょう。考えてみてください。生きていてよかったのですか。やっと生きがいを感じたのが嬉しかったのですか、それもありますね。やっと生きる意味がわかった、ということも嬉しかったでしょう。皆の反対にあっても公園を作り上げた、ということも。でも何よりも彼が嬉しかったのは、その公園で楽しく遊んでいる子供たちの喜び。これが何よりの幸せだったでしょう。その公園で楽しく遊んでいる子供たちの笑い声や笑顔だったでしょう。私たちもこの世の中が沢山の人の笑い声で溢れることを生きる目的にすればいいと思います。本物の喜びですね。気を付けてください、わがままをゆるせばその人は喜びます、でもそれは本物の喜びではありません。本物の喜びは心が望む、心を満たす喜びです。その喜びを感じさせるのは生きる意味であり、夢、根

本的な目的です。まず、あなたの家族から始めましょう。子供の屈託のない笑顔は大切です。ただ口で笑うだけではなく、心も喜ぶような、そのような行いを心がけたいですね。なるべく多く、自然に対しても、動物に対しても。

人生は荷造り期間

人生は荷造り期間だと思います。この笑い声の荷造り期間です。荷物を用意するのです。何を持って行くことができますか。お金は持って行けません。肩書きも持って行けません。何なら持って行けるかというと、喜びです。あなたの愛の行いが感じさせた喜び。人生はこの喜びの荷造り期間です。なるべく沢山持って行くのです。もしあなたが神様を信じていれば、その荷物で何をするかというと、その荷物は神様へのお土産です。人生という旅のお土産。神様が望んでおられるお土産はクリスチャン・ディオールのネクタイでもロエベの財布でもないのです。この喜びを、この荷造り期間で沢山作るようにしましょう。これは水平線的な目標です。とにかくこの二つの種類の夢、島々と水平線の夢があることがとても大切です。もう一度自分なりにふり返って考えてみた方がいいと思います。

いろいろなことで忙しくてもう十分このままでいい、と思ってしまいがちです。そうではなくて向上心を活かしてください。何かを求めることは大切です。今まで と同じ、そのままではもの足りないです。

自分が子供だった頃を思い出してみてください。ご両親を愛していますね。もちろん愛していますがそれほど誇りに思えない時もあります。遊んでいるばかりで、時間を浪費したり、もちろん家事はしていますが、軽い生き方をしていて向上心のない親を目にすると、あまり尊敬できませんね。あまり誇りに思えません。それとは反対に、本当に「向上しよう」と思っているご両親は誇らしく思うでしょう。別に無理しているわけではなく、落ち着いて余裕をもって向上心を抱いている親を見る時、ただ愛するだけではなく敬服して誇りに思うでしょう。

人の尊敬を常に獲得しなければならないのです。あまり良い言葉ではないのですが「釣った魚に餌はやらない」というのを聞いたことがあります。うまい表現ですね。たとえば、あなたの周りの人たちを釣った魚だと思わないでください、その人たちは餌をやらなければおとなしくバケツに入ってないかも知れませんが、餌をやるということは自分を磨かなければできません。相手からの尊敬を常に獲得しなければならないのです。子供は大きくなるにつれていろいろなことを考えますね。その時、子供の尊敬を得ることができなければなりません。配偶者の尊敬もです。

3、茨の間に落ちた種

三番目の種は茨の間に落ちました。茨が伸びてそれをふさいでしまいました。種から芽が出て伸びましたが、茨も伸びてそれを覆ってふさいでしまったので実らなかったのです。茨は何でしょうか。いろいろ考えられますね、自分の好きなように解釈してもいいですよ。

私が思うのはこの単語。新しい単語です『2K』。二つのK。先程は『4S』でした。今度は『2K』。日本語のローマ字にKで始まる単語は沢山ありますが、この二つです。金と肩書き。これを2Kと呼ぶことにします。お金と肩書き、この茨は2Kかもしれません。必要以上に求め過ぎる2Kは茨です。

2Kは大切です。お金は良い暮らしを保証してくれるものですし、良い暮らしはありがたいものです。しかも将来の保証と安心感も与えてくれます。財産があれば何かあっても何とかなります。ですから、良い暮らしと安心感の保証は非常に大切なことです。

肩書きもそうです。肩書きは、出世、成功、権力、権威。男性は特にこれらに誘惑されがちです。誰もがそうですが。人気がある、評判、評価、どのように見られているのか、上に立つこと。このようなことに非常に関心があります。つまり肩書きということです。

しかし、金と肩書きはとても大切ですが、必ずしも人間を幸せにするとは限りません。このことは話すと長くなりますから保留にします。いつかこの２Ｋについてもう少し詳しく考えましょう。今、大体の結論を言いますと、２Ｋを必要以上に求め過ぎると種は奪われてしまうということです。塞がれてしまうのです。

４、良い土地に落ちた種

四番目の種が落ちた土地、これは良い土地です。良い土地というのはどのような土地でしょう。このことについてイエス様は別の箇所で説明されています。良い土地というのは、言葉を聞いてそれを行う人のことです。言い換えれば、言葉を心に受け入れて、行いで実現する。頭で聞くのではなくてやはり心。人を動かすのは結局心ですね。その言葉を心に受け入れる。頭で「なるほど」「そうですね」「やっぱり」と思うだけでは人は動きません。心に入ると動くのです。心に受け入れ、今度は受け入れるだけではなく、実行です。行い。これは私たちの弱いところです。私たちはきれい事を並べるでしょう。もっともなアドバイスをするでしょう。実に立派で素晴らしいことを言うけれど、自分はしない。そこが弱点です。するのです。愛は実践です。考えるだけでなく、きれい事を並べることだけでなく、むなしい同情を感じることでもなく、行いです。これが良い土地です。その良い土地は沢山の実を結ぶでしょう。

実は愛の行いが感じさせる喜び

では実とは何でしょう。考えてみてください。実を結ぶ。その実は何でしょう。まあ、いろいろと考えられますが、私は先程言った「自分の愛の行いが感じさせる喜び」、この喜びが実だと思います。荷造りする喜び。あの「生きる」の映画の子供たちが公園で楽しそうに微笑む、その微笑み。人の微笑み、人の喜びを感じさせるのは実だと思います。結局、実を結ぶということは福音から言えば人を救うということです。人を救うというのはどういうことかというと、深い喜び、本物だから残る喜びを感じさせることです。それは人を救うことだと思いませんか。悩んでいる人、困っている人、その人の心が望んでいる心を満たす喜びを感じさせるのは、救いです。それは実だと思います。

では、もう一度読んでいただきましょう。マタイ13章1節から9節まで。

――――　聖書の朗読　――――

ありがとうございます。少し考えましょう。一分位考えましょう。

それではお手元の祈り、「アヴェ・マリアの祈り」で終わりたいと思います。

✝　父と子と聖霊のみ名によって。アーメン。

アヴェ、マリア、恵みに満ちた方、

主はあなたとともにおられます。
あなたは女のうちで祝福され、
ご胎内の御子イエスも祝福されています。
神の母聖マリア、
わたしたち罪びとのために、
今も、死を迎える時も、お祈りください。
アーメン。

† 父と子と聖霊のみ名によって。アーメン。

お疲れ様でした。ありがとうございました。また、次回。

（２０１９年５月９日）

（1） 尾畠 春夫（おばた はるお）１９３９年生まれ。大分県在住の環境保全奉仕者。ボランティア活動家。元鮮魚商。１９９３年、登山道整備のボランティア活動を始める。鮮魚店閉店後に活動を本格化させ、多くのボランティア活動の実績により、数々の表彰を受ける。２０１８年の行方不明児を無事に発見。長年の環境保全活動により、２０２０年秋の緑綬褒章受章。

第2回　人を大切にする

新しい掟　ヨハネによる福音書　13章34節〜35節

まず、この間の事件の犠牲者のために祈りたいと思います。（1）

✝ 父と子と聖霊のみ名によって。アーメン。

主よ、この間命を奪われた小学生と、そのほかのお父さんが亡くなられました。非常に悲しいことです。その方々があなたのもとで憩いますように、そしてそのご家族の悲しみが癒されますように祈ります。そしてこれからもずっと、おもに子供たちの安全を守ることが徹底されるために祈りたいと思います。では、「アヴェ・マリアの祈り」を唱えましょう。

✝ **「アヴェ・マリアの祈り」**（480ページ）

おはようございます。では、最初に少し聖書を読みましょう。ヨハネ13章34節から35節までを読んでいきたいと思います。お願いします。

新しい掟：ヨハネによる福音書　13章34～35節

あなたがたに新しい掟を与える。互いに愛し合いなさい。わたしがあなたがたを愛したように、あなたがたも互いに愛し合いなさい。互いに愛し合うならば、それによってあなたがたがわたしの弟子であることを、皆が知るようになる。

ありがとうございます。「わたしがあなたがたを愛したように、互いに愛し合いなさい」、これがわたしの新しい掟である。この互いに愛し合うということについて考えましょう。また折にふれて話すつもりですが、今日のところは形として子供向けの話をするつもりです。話を聞いて耳が痛くなるかもしれませんね。

では、人を大切にするには、どうすればいいのでしょう。基本的に、まず耳を使い、口を使い、目を使い、手足を使い、心を使います。……子供向けのようで、実ははちょっと耳が痛い話になります。

一、耳を使って人を大切にする

まず、耳を使って人を大切にする。この間、言葉を聞く姿勢について話しました。では少し確認しながら振り返ってみましょう。付け加えることがあるかもしれません。人を愛するということは、人の話を聞くことです。人の話を聞くことは人を愛することになります。心を開いて人の話を聞くことはその人を愛することになるのです。そして何を聞くかというと、まず相手が話したいことを聞きます。こちらが聞きたいことを言わせるのではなく、相手が話したいと思っていることを聞くことです。従って、最後まで聞くのがいいです。これは難しいですね。私たちは途中で口を挟みたくなるものです。口を出さないで最後まで聞いて、相手の言い分をよく理解してから反応するべきです。相手が言ったことを聞く。それだけではなく、このゲーテの言葉ですね。

〝相手が何を言ったかということより、相手が何を言いたかったのか、という

ことを理解できない人は子供っぽい。〃

厳しくてありがたい言葉だと思います。私たちは相手が言った言葉にこだわり過ぎます。相手が言いたかった本心を理解しないのは子供じみています。さすがですね。相手が言いたかったことを理解できれば不要な喧嘩が減りますね。また残念ながら、私たちは相手が言いたかったことを悪い方に解釈する傾向がありますね。それはまずいです。なるべく良い方に解釈した方がいいです。

例えば、大学で二人の学生が、授業を終えて歩いているとします。そこへ先程の授業の先生が通りがかりました。

「こんにちは。」

「あっ、先生。先程の授業はとてもおもしろかったです。」

一人が言うとしますね。

「ありがとう。」

と先生。そして先生が行ってしまうと、もう一人の学生が言うのです。

「お前、ごますりだな、ごますりだな。」

ごますりだな、と。それは結局、この人は友達の言葉を悪い方に解釈したのですね。彼が言いたかったことはそうではなかったのです。良い点を付けてもらうためにごまをすった、といった解釈もありますよ。でも他の解釈もあり得るのです。本当に良かったから、おもしろかったから、純粋にそう先生に伝えたのですよ。先生に対しての感謝にもなるし、刺激にもなります。それで言ったのですよ。そのような解釈もあります。でも、その友達の学生は悪い方に解釈しました。私たちもたびたびありますね。残念ながら悪い解釈が当たる時もあります。そのような場合もありますが、どちらがいいかといえば、悪い解釈が外れた方がいいですね。良く解釈して裏切られた方が良いと思います。

私たちには人を信じて裏切られたという経験があるでしょう。信じたのに裏切られたというのは悲しい。そして悔しいです。でも、裏切られないために信じないというのはもっと虚しいです。ですからなるべく良い方に解釈した方がいいです。

もう一つ、聞くことについて。耳を使って聞く。人の心の声を聞く。心の言葉を聞く。その時に察することができればいいと思います。人が本当に言いたかったことは多くの場合心に留まっているものです。口にまで出てきません。いろいろな理由があるからでしょう。恥ずかしいとか、遠慮深いとか、あるいは迷惑をかけたくないとか、様々な理由で。結局この人は口に出しては言わないけれど、本当に言いたい言葉は心に残っているのです。そのような時、あなたがその心の声を、心の言葉を聞くことができれば、その人はとても助かります。心の言葉、口に出ない言葉。広い意味で、あなたがたの子供、家族、友達、皆に対して、この行為は愛するということになります。

二、口を使って人を大切にする

1、嘘をつかない

次に、口を使って人を大切にする。これは、まず嘘をつかない。大きな嘘をつかないことです。小さな嘘は、良くないけど、まぁ……。でも大きな嘘はつかないことです。なぜなら、上手に嘘をつくには記憶力が必要ですから。記憶力がなければ嘘はすぐにわかってしまいます（笑）。

「この間行かなかったのは風邪を引いていたから、いや、この間は出張だったから（笑）。えっ、どっちかな（笑）、どっちだ（笑）？」

人間は記憶力が弱いので嘘はつかない方がいいです。「真理はあなた方を自由にする」(2)という聖書の言葉があります。真理は、あるいは真実は私たちを自由にしてくれます。

それとは反対に嘘と偽善は私たちを縛り付けます。嘘をついたらその嘘を守るために何度も嘘をつき続けなければならないでしょう。それで縛られるのです。本当のことを言えば、解放、自由です。真理は私たちを自由にしてくれるでしょう。

ちょっと脱線します。今、ふと思い出しました。昔、皆さんがまだ生まれていなかった頃、公民権運動がありました。マーティン・ルーサー・キング牧師が暗殺される少し前です。この運動や非暴力に心酔していたジョーン・バエズは、この時デモの参加者に促されて“We Shall Overcome Someday”を歌ったのです。政府に権利制定を訴えるために。(3)

「We shall overcome～（歌♪）」

そこでThe truth will make us free.

「The truth will make us free～（歌♪）」

真理は我らを自由にしてくれるであろう、と歌っています。この歌を「私たちの魂」とキング牧師は言っていたのです。というのは、人々がデモに参加するのは何のためかというと、自分の人権を認めてもらうためではないのです。人々がデモをしているのは、真理が顕れるためです。真理を探求してデモに参加しているのです。自分たちの利益ではなく真理を求めて。そして、真理が明らかになったら、その結果として自分たちは自由になるでしょう。自分たちの人権も取り戻されるでしょう、と。ですから、真理を求めて。真理はあなたがたを自由にしてくれます。そのような意味で、嘘を言わないようにしましょう。

2、噂を流さない

そして、噂を流さないように。噂は止めた方がいいです。噂を流すのは楽しいでしょう。しかし噂の多くは悪いことですね。私たちは不思議です。良い噂はほとんど流れてきません。いつも悪いことです。

「この人はこんなことをしたのですよ。」

サーっと流れますね。小さなことだったらまぁ仕方がない。でも、噂を自分からは流さないように。そして自分に流れて来た噂は止めるように。自分のところでストップする。もうこれ以上流さない。皆がそうすれば噂は広まらずに済みます。その噂によって人がひどく傷つけられることがあります。噂は非常に無責任ですね。

「私が言ったんじゃない。私が聞いたことを言っているだけですよ。」

それもいけないのです。聞いたことは止めるべきです。それは口を使って人を愛することに繋がります。

真実を言うべき時もあります。ときにはその真実は相手のプライドを傷つけるかもしれません。このことについては後程、コミュニケーションについて話す時に詳しく述べることにしましょう。今は少しだけ。「真実は最高の親切」です。相手のプライドを傷つけることになっても最高の親切です。逆に、遠慮深く、勇気がなくて真実を言えない、言うべき真実を言わない人は、一見優しそうで、実は一番不親切な人です。

なぜなら、人は我慢しすぎていつか我慢できなくなる時が来ます。その時一気に全てを吐き出すことになりかねません。それこそ相手をひどく傷つけることになるのです。早めに素直に言うのが一番の親切です。そうかといって、いつも、いつも言わなければならないという訳ではありません。知らぬが仏という時もあります。それについてもまた機会をみて話しましょう。真実を言うのは最高の親切です。口で言うと相手のプライドをちょっと傷つけるかもしれません。でも結果的には良いはずです。母親として、家族に言い過ぎることもあるでしょうが、それは友達に対しても他人に対しても同様です。

3、自分の意見を絶対的真理にしない。

もう一つ、口を使って人を大切にすることについて。何かを決めなければならないとします。家庭の中でも仲間うちでもサークルでも。そこで二つの違った意見が生じたとします。その時に、話し合う前から自分の意見を絶対的な真理にしないようにしましょう。自分の意見はあくまでも一つの意見にすぎません。絶対性はないのです。あなたがそれを最終的な決定としたなら、相手も負けてたまるかと自分の意見を絶対的なものにしようとするでしょう。それでは話し合いになりません。力関係の喧嘩になるだけです。そうではありません。

絶対的なことはどこかにおいて、二人ともそれぞれ自分の意見を持って話し合うのです。話し合って何を求めるかというと、真ん中に隠れている真実、本当の真理を探すのです。これが目的です。真ん中にある、まだ隠れている具体的な真理を探求するのが話し合いの目的です。自分の意見を通すということが目的ではありません。本物の真理があらわれる、明らかになる、という目的のために、二人とも違った意見を持って協力的に真理を探求する。これが本当の話し合いです。

これは非常に難しいです。なぜ難しいかというと私たちの諸悪の根源は、エゴイズムと傲慢だからです。利己主義。自分さえよければ。それが私たちの骨の髄まで入っているからです。

罪の根源はエゴイズムと傲慢

ここで、罪について少し言いますと、原罪、アダムとイブが善悪を知る木の実を食べた「原罪」、それは罪の根源です。罪の根拠とは一体何でしょうか。いろいろな意見がありますが、一番良い解釈はこれだと思います。罪の根源、つまり原罪はエゴイズムと傲慢です。私たちの心の底まで、骨の髄まで入っているエゴイズムと傲慢。それによって全てが汚れてしまいます。

では、戻りまして、話し合いが難しいのは、人間がエゴイストで傲慢だからです。要するにエゴイストだから自分の利益を求めるのです。自分が得をしたいのです。自分の意見を通せば得をしますし、相手の意見が通れば自分は損をします。損をしたくないのです。だから絶対自分の意見を通したいのです。エゴイストだから純粋な話し合いは極めて困難です。そしてまた傲慢ですので自分が勝ちたいのです。負けたくない。自分が間違っていて相手が正しかったということを認めたくない。絶対認めたくないのです。傲慢ですから。勝てば相手が謝ってくれますから謝らなくてすみます。そのようなエゴイズムと傲慢のせいで、話し合いが成立しなくなるのです。私たちはなるべく話し合いができるようになりたいですね。

少し付け加えます。私たちは嘘によって、あるいは良く思われたいと思って縛られるのです。嘘と偽善によって縛り付けられるのです。ですから一番良いのは、心に忠実であることです。こうすれば損をする、ああすれば得をするという損得勘定をする前に自分の心に忠実、誠実であるようにすれば良いのです。自分の心に忠実に、すべきことをして、後は神様に委ねます。自分自身とその結果を神に委ねます。私たちがなすべきこととは、心に忠実にすべきことをする、ということです。後は委ねます。そうすれば解放感を得て、自由になります。そうしなければ縛られます。

三、目を使って人を大切にする

1、人の良いところも見る

今度は目を使って人を大切にしましょう。目を使って人の良いところも見るようにすればいいですね。良いところも言った理由は、私たちは人の悪いところはとてもよく分かるからです。鋭く観察しています。人の欠点を見つけることには、すごく鋭いですよ、私たちは（笑）。ところがその人には良いところもあります。それなのに良いところはさて置いて、最初から分かっている欠点だけでなく、ますます確認するようになります。やっぱりそうだ、やっぱりまた同じことやっている、と。私たちは悪いところに注目しがちですが良いところもあります。その良いところを見るのが良いですね。人の良いところも見ましょう。

アネクドート（anecdote、逸話、小話）です。私がかつて大学で教えていた時、学生としゃべっていたら、彼らが

「あの先生は（私がよく知っている先生）、素晴らしいですね。」

と言いました。私は心の中で

「え〜⁉」

と思った（笑）。思ったりしますね、え〜⁉と。なぜ「え〜⁉」と感じたので

しょうか。嫌ですね。確かにその先生、外見はいいですね。私はその人をよく知っています。裏も表も知っていましたので「え〜⁉」と。（笑）でもね、他の二つの理由もあったのです。なぜ、え〜⁉と私が思ったかというと。一つは、私も人の欠点に注目することがあるのです。学生もその先生の欠点をよく知っていました。それでいて良いところもあるので素晴らしい、と言ったのです。大人ですね、この学生は。理解しているのです。私は大人ではなかった、私は子供っぽかった。悪いところがあった。だめでしたね。ですから、良いところも見るという習慣を身につけた方がいいです。私にはありませんでした。悪いところばっかり。

もう一つ理由がありました。それは妬み。嫉妬心です。あの先生が褒められて私は褒められなかった。それが悔しかったのです。でもその先生の足を引っ張りたい程ではないのです。でもそうですね……、潜在的に思っていたのですね。あれは良くなかったです。人間の嫉妬心は良くないですね。妬みによって人が変わるみたいです。自分らしくないことを平気でします。非常にまともな人で、とてももいい人でも、ただ嫉妬心が出るともう別人になります。ですから人を妬むことはやめた方がいいです。できることなら人の成功を喜べるような人になった方がいいですね。僻《ひが》まないで成功を喜べる人。もちろん、ちょっと悔しいし、ちょっと悲しい。相手は成功して、自分は達成できなかった。それでも、喜んでおめでとうと言うのです。人の成功を喜べる。そこまでいけばあなたは立派です。自分の子供が成功したらもちろん喜べますよ。子供が東大に入ったら喜ぶでしょう。それは、子供は自分の分身みたいなものだからです。あなたの友達の子供が東大に入って、自分の子供は東大に入れなかったら悔しいかもしれません。とにかく、妬みだったのです、私が「え～!?」と言ったのは。もっときれいな心があった方がいいですね。

2、相手の立場から物事を見る

もう一つ、目を使って。これも何度も言っていますが、相手の立場からも物事を見るようにしましょう。それは人を愛するということです。相手の立場から物事を見るには、まずその人に近寄らなければなりません。その人と近くならないとその人の立場から物事を見ることはできません。近くなるということは、空間的に近くなることだけでなく、心も近くなるように。それなら相手の立場から物事を見て、いかにこの人が怒る理由があったかということが分かるでしょう。いかに泣く理由があったということが分かるでしょう。遠くから見ていれば相手の立場に立って見ることはできませんので、なぜ？となるでしょう。私たちは自分が経験していない苦しみに対してはあまり理解がないのです。経験していれば分かります。経験していないとあまり理解できないのです。

また一つのアネクドート（anecdote、逸話、小話）です。イエズス会の既に亡くなられた先輩の話ですが、彼はうつ病でした。そこに、泣きっ面に蜂で、転んで腕を骨折し、入院していたのです。そこに私はお見舞いに行きました。

「痛いですか？」

「すごく痛いよ。でもね、うつ病の方が痛いよ。」

その時初めて、え〜、そんなに痛いのですか。うつ病の方が痛いなんて。私にはそれが理解できませんでした。それは、落ち込んでいる人を見ると、冷ややかに

「これしきのこと、贅沢な悩みですよ、悩むほどのことじゃないんじゃないですか。健康そうに見えますし、贅沢な悩みじゃないのですか？」と思っていたのです。

そんなことはないのです。非常に辛い。この痛みよりも痛いと言われました。ですから、なぜこの人がこのような状態になっているのか、それを理解するには相手の立場から物事を見るのです。そして、それを見極められれば、その時に応じて適切な態度を取ることができるのです。皆さんも家族のことをいろいろと考えてみてください。

このような出来事もありました。これもまたイエズス会の先輩神父様の話ですが、ちょっと気になる態度をとっていたのです。あまり模範的ではない。ここで詳しいことは言いませんが……。それで仲間が忠告しました。

「だめだ、こんなことはやめた方がいい。」

すると、彼は頭にきていたのでしょう。自分の非を認めませんでした。絶対自分が正しいと思っていたのでしょう。私は彼と非常に親しかったので、もう一度

機会をみて
「やめた方がいい」と説得しようと思っていました。
でもやめました。彼は今は私の忠告は聞きたくないだろう、と考えるようになっていたので。聞きたくないことは言わない方がいい、と。ですから彼を訪ねましたが、その話はしないで、他の楽しい話だけ40分位話してゲラゲラと笑って「また」と挨拶をして帰ってきました。
それでよかったのだと思います。相手の立場に立って、その場において相手が何を今望んでいるのか、理解しなければなりません。

そしてこのようなスペインのことわざがあります。

〝蜂蜜の一滴は酢の一瓶より効果的である。〟

蜂蜜の一滴は酢（vinegar）の一瓶よりも効果的である。つまり、正しいことを言う、ということは酢です、vinegar。でも場合によって、人はちょっと蜂蜜が欲しい時もあるのです。いつも蜂蜜ばかり与えていると、かえってスポイル（spoil）するので、何事もほどほどに。つまりこの時にはこう、と。ですから、何事も杓子定規にではなく、その時その時臨機応変に相手の心、相手の望みを察して、対応するというのが大切だと思います。

3、人の心の涙を見る

もう一つ、目で見るということ。人の心の涙を見る。目の涙を見ることは簡単ですね。そして、人が泣いていれば「どうしたの?」と声をかけてあげることができます。

しかし、何かしてあげたいと思っても、人の一番辛い涙は心に残ったままでいます。目には表れません。それを見ることができなければその人と通じ合うことはできないでしょう。ですから、目で深く鋭く観察して、心の目を清くして人の悩みを、心の涙を見ることができる人間になりましょう。

四、手足を使って人を大切にする

今度は、手足を使って人を大切にします。手と足、つまり働くのです。働くということは、人が助かるために人に仕えることです。人が助かるために人に仕えるという態度ですね。純粋な愛が求めるのは、私が人を助けることよりも、人が助かることです。自分が求めているものが人を助けることだとしたら、危険です。おせっかいになるかもしれません。自己満足のためにするかもしれません。私が助け、私が主人公になってしまう。褒められるのと感謝されるのは私ですよ、と。

そうではなく、純粋な愛が求めるものは人が助かることです。中心、主人公は、相手です。ですから、私が感謝されなくても、褒められなくても、この人が助かりさえすればそれでいいというのが純粋な愛ですね。人が助かることを求める。その意味で人が助かるために人に仕える、というのです。私が求めているのはこの人が助かるということなら、自ずと自己満足など全て超えることになるのです。人が助かるために人に仕えます。

ですから、何かを頼まれたらなるべく

「はい。」

と答えるのがいいです。

「はい。」

「するよ。」

「いいですよ。」

「しますよ。」

もちろん意に沿えないこともあるでしょう。その時は
「悪いけれどできません」と。

できることなら
「はい。」

私たちの周りでは、できることにもかかわらずNOと言う人が多いですね。何か頼まれると、いつも忙しい。

「いや、私はちょっと忙しいからできません。」

「ちょっとこれやってくれない?」

「いやぁ、予定が入っているので、その日はできません。他の人に頼んでくだ

さい。」

NO、NO、NOですね。そうではなくて、できれば「はい」と言える人になった方がいいです。ちょっと変な表現かもしれませんが、自家用車ではなくてタクシーになってください。タクシーは無料のタクシーです。タクシーはどこへでも行ってくれるでしょう。求められれば、いつでも、どこでも、しかも無料で。

自家用車は

「いや、行きたい所があれば、歩いていけばいいでしょう」と言えます。

そうではなくて、タクシーになればいいのです。いつでも止められるし、どこでも捉まります。そのようにすればいいと思います。

五、心を使って人を大切にする

1、分かち合い

次に、心を使う。心を使って人を大切にします。三、四週間前に母の日がありましたね。皆さんの日でしたね。おめでとうございます。お母さんの心で人を大切にしましょう。お母さんは自分の子供に対して素晴らしい愛情をもっていますね。お父さんもそうですよ。ただ、今は五月ですから、お母さんのことを。素晴らしい愛です。その素晴らしい愛を自分の子供だけでなく、輪を広げて周りの人にも、多くの人に対しても同様に愛を分け与えることができたらいいと思います。

二つか三つの小さなアネクドート（anecdote）を話しましょう。

一つはある家族の話です。戦争の後で、貧しくて、二人のちびっ子がいました。ある時、弟はお兄ちゃんに向かって

「なぜ、おかあちゃんは夜、食欲がないと言うの？　なぜ、おかあちゃんは毎晩、食欲がないと言うの？」

すると、お兄ちゃんは

「食欲はあるよ。だけどぼくらのために自分の食べ物をくれているんだ。」

これはよくありますね。多くのお母さんがそのようなことをしています。食欲はありますが、子供たちのために自分のものを与えているのです。しかも誰にも言わないで。まさか子供に向かって

「私の食べ物ですよ、感謝しなさい。」

とは言わないでしょう（笑）。そのようなことは絶対に言いません。そして何度でもそうするのです。

その母親の気持ちは素晴らしいですね。その愛は素晴らしいです。輪を広げて他の人に対してもできるだけそのような態度で接したいですね。つまり、分かち合いの精神です。分かち合いをすると人は損をするのです。分かち合いは損です。私は四つのおにぎりを持っていました。美味しそう。四つとも食べるのが楽しみでした。ところが、隣りの人がお弁当を忘れてきてしまいました。その時、二つ分けてあげます。本当は四つとも食べたかったのだけど、でもあげる。これが分かち合いです。自分の子供だったら、もちろんそうするでしょう。自分の子供でなくても他人に対してもなるべくその愛情をもって接してください。

もう一つのアネクドート（anecdote）。これはアメリカの話です。米国。米国といえば今思い出した。私はもうすぐ米寿になりますよ（笑）。88！　米国の話です。ある若者が恐ろしい殺人事件を起こしました。凶暴でひどい。そしてもちろん刑務所に入れられました。母親は年をとっていますし足が弱かった。にもかかわらず、週に三回、片道三時間半をかけて、車はなかったのでバスに乗って、二回も三回も乗り換えて、毎週息子に会いに行っていました。彼女の友達は「なぜ行くの？　行かないで。あなたが気の毒で見ていられない。足が悪いのに。あんなにひどいことをした息子さんは人間じゃない。もう親子の縁など切っちゃえば？　なぜ行くの？　なぜ？」

するとと彼女は

「私の子供です。」

それには返す言葉はないですね。ひどいことをした、ひどい人間。でもお母さんにとっては自分の子供ですよ。つまりどんなことがあっても自分の子供です。もちろん弁護するわけではありません。悪いことをしたのですから。でも、悪いことをしても自分の子供に変わりはないのです。その忠実性です。では、輪を広げて、人に対してもこの忠実性をもちましょう。友達に対しても。友達がちょっと面倒くさくなったとか、その欠点がもう嫌になったとか、喧嘩したとか、その程度のことで切り捨てるのではなく、どんなことがあっても私の友達ですよ。このように言えたらいいと思います。

2、忍耐

母親のもう一つの典型的な例ですが。忍耐です。お母さんたちの忍耐は大したものです、子供がやんちゃな時は大変でしょう。お産の前も大変だったでしょうが、生まれて二、三歳になるともっと大変でしょう。してもいいことは一つもしないで、してはいけないことばっかりするでしょう。ずっとそばにいてあげないと大変なことになります。そして反抗期もきます。塾を選んだけど、何だかちゃんと勉強しているのか、していないのか……。そして、もう一人子供がいるでしょう? うちの旦那様(笑)。でしょう? 旦那様は旦那様で同じことを言っているかもしれませんね(笑)。威張らないでください(笑)。でもとにかく忍耐は大変です。でも、その忍耐は我慢し過ぎない方がいい。ちょっと大袈裟ですが、忍耐しているある人は

「あぁ、私はすごく我慢している。ものすごく辛抱している。忍耐し過ぎて死ぬかもしれない!」

こんな風にならないようにしましょう。忍耐するのは当たり前ではないのですか。当たり前なら忍耐していることにあまり気付かないでしょう。そして気が付いても、あまり気にしません。忍耐していることに気付きません。そのように気にしないでいられればいいですね。

忍耐が苦手な理由……謙遜さが足りない

では、なぜ私たちは忍耐することが苦手なのでしょう。イライラするのでしょう。ブーブーと文句を言っているのでしょう。なぜ。一つの理由は、謙遜さが足りないからだと思います。謙遜さが足りないので忍耐する力が弱い。もっと謙遜だったら忍耐できるのではないでしょうか。謙遜ではないので、自分の方法が一番良い唯一の方法だと思い込んでいるのです。ですから自分の好きなようにしないとイライラする。怒る。それは謙遜さが足りないのです。他のやり方もありますね。ひょっとしたら、あなたのやり方よりも良いやり方があるかもしれません。もっと謙遜な心だったなら、もっと忍耐強くなれます。

そしてまた、謙遜な心になるには、感謝の気持ちが必要です。感謝の気持ちは大事です。感謝すると自ずと頭を下げるでしょう。感謝をすると謙遜な心になります。ですから、感謝は謙遜な気持ちを深めます。さらに、謙遜な気持ちは忍耐を強めます。感謝、謙遜、忍耐。ですから、皆のお母さんになったつもりで、お母さんの気持ち、忠実性、忍耐を分かち合いましょう。自分の家族に対してだけでなく、輪を広げて社会に対してするのなら、それは人を大切にすることになります。

最後に、お母さんの愛情は最高ですね。イザヤ預言書の言葉があります。私はこの聖句が大好きで、歌にもなっていますよ。49章15〜16節です。

「女が自分の乳飲み子を忘れるであろうか。
母親が自分の産んだ子を憐れまないであろうか。
たとえ、女たちが忘れようとも
わたしがあなたを忘れることは決してない。
見よ、わたしはあなたを

わたしの手のひらに刻みつける。」

という言葉です。神様の言葉ですね。たとえお母さんが自分の子供を、自分の小さい子供を忘れたとしても、神様は決して私たちのことを忘れない。私たちを神様の手のひらに刻みつける。私たちは時々手のひらにボールペンで覚え書きをしますね。電話番号とか人の名前とか。でもそれは手を洗えば落ちてしまいます。神様はボールペンで書くのではなくて、刻みつけるのです。手を洗っても落ちません。つまり、私たちはどんなことがあっても神に愛されているということを感じれば良いと思います。分かり難いことで、信じ難い時もあります。でも神様は手のひらに私たちを刻みつけてくださっているのですから、感謝の気持ちと安心感と元気をもって、人を大切にしましょう。

では、もう一度読んでいただきましょう。ヨハネ13章34節から35節まで。

はい、お願いします。

――――　聖書の朗読　――――

ありがとうございます。少し考えましょう。

今度パパの広場(4)の合宿があります。みなさんの旦那様も是非参加してください。今日と似たようなことを話しますので、後で旦那様と話し合ってみてください(笑)。それでは、ここまでにいたしましょう。

†「平和を求める祈り」(480ページ)

お疲れ様でした。ありがとうございました。また、次回。

(2019年5月30日)

（1）川崎市登戸通り魔事件、２０１９年（令和元年）５月28日に神奈川県川崎市多摩区登戸で発生。結果として被害者のうち2人が死亡し、18人が負傷した。犯行の直後、容疑者は自ら首を刺し、その後死亡。

（2）ヨハネによる福音書 8章31〜32節
イエスは、御自分を信じたユダヤ人たちに言われた。「わたしの言葉にとどまるならば、あなたたちは本当にわたしの弟子である。あなたたちは真理を知り、真理はあなたたちを自由にする。」

（3）We Shall Overcome「勝利を我等に」：アメリカ合衆国のプロテストソング。原曲は、黒人のメソジスト牧師でゴスペル音楽作曲家チャールズ・ティンドリー（Charles Albert Tindley、１８５１年-１９３３年）が１９０１年に発表した霊歌「アイル・オーバーカム・サムデー」("I'll Overcome Someday")。１９６０年代にアフリカ系アメリカ人公民権運動が高まる中フォークシンガーのピート・シーガーが広め、運動を象徴する歌にした。讃美歌第二編１６４番「勝利をのぞみ」

（４）雙葉学園に在園、在校する児童生徒の父親たちの会。

第3回 三位一体

聖霊が降る 使徒言行録 2章1～11節

おはようございます。最近はいろいろなことがありますね。いじめもあったりしますので、私たちは積極的に平和をつくることができるようになりたいですね。ただ武器のない状態だけではなくて、ヒステリーの声が聞こえない状態だけではなくて、本当に積極的な平和、つまり愛の存在、尊敬と分かち合いと助け合いの雰囲気をつくりましょう。では、「平和を求める祈り」を唱えましょう。

†「平和を求める祈り」（480ページ）

先日の土、日は有意義で楽しい合宿に行って来ました。みなさんの人生のパートナーと一緒に。よかったと思います。

今日は少し難しい話も出てきますが、このようなこともあるのだと思って聞いていただければ良いと思います。他にもっと身近な問題も出てきます。

そして三位一体について少し話して、聖霊については詳しく話します。

これから朗読していただく箇所を、文字通り実際にあったことだとは思わないでください。弟子たちが深く感じたこと、強烈に体験したことを、なるべく分かりやすく表したい、私たちに伝えたい、との思いからこのような形がとられています。ですから、ここに出てくることは全てが史実ではなく、彼らが感じたことを表しています。後程また説明します。

では、使徒言行録2章1節から11節まで。はい、お願いします。

聖霊が降る：使徒言行録　2章1節~11節

五旬祭の日が来て、一同が一つになって集まっていると、突然、激しい風が吹いて来るような音が天から聞こえ、彼らが座っていた家中に響いた。そして、炎のような舌が分かれ分かれに現れ、一人一人の上にとどまった。すると、一同は聖霊に満たされ、〝霊〟が語らせるままに、ほかの国々の言葉で話しだした。

さて、エルサレムには天下のあらゆる国から帰って来た、信心深いユダヤ人が住んでいたが、この物音に大勢の人が集まって来た。そして、だれもかれも、自分の故郷の言葉が話されているのを聞いて、あっけにとられてしまった。人々は驚き怪しんで言った。「話をしているこの人たちは、皆ガリラヤの人ではないか。どうしてわたしたちは、めいめいが生まれた故郷の言葉を聞くのだろうか。わたしたちの中には、パルティア、メディア、エラムからの者がおり、また、メソポタミア、ユダヤ、カパドキア、ポントス、アジア、フリギア、パンフィリア、エジプト、キレネに接するリビア地方などに住む者もいる。また、ローマから来て滞在中の者、ユダヤ人もいれば、ユダヤ教への改宗者もおり、クレタ、アラビアから来た者もいるのに、彼らがわたしたちの言葉で神の偉大な業を語っているのを聞こうとは。」

ありがとうございます。あっ、申し遅れましたが、これ（ネクタイ）は黄色ですね。やっぱりベージュの、米寿の色（笑）。この間、88歳の誕生日だったのでこのネクタイをしています。色がありますね。還暦は赤でした。そして喜寿は紫、77。そして、米寿、88は黄色。99歳は白寿、白だそうです。

一、聖霊降臨

さて、今の箇所ですけれど、最初からいきましょう。1節、五旬祭の日。この五旬祭とは、過越祭の五十日後という意味です。イエス様が亡くなられたのが過越祭です。パスカという過越祭。その五十日後にこのようなことが起こりました。その五十日の間に何が起こったかということを、少し思い出してみましょう。イエス様が亡くなられた満月の金曜日、三日後の復活。そして、その後約四十日間に渡って何度も弟子たちの前に現れたこと。なぜ現われたかというと、ご自身が生きておられることを知らせたかったからです。亡くなられたけれど生きておられます。どのように復活されたかを弟子たちに見せたかったのです。そして、彼らを元気づけるために。イエス様が亡くなられた時、彼らはがっかりして、あちらこちらに、散ってしまっていました。ですから再び彼らを集めて、希望と元気と勇気を感じさせたのです。そしてまた彼らにミッションをお与えになりました。全世界に行って、人々に伝える。「あなたがたが見たわたしのことを人々に伝えるよう、わたしの証人になりなさい」と。そのために四十日間に渡って何度も現われました。

その四十日が終わって後、「ご昇天」といってイエス様は天に挙げられました。そのイエス様はロケットのようにピューッと天に挙げられ、皆を祝福され、雲に入って見えなくなられたわけではありません。伝えたかったのはイエス様が、人々にわかる形で本当に御父の元にお帰りになった、ということです。そして、御父の元に帰られてもイエス様はいつも私たちと一緒にいてくださる、ということです。それがご昇天の意味です。

ご昇天の後、十日後にこの五旬祭の日があります。五旬祭は小麦の収穫の刈り入れを感謝するための祭りで古くからあるユダヤ人のお祭りです。日本語では五旬祭ですけれど、ギリシア語では「ペンテコステ」と言います。ペンテコステは、多くのクリスチャンが誤解しているので、誤解のないように言いますと、ペンテコステに聖霊が来たということです。聖霊が来たということを専門用語で聖霊降臨というのです。ペンテコステを聖霊降臨というのではないのです。ペンテコステとは五旬祭のことです。五旬祭の日、つまりペンテコステの日に人々が聖霊を感じた、聖霊降臨が起こったということです。

二、三位一体

そして、更に難しいことを言っておきましょう。分からないはずです。私にも分かりませんので、気にしないでください。

私たちは祈る時、始めと終わりに右手で十字のしるしをします。その時に「父と子と聖霊のみ名によって」と言いますね。それはどのような意味かというと、専門用語でいう「三位一体」のことです。分かりにくいですね。三位というのは、御父は神である、別の存在である御子も神である。そして、御子の聖霊であると同時に、独立した存在である聖霊も神である。父も御子も聖霊も神。それを、なぜ私が信じるかというと、イエス様がおっしゃったからです。イエス様は言われました。「わたしは神。御父は神、わたしも神、聖霊も神。」

もし、聖霊がイエス様の聖心というのなら分かりやすいです。つまり、御父がいて、御父の御子はイエス・キリスト。神は御父だけ、イエス・キリストは神の子、そして聖霊はイエス・キリストの聖心だとなれば問題ありませんね。ところが問題は、イエス様の御父は独立した存在で神である。御子イエス様も独立した神。聖霊も独立した神なのです。では、三つの神でしょうとなります。しかしそことです。違います。唯一の神、三つの御方、唯一の神、三位一体ということです。分からないですね。

1、愛における一体、一体による命

では、二つのことを話しましょう。今度は三位一体について、分かりやすい話にします。結婚されている皆さんは良い見本です。三位一体とは、愛における一体、一体による命です。結婚もそうでしょう。結婚はまさにそうです。子供の命、あるいは、子供を持たない場合は夫婦の精神的な命。愛における一体からいくつもの命が生まれます。ところが、三位一体は唯一で完璧に一心同体。完璧に一緒ですが隔たりがあります。別々。別の存在です。これは結婚生活にもいいことだと思います。いい教えだと。ですから、彼と彼女は一心同体ですが、適当な距離感があった方がいいと思います。

ある詩人がこのように言いました。二本の木を想像してみてください。二本の木があって、それらは彼と彼女ですね。その幹と幹が重なりすぎると、互いに邪魔してしまいます。ある程度離れていた方がいい。ある程度間隔を保って、尚且つ枝と葉っぱと根は交わり合う。これは結婚の意味ですね。ある程度離れて、尚且つ一緒になる。あまりにも離れすぎると愛がなくなるので、ちょうどよく離れてください。

その望ましい距離感はどのように得られるかというと、夢によってだと思います。何かを本気で求めていたなら、あなたの心が望む、心を満たす夢を求めていれば、自然に適当な距離感が現れるのです。なぜなら、あなたが何かを本当に求めていれば、ただ遊んだり、麻雀したり、ではなく、心を満たす何かを求めていれば、自由が必要ですね。時間も必要です。個性も必要です。この自由と時間と個性が望ましい距離感をつくることになります。ですから、彼と彼女の間には望ましい距離感があった方がいいです。でも、枝と葉っぱと根は一緒になっていますね。

これは誰が言ったかというと、『預言者』という本を書いたカリール・ジブランです。ジブランの有名な言葉です。(1) これが三位一体でもあります。とにかくあなたは自分の個性を大事にしつつ、一緒にいるということです。ちょっと難しかったですか。

この三位一体について私が好きなのは、イエス様と初代教会は人気取りをしなかったということです。では、なぜイエス様はこのような難しいことを言われたのですか？　言わなければよかったのではないですか？　そのような複雑なこと……三位一体、何でしょう、これは？　もっと簡単にすればよかったのに。あるいは初代教会は、「確かにイエス・キリストはこう言ったけど、それは隠しましょう。もっと簡単にしましょう。そうしないと誰も信じてくれません」と言えばよかったのでしょうけれど、合わせなかった。妥協しなかった。それは誠実だということです。これが私は好きです。分からなくても信用できる。ごまかしがない。それがイエス様の良い所です。

2．パソコンを例にして……

三位一体は非常に分かりにくいです。でも一応話しました。

次の話は少しは分かりやすいでしょう。御父と御子と聖霊が私たちの救いと幸せのためにどのように働きかけるのでしょうか。私はこの例で、この比喩を使って説明したいと思います。

パソコンがありますね。あなたはパソコンを買った、またはいただいたとします。そのパソコンがあなたの命だと想像してください。あなたの命、あなたの人生はそのパソコン。そのパソコンのメーカーは御父です。存在の源である御父はあなたに命を与えてくださいます。ところが、あなたはそのパソコンを持っているけれど、

「これは何ですか？　これで何をするのですか？　どうやって使うのでしょう？」

さっぱりわからないので、待ってください。パンフレットがありました。説明書も入っていました。このようにすればうまく使いこなせる、と分かるそのパンフレットはイエス・キリストです。御子イエスはその説明書です。使い方の説明書。なぜなら御父がこう言われるのです。

「このパソコンを上手く使いこなせば、非常に便利です。しかし、下手に扱うと壊れてしまいます。何の役にも立ちません。ですから、この説明書に従って

やってみなさい。」

その説明書は何かというと、生きた説明書であるイエス・キリストの生き方です。イエス様の言葉、イエス様の価値観、イエス様の行い、イエス様のものの考え方です。これに従って生きていれば、パソコンを使っていれば、あなたは幸せになれますし、あなたの周りの人たちを幸せにすることもできます。よかった、よかった。


では聖霊は何をするのですか？　私のようにパソコンに弱い人もいます。そのような人はパンフレット、説明書を読むだけでパソコンを使うのが難しい時があります。ですから、そのような時は詳しい友達を呼んで、隣に座ってもらって、

「六人にメールを送りたいのですが、どうすればいいですか？」

「ここに書いてありますよ。」

「書いてあるけどわかりません。」

「では、やってみましょう。ここに書いてあります。ここ、このボタンでしょ。」

「どこですか、そのボタン。」

「ここ、ここ。」

「はい、見て。選んで。」クリック。クリック。

「ここ、ここ、ここ。」


つまり、この説明書を私のその時の状態に合わせてくださるのです。これが、聖霊ですね。イエス様の言葉と行いは素晴らしいです。イエス様は強くて素晴らしい人だった。けれど私は違います。イエス様の状態と私の状態は全く違います。ですから、イエス様の価値観と愛は素晴らしいけれど、私の具体的な状態に合わないのではないでしょうか。そこは聖霊がイエス様の言葉をあなたの具体的な場合に応じて「この意味ですよ」と教えてくださいます。その意味で父、子、聖霊は私たちの幸せのためにはたらいてくださっているのです。

3、聖霊は真理の霊

聖霊についてもう少し考えてみましょう。イエス様は、聖霊は真理の霊だと言われています。聖霊は真理の霊です。では、真理について考えましょう。スペインにはフラメンコがあります。踊りと歌。ある有名な歌手は、もう亡くなられましたが、このように言っていたのですよ。日本語ですとちょっとおかしいですね。スペイン語でもおかしいけど、

「真理をもって歌うんだ（canta《canto》con verdad）」と。ですから、真理をもって生きる。つまり、ごまかしと偽善はやめよう。よく思われようとすることはありますけれど、それよりあなたは心に忠実に生きればいいのです。誰が何と言おうと、褒められようが、批判されようが、心に忠実であることが大切です。それが真理です。真理をもって生きる。それは透明性であり、逆にいえば嘘をつかないということです。大きな嘘をつかない。そしてこれを強調したいのです。自分に対しても嘘をつかない。自分をだますことのないように。人をだましても、自分はだまさない方がいいです。自分をだますのは非常に簡単ですよ。

昔の歌で、あまり上品ではないのですが、植木等さんの、

「分かっちゃいるけど、やめられない～♪」

覚えていますか？　皆さんは生まれていなかったかもしれません。「分かっ

ちゃいるけどやめられない」というあまり上品ではない歌がありました。その意味は私たちによくあてはまると思います。たびたび、そのようなことをしているのではないですか。タバコはやめた方がいい。でも、分かっちゃいるけどやめられない。ちょっとケーキを控えた方がいい。分かっちゃいるけどやめられない。アルコールもです、分かっちゃいるけどやめられない。寝坊しない。分かっちゃいるけど……。たびたびしているのです。

では、皆さんには当てはまりませんが、ある人が浮気をしているとします。その第一段階。分かってはいるけどやめられない。悪いことをしている自覚はあります。でも今はやめられません。どうしてもやめられない。これは自分をごまかしている訳ではないのです。確かに認めています。悪いと分かっています。ですから正直ですが、甘えんぼうですね。分かっているのにやめないということは、惨めです。その惨めさに、人は耐えられません。分かっていてもやめないというのは矛盾でしょう。惨めですよ。ですから自然に第二の段階に移行するのです。

第二段階は、やめたくないので分かっていないことにする。これは自分を欺くことになります。悪いことだと知らなかったことにするのです。誘惑に勝てないので本当は悪いことだと分かっているのにやめない。これは矛盾です。悪いことならやめれば辻褄は合います。ところがやめたくないので、承知している、という事実を伏せるのです、つまり分からないふりをします。それは非常に簡単です。例えば浮気。浮気を支持する人は多いです。浮気している人も多いです。テレビなどでよく見るでしょう。映画でも美しく描かれていますね。後でちょっと謝ればいいのではないですか……と。いろいろな意見がありますから、都合のいいものだけをピックアップして、都合の悪いものは無視すれば何もかもうまくいくのです。何もかも正当化できます。だから、わかっていないことにするのです。

そして第三の段階に上がるのです。分かっていないことにしたので、分からなくなってしまいました。そして、悪いと分かっていたことを平気で続けるようになりました。自分を騙しただけでなく、戻れなくなってしまいました。正当化してしまったわけです。最初は良心が咎めるのです。良心は最後まで咎めますが、それほどでもありません。抑えますから。ですから、真実をもって生きるように。そして自分を騙さないように。難しいですが、聖霊はそこへ導いてくださいます。

4、火は聖霊のシンボル

①火は熱意

先ほど朗読された所には、聖霊が火の形で現われました。「炎のような舌が分かれ分かれ分かれに現れ、一人一人の上にとどまった。」火の形。火は聖霊のシンボルです。火。では火とは何でしょう。まず火は熱ですね。ですから火が与えてくれるものは、情熱的に生きる、生きる熱意、自分の夢を求める熱意、勇気、元気……のようなものです。自分が本当に求めているものを求め続けるために、元気と勇気と情熱を感じさせてくれます。だから「聖霊来てください」と祈るのです。

②火は温かさ

それから、火というのは温かさでもあります。温かさ。温める。火は温めます。つまり、聖霊は心を温めるのです。心に温かさをもたらすのです。何度も言った言葉ですが、アルベルト・カミュがあるエッセイで書いている言葉です。正義について、このような言葉があります。

〝正義には正しさと共に心の温かさも含まれるはずだ。しかし、人間は正義から正しさだけを選んでいる。心の温かさを忘れてきたので、正義の名のもとに非常に不当なことを、許せないことをやり続けてきたのである。〟

人間は正しさを選んで心の温かさを忘れてきたので、正義の名のもとには非常に不当でゆるせないことをやり続けてきたのである、と。例えば、戦争。戦争は皆正義の名のもとに始めます。そして、正義の名のもとに続けるのです。ところがその正義には正しさはあるかもしれませんが、心の温かさはないのです。

もう一つ。アルベルト・カミュが言いました。彼は死刑制度に反対でした。私もです。私は死刑執行を待つ人たちのために、教誨師として小菅の拘置所に行っています。10年位前、ある日本人の死刑が執行されました。私も直前まで一緒にいました。最後執行されるところまでは、見ませんでしたが。彼が執行される時、私は部長と一緒に別の部屋で、黙って祈っていました。しばらく経って私は部長に言ったのです。

「今あなた方がやっていることはひどいことです。」

はっきりと言いました。すると、

「もう二度と来ないでください。あなたは日本政府に、日本の憲法に逆らっています。」

私は部長にこのアルベルト・カミュの言葉を伝えました。

〝この正義には心の温かさがない。この正義には。〟

彼は黙って聞いていましたが、うつむいて、

「死刑を執行して気が晴れる人はいない」と。

その通りです。心の温かさがありません。この死刑囚、かなり若い人だったのですが、確かに悪いことはしましたよ。私は詳しく聞きたくなかったので、何度

も話しているにもかかわらず、詳しいことは知りませんでした。でもかなりひどいことをしたのだと思います。しなければ死刑にはなりませんから。万引くらいでは死刑にはなりません。大変なことをしたに違いありません。ところが、もうそれは十何年も前のことで、彼は謝ったし改心もしています。なのに、殺されるのです。死刑が執行される。これは正しいですか……。目には目をという正しさがありますね。それは犠牲者の家族のためでもあります。そう、全て正しい。ところが心の温かさはひとかけらもないのです。

それについて。その後、再び私があの拘置所に面会に行った時、もう一人の死刑囚がこう言ったのです。

「私の国はゆるすことを知らない。」

彼もまた死刑になりました。

確かに被害者家族は被告が死刑にならないと「治まらない」と言いますが、本当でしょうか。本当にそれで心が治まるのですか？　心の温かさが足りませんね。

少し激しいことをご参考までに言いました。では、私たちの日常の世界に戻りましょう。私たちは喧嘩する時がありますね。その時にもこの言葉はあてはまります。私たちは、私は正しい、あなたは正しくない、とすぐそう決めつけるのです。仮にそうだったと認めましょう。ところが、あなたに正しさがあっても心の温かさがなければ、あなたの正しさはその人に深い傷をつけるのです。確かに正しいけれど、心の温かさがなければあなたの正義は偽物です。

心の温かさは相手を甘やかすということではありません。何事もほどほどにしましょう。いつも、はいはい、まぁいい、まぁいい、と言うのだったら相手をだめにします。でも、いつか言ったスペインのことわざですけれども

〝蜂蜜の一滴は酢の一瓶よりも効果的である。〟

という言葉があります。蜂蜜の一滴はつまり心の温かさです。蜂蜜の一滴は酢、vinegar、酢の一瓶よりも効果的である、と。いつも冷たい正しさより、時には一滴の蜂蜜の方が効果的だと。それなのに私たちにはその一滴の蜂蜜もない時があります。冷たい正しさだけ。子供を叱る時にも、夫婦喧嘩をする時にも、誰が正しいかということが全てではないのです。正しくても心の温かさがなくては。そうかといって甘やかしてばかりもいけません。それが難しいところです。

ふと思い出しました。ミカ預言書の私の好きな言葉です。これにぴったりです。ミカ預言書。いろいろな預言者がいますね。旧約聖書には四人の偉大な預言者が出てきます。イザヤ、エレミヤ、エゼキエル、ダニエル、この四人。あと他にも多くの預言者が登場します。ミカはそのひとりです。8節にこの言葉が出てきます。神の望みを知りたいか、人間よ。はっきりと言っています。

「正義を行い、慈しみを愛し、へりくだって神と共に歩むこと、これである。」

（ミカ6・8）（2）

もう一回。あなたは神の望みを知りたいですか。それは明らかです。正義を行うこと。正しいことをして正しくないことはしない。そして、不法に取り扱われている人の味方になって守る。正義を行い、慈しみを愛す。慈しみは心の温かさ、蜂蜜の一滴ですね、そして、へりくだって神と共に歩む。これです。ですから、正しいことをする、でも心の温かさも忘れないということです。

ところが現実的には、正しさを選ぶ方、つまり厳しく制する方がいいのか、それとも、ゆるして温かく受け入れた方がいいのか、判断に困る時があります。あなたのためにも相手のためにも、どちらが好ましいのか分かりにくい時がありますす。その時には、神と共に歩むこと。つまり、神と共に、聖霊と共に歩むことを選びましょう。そうすれば、その時その時必要に応じて何かを感じさせてくださることでしょう。

ですから、聖霊と共に、神と共に歩んでいれば、歩きながらその声を聞けばいいのです。

「今、私はどうしたらいいのでしょう?」

そうすれば何となく返事がくるでしょう。その都度教えてくださるでしょう。一概にはいえません。時と場合によりますから。その時に応じて心の温かさを教えてくださるでしょう。

③火は照らす光

もう一つの火の意味は光。照らす光です。道を照らす光。私たちには些細なことでも重大なことでも迷うことがあります。右の道の方がいいか、左の道の方がいいか悩むのです。

その時には聖霊に、

「光ってください。」

「照らしてください。」

「その光で私が歩むべき道を照らしてください。」

と頼むのです。

ところが、自分を優先した方がいいのか、自分以外の人を優先した方がいいのか、というジレンマに陥る時があります。それについて少し考えてみましょう。道を選びます。進むべき道を照らしてくださいと。例えば二つの道があるとします。左の道は自分にとっては良い、対して右の道は人のためには良いけれど、自分にとっては都合が悪い。そのような時、どちらを選べば良いのでしょう。それについて前にも話しましたが、マチャドという詩人がこのようなことを言っています。

〝自分のために生きるのか、人のために生きるのか、ということで悩んでいる若者よ。自分の水差しをワインでいっぱいにしなさい。〟

これは、自己実現について語っています。自分を豊かにしなさい。自分の可能性と能力を活かして豊かな人間になりなさい。自分の水差しをいっぱいにしなさいと。では、水差しをいっぱいにしたら、どうするのですか？　三つの態度があり得ます。

一つ目。ある人はその水差しで、

「お注ぎします、お注ぎします、お注ぎします。」

と言って皆に注いで回ります。でもまだ早いです。まだ飲みたくないのに。

「でも、美味しいですよ。」

つまり出しゃばるのです。目立ちたがりで、感謝してもらいたいのです。あるいは頼まれたらNOと言えない人です。みなさんの娘さんたちの中でも気が利く人はひっぱりだこでしょう。すぐに、

「これやってくれる？」

大学でも、

「ダンスパーティの実行委員になってくれる？　クリスマスパーティの会計やって。」

で、彼女たちは、

「はい。」

「はい。」

NOと言わないですね。それで自分の水差しが空っぽになってしまうのです。つまり、人のことを考え過ぎて自分のことを考えない。よくない態度です。その人の水差しのワインはだんだん少なくなって、いざ皆が欲しい時には空になってしまっている。それはかえって迷惑です。

二つ目の態度は逆です。「はい」と言えない人。エゴイストの人です。利己主義でケチ。自分の水差しをワインでいっぱいにします。いっぱい働いていっぱいにしますから、自分は全ての面で本当に豊かになります。でもその水差しを自分の部屋に持っていって、内側から鍵をかけて誰にも一滴もあげないで、一人でちびり、ちびり飲む。そのような人です。自分のワインは誰にもあげない。自分だけの物です。世の中にはこのような人がいっぱいいますね。私さえよければいいという人。絶対分かち合いをしない。絶対損をしない。自分の利益を確実に獲得するのです。これも良くない。

三つ目の態度は理論的には理想です。いっぱいにした水差し、つまり豊かになった自分を、テーブルの上に置きます。そして「皆さん、飲みたい時にいつでも好きなだけ飲んでください」と言うのです。自分も飲みます。そしてちらっと見て、空になったと思ったらすぐ、もう少し足しておきます。みんなのために。つまり、自分のために生きるのか、人のために生きるのか、矛盾していません。両立できています。人が豊かになるために自分を豊かにします。皆が豊かになるため、皆の役に立つために自分を豊かにするのです。ですから、NOと言うこともあります。頼まれても「ちょっとできない」と。やはり、自分のための時間と余裕は必要です。勉強の時間、考える時間、奥深い自分と仲良く話す時間、ゆとりは必要です。それらが奪われないように自分のことも考えて、自分を豊かにし、尚且つみんなのために役立てる。自分のためだけではなく人のために。理論的にはできるはずです。

　ところが厳しい時もあります。厳しいというのは、例えば一つの例。ある大学の二年生とか三年生がいたとしますね。彼女は将来学者になりたいという夢を持っています。本当に頭が良くて勉強が好きで真面目に学びたいと思っています。そのためにアメリカに留学する計画を立てました。博士号をとるために必要だと思ったのです。寮のこと、奨学金のこと、大学のこと、全て準備して余念がありません。二、三年勉強したら帰国する、その計画をそろそろ実行に移そうと思っていた矢先、お父さんが倒れました。かなり重篤な病です。どうしますか？渡米しますすか？日本を離れているうちにお父さんが亡くなるかもしれません。では、残りますか？今留学を諦めたら、その計画、将来はパーに。アメリカ行きは彼女のわがままではないのですよ。非常にまじめな計画で、唯一のチャンスです。これを逃がしたらもう二度とチャンスはありません。どうしますか？　そのような時には困りますね。

幸せは目的ではなく結果

時間がないので手短に言います。オスカー・ワイルドの『幸福な王子』という童話を覚えていますか。イギリスのある王子様が亡くなって、村人が彼のために像を建てました。「幸福な王子」という像を。像はサファイアやルビー、金でできていました。ある秋の日、一羽のツバメがエジプトに向かって飛んでいる途中、その像の足元でひと休みしていました。すると大きな水の粒が落ちてきたのです。あれ？　雨が降っていないのにどうしたのだろう。ふと見上げたら王子様が泣いているではありませんか。これは童話です。像が泣いています。

「どうして泣いているのですか？」

「私は宮殿にいた時はみんなが幸せだと思っていた。ところが今ここから見ると悩んでいる人や困っている人がたくさんいる。その人たちを見ていると涙が出てくるのだ。たとえば見てごらん、あの窓から見えるお母さんと娘。娘は病気のようだ。でも貧しくて、薬を買うお金も、食べ物を買うお金もないのだよ。ツバメさん、ツバメさん、小さなツバメさん、お願いだ。私の剣の柄からルビーを取り出して飛んで持って行ってくれないか。」

「でも、ぼくはエジプトに行きたいのです。すみません。エジプトは暖かいところですが、ここは間もなく冷たい雪が降るでしょう。もうすぐ冬ですから。」

「でも、ここには誰も来ないのだ。私のお使いをしてくれないか。」

「はい、では一晩泊まってあなたのお使いをいたしましょう。」

「今日だけだから。行って、早く戻っておいで。」

「はい、じゃあ行って来ます。」

ツバメは飛んで行き、戻ってくると自分の行いを王子に伝えました。

あくる日、ツバメは、

「今夜エジプトに行きます。エジプトはぼくの幸せです。友人たちのようにナイル川に沿って飛び回りたいのです。」

「でもツバメさん、見てごらんなさい、あの人を。肺炎になっているようです。ちょっと私の片目のサファイアを抜き出して持って行っておくれ。」

「王子様、私にはできません」

「ツバメさん、ツバメさん、小さなツバメさん。私が命じたとおりにしておくれ。」

「はい。」

ツバメは王子様の目を取り出して飛んで行きました。

あくる日、

「王子様、ぼくは行かなくちゃなりません。」

「でも、ツバメさん。あの女の子はかわいそう。私の残っている目を取り出して、あの子にやってほしい。」

「あなたの目を取り出すなんてできません。そんなことをしたら、あなたは何も見えなくなってしまいます。」

「私が命じたとおりにしておくれ。」

「はい。」

ツバメは王子様のもう片方の目を取り出して、飛んで行きました。

ツバメは王子様のところに戻り
「あなたはもう何も見えなくなりました。だから、ずっとあなたと一緒にいることにします。」

それでツバメは目が見えなくなった王子様の代わりに見てきたことを話すので

すね。ツバメの話を聞いた王子様は、

「私の体を覆っている金を一枚一枚はがして、貧しい人にあげなさい。」

「はい。」

ツバメは純金を一枚一枚はがして、貧しい人に届けました。

そうこうしているうちに寒くなって、病気になるのです。でもツバメは喜んでやっているのです。王子様のことを愛していたので。空腹で青白い顔をした子供たちもかわいそうだと。ですから喜んでしていますが、自分の幸せからは離れるのです。そして、とうとう幸福な王子様の宝石は一つ残らず無くなってしまいました。困っている人に全部差し上げてしまったのです。

「引き留めて悪かったけど、あなたのお陰で皆助かった。あなたがとうとうエジプトに行くのは、私もうれしいよ、小さなツバメさん。今度こそ、エジプトに行って幸せになっておくれ。」

「いいえ、エジプトに行くのではありません。死の家に行くのです。もう遅いです。エジプトには行かれません。」

そして、ツバメは幸福な王子様にキスをして、死んで彼の足元に落ちて行ったのですね。神さまが天使たちの一人に「町の中で最も貴いものを二つ持ってきなさい」と言われました。天使は、神さまのところに王子様の心臓と死んだツバメを持ってきました。終わり。ということです。

ツバメは自分の幸せを困っている人のために譲ったのです。エジプト行きは、わがままではなくてツバメにとっては必要なことだったのですよ。それを譲って困っている人のために残ったのです。これは良くなかったのですか？　著者に言わせれば、良かったのです。良い物事に囲まれるということはもちろん幸せですよ。良い家庭、良い経済状態、すべて。それらももちろん幸せですが、本当の幸せは違います。私たちはよく幸せになりたい、と言いますね。それは当然です。当然ですが幸せは目的ではありません。結果だと思います。目的に向かって歩くこと自体が幸せなのではないのですか。エジプトに行くことよりも、心に従ってすべきことをすることが幸せではないですか。

この言葉があります。

〝幸せは蝶のようなものである。〟

蝶、butterfly、バタフライ。幸せは蝶のようなものです。蝶を掴もうと思えば逃げられます。しかし、何かをじっと見つめていれば蝶は静かに肩にとまります。何かをじっと求めていれば、見つめていれば、蝶は静かに肩にとまるのです。いつの間にか肩にとまっていたことになります。幸せを掴もうと思えば逃げられます。何か夢に向かって本気で求めていれば、それは幸せです。その時には既に幸せだと。

では、ここまでにしましょう。少し考えましょう。お疲れ様でした。

それでは祈りましょう。アヴェ・マリア。

†「アヴェ・マリアの祈り」（480ページ）

お疲れ様でした。ありがとうございました。また、次回。

（2019年6月20日）

（1）カリール・ジブラン『預言者』（Kahlil Gibran、佐久間彪訳、至光社、1984年）

（2）ミカ書6章8節

人よ、何が善であるのか。

そして、主は何をあなたに求めておられるか。

それは公正を行い、慈しみを愛し、

へりくだって、あなたの神と共に歩むことである。

第4回　喜んで生きる1

マルタとマリア　ルカによる福音書　10章38～42節

それでは、お手元の「平和を求める祈り」から始めたいと思います。

†「平和を求める祈り」（480ページ）

おはようございます。もう暑くなりましたね。ヨーロッパは大変らしいですね。スイスとドイツが42℃。いつもはそれほど暑くない国なのに。

では、話を始めましょう。今日と来週で前期の講座は終わりですが、新しいテーマについて考えましょう。

喜んで生きる

広い意味で、喜んで生きる、ということについて考えてみましょう。

喜んで生きる。あちこちで話していますので、重複している事柄も多少あると思います。でも、この講座の目的は授業と違って、新しい知識を入れるということではなく引き出すことですので、同じことを聞いたとしても、今一度ティースプーンでかき混ぜて、元々あったものを引き出せればいいと思います。では、「喜んで生きる」ということです。今日は福音は読みませんので、少し私から話しましょう。

イエス様は逮捕される少し前に、ご自分から弟子たちに直接伝えられる機会はこれが最後だと思われたのか、このようなことを話されました。

「わたしがこのことをあなたがたに話したのは、わたしの喜びがあなたがたの心にあるためである。」(1)

「わたしの喜びがあなた方の心にあるため……」と話されています。イエス様はこのようなことを言われて間もなく、逮捕され、拷問され、殺されてしまいました。イエス様はそのことを覚悟されていたのですね。それにも関わらず「わたしの喜び」と言われました。それはどのような喜びでしょう。想像してみてください。これからひどい拷問をされて、鞭で打たれて、殺されることになるのに……。その直前に、喜ぶ理由などあるのでしょうか？　ありませんね。では、どのような意味での喜びを話されたのでしょうか。わたしの喜び。世間一般が言う喜びではなく、わたしの喜び。このイエス様の言われる意味で喜んで生きることにしましょう。

何事も喜んで行う

喜んで生きるということは、何事も喜んで行うということです。何事もといっても、朝から晩まで、喜んでというと頭がおかしくなってしまいます（笑）。そうではなくて、根本的な人間関係において、つまり、家族や友達、仕事とか夢に喜んで向き合う。家庭生活の根本、仕事の根本、自分の夢の根本に喜んで向き合うことです。喜んで行うということは、喜んで生きる目的ではなく結果です。良いことをきちんとしていれば、結果として喜んで生きることになる、ということです。努力して意識して「よしっ、喜んでする！」と頑張ってみても三日坊主で終わってしまうのでは良くありません。喜びは目的ではなくて結果です。幸せは目的ではないのです。幸せは結果だと思います。確かに幸せになりたい。誰だって幸せになりたいです。

では、幸せを目的にするとどうなるのでしょうか。残念ながら結果としてはだめになってしまうこともあります。このような言葉があります。

〝幸せと本当の喜びは蝶のようなものである。〟

蝶は butterfly。幸せは蝶のようなものである。蝶を掴まえようと思うと逃げられてしまいます。しかし何かをじっと見据えていれば、蝶の方から静かに肩にとまります。いつの間にか肩にとまっていることに気付きます。蝶と幸せを目的にして掴もうとすれば逃げられてしまいます。しかし、何かをじっと見つめて本気で求めていれば、いつのまにか蝶が静かに肩にとまっていたということに気付くでしょう。その意味で喜ぶ、というのです。

喜びの質

喜んで生きるという喜びの質はどういうものなのか、もう少し明確にしましょう。イエス様が言われた喜び。その「わたしの喜び」とは何でしょうか。それは心が望む喜びです。わがままが望む喜びではなく、心が望む喜び、そして心を満たす喜びです。一方、軽い喜び、あるいはあまり良いとはいえないような遊び……は、楽しいと思いますよ、けれども心が満たされることはありません。むなしさだけが残ります。

そして、心に残る喜び。あなたが軽くてあまり好ましくない嬉しさや楽しさで喜んでいる時は、一時的には楽しいかもしれませんが、将来的には何も残りません。ところが本物の喜びは残ります。喜びの表面的な要因がなくなったとしても、中に残っています。

もう一つ。心から湧き出る喜び。これは難しいですね。私は、よく刑務所の囚人たちに言うのですが「あなた方には、ここでの楽しみはあまりないですね。」楽しいことは一つもない。ほとんどないのです。彼らは、ヘビースモーカーで、女性やアルコール、麻薬に溺れていました。彼らなりにはとても楽しい生き方をしていました。けれど全部失ってしまいました。酒もタバコも何もかも失いました。家族からも独り離れて。私が面会している刑務所の人たちはおもに外国の人たちですから。そこで喜べるようなことは何一つないと言っても良いでしょう。ですから、心から湧き出る喜びを引き出してください、と言うのです。周りに頼らないで、自らの心から湧き出る、そのような地味で深い喜び、その喜びを引き出してくださいと。ですから「よしっ、喜んでやってみますから」「よし、このことを今日は喜んでやりましょう」と、そういったことよりも、喜べる根拠を、喜べる理由を心から引き出して自然に喜ぶのです。喜んで生きるということ、喜んで何かを行うということは、一生懸命することよりも効果的です。

一生懸命に物事を行うことは素晴らしいことですが、それより喜んでする方が有意義だと思います。つまり、一生懸命行うか、喜んでするか、どちらの方が好ましいかといえば喜んで行うことの方が大切です。一石二鳥になりますから。というのは、喜んでしていれば必ず一生懸命していることになります。一生懸命していなければ喜べません。ですから喜んでしていれば一石二鳥です。一生懸命していることにもなります。

それとは反対に、一生懸命しているからといって、必ずしも喜んでしているとは限りません。ブーブー文句を言いながら、愚痴をこぼしながら行っているかもしれません。

あぁ、今ふと、マルタとマリアのことを思い出しました。ルカによる福音書。マルタとマリアのところを読みましょう。あの善いサマリア人のたとえ話の後です。ルカ10章38節から42節まで。

ルカ福音書はわざわざマルタとマリアの話をサマリア人のたとえ話の直後に置いています。意図的にというのは、イエス様は愛すること、愛するという意味について話しています。第一のチャプターは善いサマリア人のたとえ話。そこでは愛とは実践であると言われています。行いです。あなたもそのようにしなさいと。そのサマリア人の気持ちはというと、それについては一切書かれていません。どのような気持ちで人を助けたのか書いてありません。ところがその次、愛の第二のチャプター、マルタとマリアの話では気持ちについてどのように書かれているでしょうか。では、読んでいただきます。

マルタとマリア：ルカによる福音書　10章38〜42節

一行が歩いていくうち、イエスはある村にお入りになった。すると、マルタという女が、イエスを家に迎え入れた。彼女にはマリアという姉妹がいた。マリアは主の足もとに座って、その話に聞き入っていた。マルタは、いろいろのもてなしのためせわしく立ち働いていたが、そばに近寄って言った。「主よ、わたしの姉妹はわたしだけにもてなしをさせていますが、何ともお思いになりませんか。手伝ってくれるようにおっしゃってください。」主はお答えになった。「マルタ、マルタ、あなたは多くのことに思い悩み、心を乱している。しかし必要なことはただ一つだけである。マリアは良い方を選んだ。それを取り上げてはならない。」

ありがとうございます。この箇所は、ちょっと分かりにくいです。いろいろな説がありますが、一番良い説明はこのようなものだと思います。
マルタは注意されましたね。主婦であるみなさんはマルタの味方でしょう（笑）。

「なぜマルタが注意されるのですか、不公平ですよ。一生懸命働いているのにブーブーと言われる。それなら、自分でやればいいじゃないですか。」
なぜ怒られたのでしょう。なぜ注意されたのでしょう。マルタはとても大事な仕事をしていました。イエス様や、そこに書かれてはいませんが恐らく弟子たちもその場にいたでしょう。皆、イエス様の話を聞いていました。マルタは一人でおせんべいを出したり、お茶を出したりしてもてなしていたのですね。では、なぜ注意されたのでしょうか。彼女の働きで助かったでしょう。でも、愛が足りなかったのではないですか。なぜかというと、マルタは文句を言いましたね。私の妹は何もしない、それは愚痴です。なぜ不平を言ったのでしょう。それは喜んでしていなかったからです。喜んで仕事をしていたなら、不満を言うことはなかったでしょう。皆、喜んでイエス様の話を聞いていましたね。イエス様ご自身も喜んで話されていたので、とてもいい雰囲気だったと思います。ですからその雰囲気を大切にして、私も一生懸命働いて一秒でも早く輪の中に入って聞きたい。そのような気持ちで仕事に臨んでいたなら、喜んで働いていたなら、不平を言わなかったでしょう。不平を言ったので喜んでしていないということが分かってしまったのです。

では、なぜ喜んでいなかったのかというと、愛が足りなかったからです。愛が足りなかったので喜んでしていませんでした。それで不平を言ったのです。ですから分かってしまったのです。そこで、最後の言葉「必要なことはただ一つだけである。」

これは二者を比較しているようですね。マリアの祈り、神のことばを聞くこととマルタの仕事、これらはどちらが大切ですか、と。イエス様はマリアの方が正しいと言っているように感じますが、違います。大切なのは祈りか仕事かという比較ではありません。大切なのは純粋に愛するということです。サマリア人の話とマルタとマリアの話のメインテーマは愛です。祈りか仕事かということではないのです。愛は必要です。なぜマリアがいいものを選んだかというと、（いいですか？）良いことをするだけではなくて、人に仕えることだけではなくて、与えることだけではなくて、心を込めて、感謝しながら、喜んでする純粋な愛、これが必要だと言っているのです。心を込めて感謝しながら喜んで仕える。喜んで与える。これが必要だと。

　なぜマリアが良いものを選んだかというと、それはこの純粋な愛を感じるためには祈りが不可欠だからです。祈りというのは、例えばマザー・テレサの修道会(2)のシスターたちは朝から晩まで厳しくて大事な仕事——助けを必要としている方々のために目立たないところで奉仕をしています。病気になっても身寄りがなく誰にも世話をしてもらえない人々の足を洗ったり、薬を塗ったり、着る物の洗濯をしたり献身的に仕事をしています。それでいて祈りの時間を非常に大切にしています。チャペルがあって、床の上に座って、質素な場ではありますが、そこで祈ります。なぜ祈るのか、その理由を彼女たちは「私たちが祈らなければ、神の愛をいただくことができません」と言っています。祈って神の愛で心が満たされる。その心で仕事をしています。「この愛がなければ、私たちは機械的に仕事をすることになります。注射をするにしても、足を洗ってあげるにしても、機械的になってしまいます」と。ところが、神の愛をいただければ、心を込めて、感謝しながら、喜んで仕事をすることができるのです。その意味でマリアはいい方法を選んだのです。純粋な愛を維持するためには祈りが必要なのです。

皆さんの中にも、神様をあまり信じないというか、ピンとこない方がいらっしゃると思います。ですから何度も言うように、深い所の自分とよく話してみてください。これは祈りと同じようなことです。神様にあまり縁がないと思っていれば、祈ることもピンとこないかもしれません。でも、深い所の自分と仲良く話すことをしてみてください。そうすることによって心が純粋になります。愛も純粋になります。皆さんも日常生活の中で、しなければならない仕事があるでしょう。その仕事を心を込めて感謝しながら喜んでできるように、深い所の自分と話してみてください。

そして人間愛。お子さんや旦那様に対する愛を、純粋なものにするためには、深い所の自分とコミュニケーションをとる必要があります。深い所の自分と話し合ったり、神様と素直に話し合っていれば、あなたの心は純粋な愛に満たされます。何事もその愛をもって行うことです。話す、注意する、喧嘩する、仕事する……などの行為がいい結果へと繋がるでしょう。そして自分からも離れないように。家族とのコミュニケーションはもちろんのこと、同時に自分自身とのコミュニケーションも必要です。深い所の自分とコミュニケーションをとっていれば、愛が純粋なものになるでしょう。では、もう一度読んでいただきましょう。マルタとマリア。

――――聖書の朗読――――

ありがとうございます。少し考えましょう。

ですから、奥深い所の自分と素直に話をして、ティースプーンで心の底から喜べる根拠を引き出すのです。ティースプーンでかき回してください。何事も、何をやっても喜んでできるはずだという根拠がそこにあるはずです。元々心の奥深くにあるものですから、ティースプーンでかき回して、生き方に現れるようにするのです。努力して意志をもって喜んでするということではなく、本来備えられているものを結果的に引き出すのです。

喜びを感じられない理由

ところが、残念ながら喜べない時もあります。喜びを感じられない時もあります。これにはおもに三つの理由があります。

1、一時的な理由……体調が悪い、忙しい

一つは一時的な理由で喜べない時です。たとえば体調が悪い時。そのような時、ちょっと熱っぽい時などはあまり喜べないですね。生きているのがやっとです。あるいは調子が悪い時。何もかもうまくいかない時があります。スポーツをすれば試合に負ける。家庭で喧嘩をする。仕事では失敗する。何をしてもうまくいかない時もあります。でもそれは一時的なことですのであまり気にすることはないでしょう。今は曇っていても、また晴れる時が来ます。

あるいは忙しい時。仕事の山が来る時があります。目が回るほどに忙しくなる時があります。そのような時は喜べないかもしれませんが、それも一時的なもの

ですので、気にすることはないでしょう。

2、人のせいで喜べない

もう一つの喜べない理由ですが、それは、人のせいで喜べない場合です。原因は自分ではなく他者にあります。たとえば、人に利用されている場合。悪い意味で利用されている場合です。仕方ないからひとまず引き受けることにしますが、喜べませんね。あるいは感謝されない時。ちょっと追加です。前にも言ったことがありますし、これからも度々出てくると思いますが、私が考えた好きな言葉です。

〝感謝されることをあまり期待しすぎない方がいい。でも感謝することはあまり忘れない方がいい。〟

感謝されることをあまり要求しすぎないように。でも感謝することは忘れない方がいいです。

では、今の言葉です。感謝されることをあまり求め過ぎない方がいい。これはおもに一時的な場合ですね。あなたはせっかく良いことをしているのに感謝されません、まぁいいよ、構わない、そう思うことにします。ただ、家庭生活のように長い期間に渡って、感謝してもらえない時、これは問題です。一時的なものならいいですよ、お互いに忘れちゃうでしょうから。子供たちもありがとうと言ってくれないけれど、まぁそんなものだろうと。でも、ずっと感謝されることがない。これはまずい（笑）。みなさんの方がよく理解されているでしょうが……。私は結婚講座を担当しておりますので、受講して結婚された方々と年に三回くらい同窓会みたいなことをするのですね。自由に集まって。すると、そのうち赤ちゃんが生まれて、ちびっこたちも増えてきます。そこで皆さんの近況を聞くと時々このようなことを耳にします。

「なんか、よくしてもらう、とか大切にされることに慣れてしまっていて、それが当たり前のように思ってしまっている。でもそれは問題だ。」

日常的に、愛されたり、大切にされたりすることを当たり前のように感じているが、実は当たり前じゃない、と。ですから、感謝されることは必要ですよ。ですから逆に感謝することをあまり忘れないようにしましょう。

では、戻ります。喜びについて。

長いこと感謝されずにいる時、喜びは感じ難いですね。難しい。なんか暗い出来事が頭に残っているのです。あるいは、いじめられたり、嫌がらせを受けたりして、そのことが忘れられずにいます。そのような時……。あるいは、旦那様のお母さんの面倒を一生懸命に看ているのに、文句ばかり言われてあまり感謝されない。お小言ばかり。そうなると「……しますよ。しなければならないから。するけど、喜んではしませんよ。」(笑) こういうことになります。でもそれは人のせいですから、仕方ない。こんなものだと思うしかないですね。

3、自分に原因があって喜べない

三番目の理由を問題にしたいと思います。自分に原因があって喜べない時です。これを問題にしましょう。自分のせいで喜べない時。それには、A、B、C、Dという幾つかの理由があります。来週に持ち越してしまいますね。今日はA、B、C、D……自分が原因で喜べない理由について幾つか考えてみたいと思います。

A．深い所の自分から離れている

一つの理由は、深い所の自分から離れているからです。奥深い所の自分から離れているので喜びを感じることができません。もしくは、神様から離れているので喜びを感じることができません。念のため確認しておきます。浅い所の自分というのは、エゴイズムと傲慢によって汚されている自分です。そして、深い所の自分とは愛したい自分です。自分らしい自分。本物の自分。それらは奥深い所の自分です。

この奥深い所の自分から離れているので、喜びが遠ざかってしまっています。この深い所の自分と浅い所の自分の違いを一つの例をとって確認してみましょう。

誰かとちょっとした喧嘩をしたとします。その喧嘩と喧嘩している相手について浅い所の自分で考えていれば、いかに相手がずるいか、いかに私は正直か、いかに相手は正しくないか、いかに私は正しいか、ということばかり考えるのです。自己弁護と個人攻撃をしたくなる。それは浅い所の自分と話す時の結果です。いつもそうでしょう。正直言って。それで、その人をますます憎んで、ますます見下すことになるのです。

一方、深い所の自分と喧嘩相手について、そしてその喧嘩の内容について話していれば、自然に相手の立場からその喧嘩を見ることができます。なるほど、相手が怒るのも無理ないね。怒る理由があったのね、と自分も反省することができます。私があの時あのようなことを言ってしまったので、あの人はカチンときたのですね、あの時はこのように言えばよかった、と反省できます。しかも深い所の自分と話すことによって、その人の良い所も見えてきます。私たちは普段相手の悪い所しか見ていないのですね。このように浅い所の自分と深い所の自分を区別することができます。

ところが、私たちは、この深い所の自分から離れがちです。深い所の自分と話す機会が少ないのです。それで喜びが消えてしまうのです。皆さん神様についてご自由に考えてみてください。私はこのように思うのです。神様がいるとしたらどちらにいらっしゃいますか？神様は物事の最も奥深い所におられるのです。あなたの心の最も深い所におられます。人の最も奥深い部分に、初めから神様はおられるのです。ですから、あなたが自分の深い所に入ればそこで神様を何度でも感じることができます。深い所の自分と話せば深い所の自分に近付きます。そこで神様をなんとなく感じることができるのです。

マチャドという無神論者の詩人がいました。スペイン人です。彼は神を信じないながらも神を求めていました。とても憧れていました。それで夢が叶うと思ったけれどそうではなく、がっかりしてこのように言ったのです。彼は深い所の自分を「良い友達」とよびます。自分の良い友達、それは深い所の自分。この良い友達と深く話す人は、神と話したくなるのです。深い自分と話す人は、神と話したくなります。反対に、いつも浅い所の自分と話していれば、神と話したくなくなるのです。神様などどうでもよくなる。余計な存在です。存在しないか、あるいは存在したとしても全然関係ない、と。ところが自分の奥深い所に入ると、深い所の自分に近寄ります。この神様は自分の奥深い所に小さな磁石のようにいらっしゃるのです。ただいらっしゃるだけでなく、引っ張ってくださる。ところが、その磁石の力は非常に弱いのです。浅い所の自分と話していると遠すぎて磁石の影響が届きません。ところが、あなたが深い所の自分と話せば、磁石の影響を受けることができて、神様と話したくなるのです。神様に出会いたくなる。出会えるかどうか、それはまた別ですが、神様を求めるようになるのです。

ドストエフスキーの『カラマーゾフの兄弟』のゾシマという長老が言った言葉です。

「あなた方は人間と自然を深く愛すれば、自分なりに神を感じるでしょう。」(3)

あなた方は人間と自然と、そして私は付け加えますが、芸術を深く愛せば、自分なりに神を感じるでしょう。自然を深く愛せば、人間を深く愛せば、自分の家族も自分の友達も深く愛せば、あるいは困っている人を行いでもって大切にすれば、そして芸術を深く愛せば、深い所におられるあの磁石の影響を受けて神を感じるでしょう。

ところがこの深い所の自分から離れていると、自分の人生は「行いの列」にすぎなくなります。行いの列。次々につながっている行いの列。朝起きて、ごはんを作って、これをやって、あれをやって……。あくる日、また同じ……。惰性。

次から次へ繰り返される行いの列にすぎません。この列の主体である私は、果たしてどこへいってしまったのでしょう。自分の人生は行いです。自分がその行いをしているということをあまり感じず、自分が生きているということもあまり感じない。自分を失っているみたいです。ただ、次々に同じことを繰り返しているだけです。それが奥深い自分から離れているということです。

私たちの文明の発達は素晴らしいですね。パソコンやiPhoneなどは素晴らしいです。それで、どんどん、どんどん、もっともっと……。使わないと遅れるし、使うのはいいことではありますが……。でも、それにあまり固執しない方がいい。はまらない方がいいです。というのは、例えば電車で言えば、電車で座っている人たちを見るとほとんどの人が携帯電話（スマートフォン）を使っていますね。メールを送っているのかあるいはゲームをしているのか。とにかく今、本を読む人は少なくなっています。昔は学生に向かって、

「『カラマーゾフの兄弟』というドストエフスキーの小説を読みましたか？　手を挙げてください」

と尋ねればかなりの人が手を挙げたのですよ。でも私がまだ（大学に）いた2002年、その頃聞くと手を挙げる人は少なくなっていました。今聞くともっと少ないのではないでしょうか。今の若者はあまり本を読まないのですね。今の人たちにとってはスマートフォンの方が魅力的なのでしょう。しかし、私たちにとっては沈黙の時間が大切です。充実した沈黙。充実した沈黙というのは、深い所の自分と仲良く話すということです。その充実した沈黙の時間はテレビやパソコン、iPhoneなどに奪われます。大切なその時間が。良いものにもかかわらず、自分の沈黙の時間、充実した沈黙の時間のテリトリーに入り込んで、その時間を奪っているようです。ですからこのような人間になりそうです。

早いインフォメーション、軽いコミュニケーション。すぐにニュースが入るのです。今ニュージーランドで何が起こっているのか、パッと分かる。インターネットで調べればそれこそ何でもわかるのです。それは素晴らしいことです。非常に重宝なことです。早いインフォメーション。

そして、軽いコミュニケーション。パソコンを開けば、必要ではないメールがいっぱい入ってきます。でも自分で意識して注意していないと、自分の中身が空っぽになる危険性があります。ですから、メールは、奥深い所の自分にメールを送った方がいいです、時々。

昔、私が寮長をしていた時の寮生たちが寮祭の時に作った言葉にこのようなものがあります。メインテーマは「饒舌より沈黙へ、沈黙から言葉を」。かっこいい言葉を作りました。饒舌、軽くしゃべるのですね。そこで、「饒舌より沈黙へ、沈黙から言葉を」。つまり、彼らはよくしゃべっている割には、なかなか友達になれない、と言うのです。それは沈黙が足りないからだと。沈黙というのはただ黙っている時間を増やすということではなくて、充実した沈黙、深い所の自分と素直に話すということです。饒舌より沈黙へ。そして、沈黙から生まれる言葉でもって腹を割って話そうではないか、と。

ですから、皆さんも家庭生活のためにも夫婦の愛のためにも、饒舌より時々沈黙へ。この沈黙から生まれる言葉で話し合ってください。あまり堅苦しく解釈しないでください。もちろん日常的なことについて饒舌であることは必要ですよ。でも、時々もう少し奥深さがあった方がいいと思うのです。自分の人生にはもっと深みがあった方がいいと思います。それがないと、喜びも消えるかもしれません。

B、良心の声に聞き従わない

良心の声に聞き従わないから喜びが消える、という理由もあります。良心、良い心の声を消す、良心の声に従わないので喜びを感じない。良い心の声が、私たちに調和を感じさせることによって導いてくださるのです。良心の声が調和を。ですから、良いことをする時には心の奥底に調和を感じます。悪いことをする時には不調和を感じます。harmony、disharmony。

たとえば、硬式テニスをするとしますね。ボールがラケットの真ん中に当たる時には音がきれい。ボールのスピードが速い。そして何より打った人の手の感触が気持ち良い。ラケットの中心、スイートスポットに当たったと分かるのですね。ところが、ボールがラケットの端っこに当たると、ボールはどうにかネットの向こうまで飛んでいきますが、飛び方もみにくいし、音もきれいではありません。そして手がジーンとしびれて嫌な感じになります。このたとえの意味は、ボールはあなたの行い。ラケットの真ん中は愛です。ボールが真ん中に当たると、つまり愛に当たると、ハーモニーを感じます。調和を感じる。端っこに当たるとdisharmony不調和を感じます。良心が咎める。つまりあなたの行いは愛にあたらなかった。愛からはずれている時には嫌な感じがするのです。

もっと長い話になりますが、これは言っておきましょう。みなさんの中にはカトリックの信者ではない人が沢山いらっしゃいます。もちろんそれで構いません。ただ、一つ言いましょう。イエス様が言われた言葉です。これは今の話と関係があります。

「わたしには、この囲いに入っていないほかの羊もいる。その羊をも導かなければならない。その羊もわたしの声を聞き分ける。」（ヨハネによる福音書10・16）

みなさんの中には囲いの中に入っていらっしゃる人もいます、カトリックになって洗礼を受けて教会の中にいます。他の人は外にいますね。今の日本では、外にいる羊は98％くらいです。98％くらいが外の羊です。ところが、その外にいる人に対してイエス様が言われます。

「わたしには、この囲いに入っていないほかの羊もいる。その羊をも導かなければならない。その羊もわたしの声を聞き分ける。」

どういう声かというと、良心の声、心の声です。イエス様の掟は人間の心の奥深くに書いてあります。それに従って行く人は皆イエス様の弟子、イエス様の羊になります。その人にとっては、「ちょっと待ってください。私はクリスチャンではありません。私はイエス様の声に従っているつもりは全くありませんし、イエス様のことはあまり好きじゃありません。興味ないのですよ」と。

それはそうですよ。ところが、あなたは心に従って生きているのでしょう？心をイエス様の声だとは考えない、そうだとしても、心に従っているのです、そして行動しているのです。ですから、イエス様から見れば「あなたはわたしの羊」です。反対に、囲いの中にいても心の声に従わない人は、クリスチャンとは言っても、イエス様の羊ではないのです。問題は、どこにいるのか、囲いの中なのか外なのかということではなく、心の声に従うかどうかということなのです。ですから、心の声に従って生きることは非常に大切なことです。それについて、来週もう少し掘り下げてみたいと思います。では、今日の話を少し振り返って考えてみましょう。

それではアヴェ・マリアを唱えて終わりたいと思います。

†「アヴェ・マリアの祈り」（480ページ）

お疲れ様でした。ありがとうございました。また、来週。

（2019年6月27日）

（1）ヨハネによる福音書15章11節

これらのことを話したのは、わたしの喜びがあなた方の内にあり、あなたがたの喜びが満たされるためである。

（2）神の愛の宣教者会

1950年、マザー・テレサと11人の修道女によって創立。1952年「死を待つ人の家」開設。同年、ベネズエラを皮切りにインド国外での活動を開始。現在、日本、アメリカを含め、全世界の国において活動。

マザー・テレサは45年以上もの間貧しい人、病める人、孤児、末期の人たちに献身的に尽くした活動により1979年にノーベル平和賞を受賞。1997年帰天。2003年列福。2016年9月列聖。祝日は9月5日。

(3)ドストエフスキー『カラマーゾフの兄弟(中)』(原卓也訳、新潮文庫、令和2年、P.141)「神のあらゆる創造物を、全体たるとその一粒一粒たるとを問わず、愛するがよい。木の葉の一枚一枚、神の光の一条一条を愛することだ。動物を愛し、植物を愛し、あらゆる物を愛するがよい。あらゆる物を愛すれば、それらの物にひそむ神の秘密を理解できるだろう。ひとたび理解すれば、あとはもはや倦むことなく、日を追うごとに毎日いよいよ深くそれを認識できるようになる。」

第5回　喜んで生きる2

それでは『親の祈り』を唱えましょう。

✝　父と子と聖霊のみ名によって。アーメン。

神様
もっとよい私にしてください。
子どものいうことを　よく聞いてやり
心の疑問に　親切に答え
子どもを　よく理解する私にしてください。
理由なく　子どもの心を傷つけることのないようにお助けください。
子どもの失敗を　笑ったり　怒ったりせず
子どもの小さい間違いには目を閉じて
良いところを見させてください。

良いところを　心から褒めてやり
伸ばしてやることができますように。
大人の判断や習慣で
子どもを　しばることのないように
子どもが自分で判断し
自分で正しく行動していけるよう
導く知恵をお与えください。
感情的に叱るのではなく
正しく注意してやれますように。
道理にかなった希望は　できるかぎりかなえてやり
彼らのためにならないことは
やめさせることができますように。
どうぞ　意地悪な気持ちを取り去ってください。
不平を言わないよう助けてください。
こちらが間違った時には

きちんとあやまる勇気を与えてください。
いつも　穏やかな広い心を　お与えください。
子どもといっしょに　成長させてください。
子どもが　心から私を尊敬し慕うことができるよう
子どもの愛と信頼にふさわしい者としてください。
子どもも私も　神様によって生かされ
愛されていることを知り
他の人々の祝福となることが　できますように。
父と子と聖霊のみ名によって。アーメン。

✝

おはようございます。雨にも負けず（笑、この日は雨が降っていました）。この間「喜んで生きる」ということについて考え始めました。この間言ったことのハイライトを確認してから続けたいと思います。（本書では、繰り返しを避けるため「ハイライトの確認」はせず、「喜びを感じない理由」から始めます）

喜びを感じない理由

私たちはなぜか、喜べない時もあります。その理由を考えましょう。

1、一時的な理由

一つの理由は一時的な理由です。例えば頭が痛いとか、調子が悪いとか、忙しすぎるとか、いろいろな理由があります。それは一時的ですので気にしなくてもいいです。

2、人のせいで喜べない

もう一つの理由は人のせいです。感謝されないとか、利用されているとか、いじめられているとか。その時には喜びにくいですね。でも自分のせいではないので、それほど大切なことではない。

3、自分に原因があって喜べない

一番大切なのは三つ目の理由です。すなわち自分のせいで喜べない時。では、その「自分のせい」はどういうことでしょうか。A、B、C、D、E……いろいろと話します。

先ほど言ったのは、一つの理由です。では順番に話します。

A．深い所の自分から離れている

深い所の自分から離れているから喜べない。あるいは神を信じる人にとっては神から離れているので喜べないのです。ですから深い所の自分と仲良く話す。これについて話しました。

B．良心の声に聞き従わない

少し言ったけれども始めから考えます。良心の声、良い心。良心の声に従わないから喜べない。良い心というのは私たちを具体的な愛に導いてくれる声です。一般的な愛は、哲学的なことではなくて、今この具体的な場合に、あなたはどうすればいいのか、ということを良心の声に従って教えてくれます。どういうふうに教えてくれるのかというと、調和か不調和を感じさせることによって、正しいことを教えてくれます。調和というのは、いいことをする時には心がハーモニー、調和を感じます。悪いことをしている時には不調和を感じます。良心が咎めるのです。

例を言うと、テニスボールがラケットの真ん中に当たると気持ちいいですね。音もいい。ボールの飛び方もいい。そこで、ボールは具体的な行いでラケットの真ん中は愛だとします。ボールが真ん中に当たると気持ちいい。調和を感じる。ところがボールが、つまり具体的な行いがラケットの中心から外れて端っこに当たる時には不調和を感じます。気持ち悪い。音も悪い。飛び方も悪い。手の感じも悪い。不調和を感じる。調和か不調和を感じさせることによって私たちを導いてくれるのです。ところがそれはすごく静かな声です。し〜ずかな声です。よく聞かないと騙されます。誤解されます。後でそれについてまた話しますけれども。

C．社会の影響で作られる善悪に従う

ところで、ある人は良心の存在を信じません。大体、神を否定する人は良い心の存在をあまり認めない。その人たちが何を認めるかというと社会の影響で作ら

れるものです。たとえば一人の学生が盗みをするとしますね。お金を盗む。周りに知られたらすごく恥ずかしさを感じます。みんなびっくりするし、その人は大学を辞める。周りの人たちはその行いを認めないので本人は恥を感じる。ところがその人が反社会的集団に入るとします。そこでは盗みをしても咎められません。

「やったぜセニョール、それでいいよ（笑）。」

そこでは恥を感じません。むしろ周りが認めてくれるので良し。周りが認めてくれなければ恥を感じる。ですから、罪の意識ではなくて恥だけです。周りの人たちが認めてくれれば大丈夫。認めてくれなければ悪い。そこには良い心が存在しません。良心は社会が作るものになっています。

もう少し良心について考えましょう。例でいうと、雪国では雪の玉を作って遊びますね。雪で玉を作って、その雪の玉をギュッと握ります。雪国の冬ですから雪は溶けることなく自分の好きな形を作ることができます。手を開いてみると、そのボールに握った形がそのまま残ります。違う手がそのボールを握れば違う形を作ります。みんなの手によってどんどん、どんどん変わる。ですからこの玉は握り手によって、どんどん、どんどん変わるという考え方です。周りの人たちはこのような点から、あなたは社会の影響しか受けない、というふうに考えます。軟式のテニスボールを想像してください。軟式のテニスボールは柔らかいですね。手で握っている時は自分の好きな形になっているけれども、手を開いてみると、また元の丸い形に戻ります。内面的な抵抗力があるからですね。私はこの意味の良心を信じます。多分みなさんもそうでしょう。手の圧力には弱いから言われるままにする。ところが結局は手を開くと圧力がなくなるので、元に戻りたくなって戻る。良心は内面的な力です。良心の声を信じます。

問題はこの良心の声を聞くことができるということは難しいということです。でも、その良心の声があなたの最終的な導きです。では、あなたは何に従えばいいのでしょうか。本を読んだり、いろいろなところで参考となる助言を受けたりするでしょうけれども、最終的にあなたの道を決めるのはあなたの良心の声ですね。それに従うべきです。

D. 偽りの声に従う

ところが良心の声と間違えやすい声があります。その声に騙される。本当の声だと思っていても本当の声ではない。偽りの声です。わかりにくいですね。たとえばどういう声かというと、感情の声です。感情の声と良心の声は一致していると思われるけれどそうではない時があります。

たとえば、ある学生のクラブで、Bさんはクラブに対して悪いことをしたとします。そしてAさんは

「この人を絶対にゆるしてはいけない。この人は絶対に追い出さなければならない。この人を、Bさんを追い出さないとこのクラブは潰れるから。」

と、すごく強い態度をとるとしますね。この人が思い込んでいるのは

「私は良心の声に従って言っているのですよ。クラブのことを考えて言っているのですよ」という思いです。

それは嘘ですよ。本当はこの人の感情です。具体的には妬みですよ。Bさんは人気がある。Aさんは人気がない。Bさんはスポーツが得意、Aさんは苦手。そしてAさんが好意を持っている女の子はAさんよりもBさんのことが好きだと言

います。それがゆるせない。でもそれは人に言わないのですよ。言うのは「私の良心の声に従って追い出すべきだ」と。

それは良心の声ではありません。感情で思っているのです。このようなことが多いですよ。しっかり考えないといけません。おもに嫉妬心はこわい。妬みはこわい。それを認めたくないけれど、妬みで人を追い出したり人に悪いことをしたりします。良心の声に従ってやっているつもりですけれど違います。ごまかしがきくのです。

E．わがままに従う

あるいはこの間言ったように、わがまま。わがままの声も強い。

「わかっちゃいるけどやめられない。」

第一の段階。悪いこと、例えば浮気しているとしますね。わかってはいるけどやめられない。

そして第二の段階です。浮気をやめたくないのでわからないようにする。いろいろなことを聞いて都合のいいことだけを選んで、都合の悪いことは無視して何もかも正当化します。やめたくないのでわからないようにするのです。

第三の段階は、わからないようにしたので、とうとうわからなくなっちゃった。それで、平気で悪いことをする。この場合も良心の声に従っているつもりですけれども違います。自分のわがままの声に従っているだけです。ただそれに気が付かない。

F．周りの価値観に従う

あるいは、みんながこうするので良いことだろう、と。そのような考え方が広まっていますすね。ファッションやみんなの価値観――今流行っている価値観に従っていれば間違いないという考え方は本当はおかしい。正しいのは「みんながこうするからといって私もそうしなければならないとは限らない」ということです。私が自分の道を、自分の人生を決めるのです。みんなが私の道を決めるのではありません。ファッションとマスコミと人の価値観が私の人生を決めるのではなく私が決める。みんながこうしたとしても私はしない。群れることはしない。群れは大体楽な道を選ぶでしょう。大衆と群れは大体低い所を選ぶ。楽な所を選ぶ。それは必ずしも良いとは限らない。

G．誘惑に従う

ところが難しいことがあります。自分が自分の人生を決めているつもりでも実は違うのです。決められていることもあります。『モモ』という作品をお読みになりましたか。おもしろいですよ。読んでみてください。ミヒャエル・エンデの童話です。その中のお話です。ある床屋さんがボランティア活動をしていた。そしておばあちゃんの世話もしていたのでお金があまり入りませんでした。そこで誘惑を感じます。誘惑するのは「灰色の男たち」です。「存在するといえば存在する、存在しないといえば存在しない」という妙な存在です。その灰色の男の人がいつの間にか現われて来て言います。

「あなたは何をしているんですか?何のために?またボランティア活動にはどれだけの時間をかけているのですか?」

費やしている時間を鏡にチョークで書く。

「おばあさんのことを看ているのは何分ですか。これはですね……（全部書き出す）考えてみれば一ヶ月間あなたはこれだけの時間看ているんですよ。一年間ではこれだけ。その時間を仕事のためにもっと使えば、もっとお金が入るじゃないですか。辞めなさいよ。」

「そうですね……。そうですね。」

灰色の男はすごく説得力があるので、彼は

「あぁはい。じゃあボランティアを辞めます。おばあさんたちも誰かに頼みます。もっと仕事をすることにします。はい。」

「よかった。自分で決めた。」

すると鏡に書かれていたことは全部消えます。彼は自分で決めたと思っていますが、違います。決めさせられていたんですけれど、自分では気が付かない。

私たちは何もかも自分で決めているつもりですけれど、甘い、甘い。決めさせられているのです。ただそれに気付かない。ですから、なるべく自分で決めるようにしましょう。

H．恨み

喜びを感じることができないもう一つの理由は、恨みです。人をゆるさない。人を見下す。その人を見下す。ゆるせば喜びを感じるようになります。ゆるさなければ感じない。恨みを育てていれば暗くなります。ゆるせるようになりましょう。

本当の声と偽りの声を聞き分ける……感謝と喜びを感じるか否か

さて、今まで話したようにいろいろな偽りの声があります。それらをどうやって区別できるのでしょうか。どうやって本当の声と偽りの声を聞き分けることができるでしょうか。これは極めて難しい。その難しさを意識した方がいい。謙虚に。私は本当に良心に従っているかどうかはよく分からない。多分そうだろう、そのつもりですけれども分からない。自信過剰はやめた方がいい。私は確実に良心の声に従っている、としてももうちょっと謙虚になった方がいい。では、聞き分ける方法について考えましょう。

1、祈る

いったん立ち止まって心を見つめる。いったん立ち止まって心に耳を傾けるのです。たとえば、今皆さんはここにいるので、いったん立ち止まっていますね。私たちは一日中忙しいですね。考える時間がない。深い所の自分と相談する時間がない。だからいったん立ち止まるのです。精神的に立ち止まって、そして心に耳を傾ける。私たちは猛スピードで生きているので立ち止まらないと自分の足音が雑音になって本当の声が聞こえなくなります。いったん立ち止まる。それは深い自分と仲良く話すことです。祈る。これもいったん立ち止まること。いったん立ち止まって心に耳を傾ける。そして心から喜びと感謝を抱くことができるかどうかを確かめるのです。

あなたが今行っていることが良いかどうか。それは喜びと感謝を感じれば多分良いことです。感じなければ怪しい。あるいは行ったことやこれからしようと思っていることを、自分と話して、神と話して、本当の喜びと感謝を感じ抱くことができれば、多分いいことです。

ところが、ここでもごまかしがきくのですよ。感謝を感じてはいけないのに、無理矢理に感謝しようと思っていれば感謝することができます。たとえば銀行強盗する人。うまくいったとしますね。本当は喜んではいけないでしょう、悪いことなのですから。でも喜びます。

「やったぁ、神様に感謝～！　5，000万円を盗んだ、神様に感謝（笑）」

無理矢理に喜びを感じることができます。私たちはごまかしながらするので、次第に分からなくなってしまうのですね。ですから心からの感謝と喜びを感じることによって、いい道か悪い道かが分かるのです。

2、良心の声を強める

もう一つは良心の声を強めること。どういうふうに強めるかというと、その声に従うことです。その声に従うことによって、その声のボリュームを上げることになります。これは間違いなく良心の声だとわかっているけれど、従うのは面倒ください。でも従えば丈夫になる。たくましくなる。そして従っていると何かの拍子にもうちょっとはっきりと聞こえるようになります。

私たちは良心の声に従わないので喜びを感じない時もあります。良心の声に従うことにしましょう。

心からゆるす三つの方法

では次に、心からゆるすことについて話しましょう。次の三つの動詞を含むと思います。

1、再び付き合う

心からゆるすというのは、まず、また付き合うことです。例えば、皆さんではないけれども、ある夫婦の旦那さんが不誠実だったとします。浮気したとしますね。でも戻ってきて悪かったと謝るとします。その時にゆるすということは何かというと、心からゆるすこと。そして、また付き合うことです。

2、再び受け入れる

また付き合うことだけでは「ゆるしはするけど忘れはしないぜ」という気持ち

もあり得るので、二番目のことを。また受け入れる。この悪いことをした人を、そしてこの欠点をまた受け入れましょう。

3、再び信じる

そして、一番難しいことですが、また信じる。信頼感がないと愛は存在しないでしょう。人を信じないと人を愛しているとはいえない。執着を感じるかもしれませんけれど、本当の愛は信じるという動詞を含むでしょう。

とはいえ、人を信じる時に１００％信じることは無理ですよ。信じられない。例えば75％まで信じていれば十分信じることができていることになります。愛と矛盾していません。90％信じないということだったら愛していないことになります。ですから少なくとも不信を25％まで減らさなければならない。不信感の程度が25％だったらギリギリですよ。数字で決めるのはバカバカしいけれども、一応の目安です。ただ、どうしても自分に悪いことをした人に対して不信感は残りますね。痛みは消えるでしょう。でも不信感は残る。そこで理想的にはこの二つの愛を信じて感じれば十分信頼感があるといえます。

信頼感に含まれる二つの愛

一つ目は問題が起きて夫が謝ってきた時、今そしてこの先、私は旦那さんの愛を信じて感じることができるかどうか。

二つ目は、この悪いことをした旦那さんを私が今も愛しているかどうか。この人が私にとってまだ大切な人であるかどうかです。

すなわち相手からの愛と自分から相手への愛、この二つの愛を感じて信じれば十分不信感を超えることができると思います。この二つの愛を足せば不信感を超えることができます。完璧ではないけれども、100%ではないけれども、十分です。愛と矛盾しません。愛と両立できるような信頼感が残ります。

裏を返せば、「反省」は最低必要条件ですね。反省。ですから旦那さんが依然として同じことを繰り返すのだったら、もう不信感、無理ですね。

ゆるし方

今度はゆるし方について話しましょう。

1、条件付きでゆるす

妻を裏切った旦那さんが戻ってきて謝った時、妻は条件付きでゆるします。つまり「今度こんなことがあったら絶対にゆるしませんよ。わかりましたね。これからちゃんと携帯電話もチェックするので二度とこんなことはしないでくださいよ」と条件を付けて責めるゆるし方です。つまり相手が意志の弱い人ですので相手の反省を強めるためにわざとゆるしますけれど、忘れてないぞという気持ちを表す。この条件付きでゆるすということは、やむを得ない時もあるでしょう、でも、できることなら条件付きではなく、無条件にゆるす方がいい。相手を信じた方がいい。旦那様のことだけでなく、子供たちのことや友達のこと全てにあてはまることです。私たちは石橋を叩いて渡ろうとしているのですね。本当に確実にこの人が信じるに値する人なのか見極めたいと。でも、それは無理ですよ。それは無理です。しかしながら、私たちは「相手の完璧な反省の色を見てからゆるして信じてあげる」ということをしたいんですね。相手の反省の色を見てから信じることにします。これは石橋を叩いて渡ることです。

2、無条件にゆるす

本当のゆるし方は逆の順番だと思います。相手を信じて相手の反省の色を引き出す。相手の反省の色を見ないうちに相手を信じて、相手の心から反省の色を引き出すのです。相手を信じれば相手は反省すると信じる。相手の反省を見てから信じるということは楽です。相手を信じるといっても、条件付きにゆるされた人は、この人は私を信じていないということが明らかにわかる。「もしもう一度同じことをしたら、二度とゆるさない」という人は、相手は私を信じていないということが明らかですよ。信じてもらえない人にとっては、立ち直るのは難しい。

それとは反対に、この人は私が悪いことをしたのに私を信じてくれると感じる人は、本当に申し訳ないと思って心から反省する力が引き出されます。相手に信じてもらうことによって引き出されるのです。条件付きだったら、この人はやっぱりゆるされていないのですね。だから今度は知られないように、もっともっと上手にしなくちゃ、ということになる。そうではありません。

とはいえ、無条件に信じるのはちょっと賭けですね。こわいですね。相手を見なければならない。イエス様はこう言いました。

「右の頬をぶたれたら左の頬をも向けなさい。」

相手があなたの頬をぶったのですね。裏切った。でも後で謝ってくれました。でも、その時にはあなたは相手を信じたくありません。この人はまた同じことをやりそうだし、痛かったので、もうさようなら。もうゆるしたくありませんと思うでしょう。でも、イエス様はそうはしません。信じます。そしてイエスさまは言います。ゆるして信じなさいと。ゆるして信じるということは左の頬を向けることです。また同じことになるかもしれないけれど、その覚悟の上で信じなさいと。しかし、あなたの忍耐には限界があるし、相手をゆるして、ゆるして、ゆるしていることがかえってその人を駄目にするかもしれません。ピシャッと遮った方が愛の印になる時もあります。子供に対してもそうですね。では、どうしたら良いのでしょう。

イエス様は他の所ではこう言います。

「豚に真珠を出してはいけない。」(1)

このことの意味は色々な解釈がありますけれど、私はこの解釈が一番良いと思います。真珠というのはあなたの愛、あなたの心、あなたの信頼感。豚——たとえばユダヤ人たちはいまだに豚を、汚れた動物だからという理由で食べてはいけないのです。なぜでしょうか、かわいそう。かわいいのに、そして美味しいのに（笑）食べません。豚のような態度をとる人は、ずるい人。ひねくれている人。あなたを利用するつもりで騙そうと思ってあなたに近寄る人です。それは豚。豚には真珠、あなたの信頼感をあげてはいけない。人を見て信頼するのです。相手が豚のような人だったら、あなたがあなたの信頼感と信用と心をあげても、この人は踏みにじるのですよ。猫に小判です。大切にしてくれません。しかも後であなたに噛みつく。傷つける。その上、真珠という餌は豚には良くないものです。豚は真珠を食べればお腹をこわす。病気になる。豚のためにもよくない。ですからあなたが人を甘やかして、はいはい、ゆるします、ゆるします、というのはその人のためにもよくない。その人にも悪いことをしているのです。ですから、相手が豚のような人だったら近寄らない方がいい。離れた方がいいです。

そこで問題なのは、この人は豚なのか、それともただ意志が弱くて気がつかなくてちゃらんぽらんな人なのか、悪い人ではないのか分からない時です。あなたを騙そうとしているのではなくて、ただ意志が弱いのか、それともずるいのか。その弱さを武器にして、ますます悪いことをする人もいます。いろいろなことを見分ける必要性があります。それこそ石橋を叩いた方がいい。

だから結局、良心の声に聞くのですね。今どうすればいいのですか。いつもはい、はい、とゆるすと駄目にする。そして、自分も我慢の限界になる。傷だらけで別れることになる。そうかといって厳しくすればこの人を駄目にする。もうちょっと忍耐しましょう。これは難しい。教育者としても難しいでしょうね。これという結論が出ないですね。しかしそれは心から引き出されてくるのです、その時その時。

ですから、戻ります。悪いことをされた妻の第一の態度は条件付きにゆるすということですが、できれば無条件にゆるした方がいい。

このような場合もあります。ある人はすごくプライドの高い人で絶対に相手をゆるせない。ゆるさない方がいいからではなくて、ゆるしたくないからゆるさないことにする。表向きは、社会もしくは子供たちの前では、もう仲良くなったというふりをするけれども本当は心の中に氷の壁を作って終わり、という態度をとる人がいますね。その人の心には愛よりもプライドの方が強い。このような態度はなるべくとらない方が良いです。神様がこの態度をとらないことを望んでいます。あなたの奥深い所の自分の良心の声もこの態度をとらないことを望んでいます。あなたの家族も望んでいます。愛と謙遜さが大事です。

3、忘れる努力をする

三番目の態度。ゆるしはします。でもまだ忘れられません。まだ精神的に痛みが強い。まだ心の中の傷が血を流している。でも忘れるように努力しましょう。だんだんと忘れることができると思います。多分大丈夫でしょう。まだ無理、まだできない、今は無理かもしれませんが、それでもいつかはかなり忘れることができます。確かに偶然あの時の音楽が聞こえてくると怒りがわいてくるでしょう。あの風景を見ると思い出す。でもだんだん、だんだんその音楽が聞こえても、二人で過去を思い出しても笑えるようになります。そういうことを目指していけば良いでしょう。難しいですけどね。

一番良いのは悪いことをしない、ということです。それが一番良い（笑）。でも申し上げるならば一番悪いことは絶交です。相手が戻りたいと望んでいるのに絶交。それは家族のためにもあまりいいことではありません。ですからもう少し愛と謙遜さで頑張った方が良い。だんだん、だんだん良い方向に向かうでしょう。ただそのためには相手の協力も必要です。相手が依然として変わらない場合は難しい。

4、ゆるし合う

そして、ゆるし合いましょう。片方だけが100%悪いという喧嘩はほとんどありません。先程の嫌な例でさえ、相手が不誠実だったということは明らかに相手が悪い。でもね、自分にも反省すべき所があるかもしれません。先程の例の、妻のフィクションですね、彼女も「もうちょっと私があの時に優しくすれば、あの時にあんなことを言わなければ、私がこんなふうなので彼がもっと優しい女性を見つけたのかも」ということも考えられないことではない。ですからゆるし合う。私が100%悪いことは滅多にない。もちろん圧倒的に相手が悪い、相手が

85％悪い、あるいは90％悪いということもあります。でも私にも悪い所があったね、とゆるし合うこと。

そして、ただゆるし合うだけではなくて仲直りするのが大事ですね。

5、仲直りをする姿勢

では、仲直りをする姿勢について考えましょう。

これは長い話になるけれどももう時間がありません。予告だけ。いろいろなことを心からゆるすということは仲直りする、ということ。でもね、仲直りといってもみなさんの中にはほとんど喧嘩をしない人もいる。いませんか？「手を挙げてください」と言えば誰も手を挙げないかもしれませんけれど（笑）あまり喧嘩をしない人がいますね。それが本当は一番良いですよ。ですからゲーテの言葉を守って、つまり〝相手が言ったことよりも相手が言いたかったことをなるべく良い方に解釈して〟いれば、それほど喧嘩をしなくてすむのです。そしてお互いに相手の立場からも物事を考えれば、あまり喧嘩をしなくてすむのです。まぁ小さな喧嘩はいいけれど大きな喧嘩は必要ではないのです。でもやっぱり人間は欠点だらけの存在ですので自分も相手も欠点だらけですね。だからぶつかるのが当然。喧嘩をすることはやむを得ない。けれども喧嘩をしてないのに心が遠ざかったということもあり得ます。お互いに精神的に何となく遠くなったということもありますね。

これは友達についても考えられますね。それは……。残念ですが、今日は時間がないので、改めて。

お疲れ様でした。ありがとうございました。少し考えましょう。

それではアヴェ・マリアで終わりましょう。

✝「アヴェ・マリアの祈り」（480ページ）

お疲れ様でした。ありがとうございました。夏ばてしないで、また9月に会いましょう。

（2019年7月4日）

（1）マタイ7章6節
「神聖なものを犬に与えてはならず、また、真珠を豚に投げてはならない。それを足で踏みにじり、向き直ってあなたがたにかみついてくるだろう。」

第6回　死んでも生きる命

狭い戸口　　ルカによる福音書　13章22～30節
すべての民族を裁く　マタイによる福音書　25章31～46節

それでは、「平和を求める祈り」で始めたいと思います。

†「平和を求める祈り」（480ページ）

おはようございます。久しぶりでございます。夏休みはいかがでしたか。暑かったでしょう。皆さんとこうしてお会いすることができてよかった。休みはいつもあっという間に過ぎてしまいますね。仕事もあっという間に片づいてしまえばいいのに。まぁ、とにかく楽しくやりましょう。

今日は聖書を二つ朗読していただきます。まず一つ目。ルカ13章22節から30節まで。はい、お願いします。

狭い戸口：ルカによる福音書　13章22～30節

イエスは町や村を巡って教えながら、エルサレムへ向かって進んでおられた。すると、「主よ、救われる者は少ないのでしょうか」という人がいた。イエスは一同に言われた。「狭い戸口から入るように努めなさい。言っておくが、入ろうとしても入れない人が多いのだ。家の主人が立ち上がって、戸を閉めてしまってからでは、あなたがたが外に立って戸をたたき、『御主人様、開けてください』と言っても、『お前たちがどこの者か知らない』という答えが返ってくるだけである。そのとき、あなたがたは、『御一緒に食べたり飲んだりしましたし、また、わたしたちの広場でお教えを受けたのです』と言いだすだろう。しかし主人は、『お前たちがどこの者か知らない。不義を行う者ども、皆わたしから立ち去れ』と言うだろう。あなたがたはアブラハム、イサク、ヤコブやすべての預言者たちが神の国に入っているのに、自分は外に投げ出されることになり、そこで泣きわめいて歯ぎしりする。そして人々は、東から西から、また南から北から来て、神の国で宴会の席に着く。そこでは、後の人で先になる者があり、先の人で後になる者もある。」

ありがとうございます。人生をよく理解するために、死んでからのことを少しだけ考えましょう。それは、人生を明るく照らしてくれるからです。そこでこの福音ですが、少し厳しいですね。

私たちはこの世の命が終わった時、「悪いことを行う者ども、お前たちを知らない」と言われるかもしれません。でも私は生きている時には良いことをしたでしょう。私はお祈りもしました。神父様の講座にも通いました。それなのにどうして「知らない」「立ち去れ」と言われてしまうのかもしれないのでしょうか。

死んでからも生きる命

それは、私たちは死んだら自動的にハッピーエンドになって幸せが始まるとは限らないからです。実は、死んでから何があるのかということについて、おもに二つの意見があります。

一つの意見は、死んだら何もない。全ては終了だ、というもの。これは一番すっきりしていますね。何もない。終わり。

もう一つの意見は、神を信じる人たちは何らかの形の永遠の命を信じています。死んでからのちも生きる、ということです。つまり死に向かって死ぬのではなく、命に向かって死ぬ。死んでからも生きるのです。つまり、全ての宗教の共通点は命がある、来世があるということです。ただその命にたどり着くまでの手段やどのような形の永遠の命なのかは誰も知らないので、意見はバラバラです。でも共通点はあります。死んでからも人は生きるのです。

簡単明瞭に言えば、イエス・キリストが教えてくださったのは、死んだら全く違った状況で、全く違った様子で同じ人間が生きる、ということです。これは理解しにくいし、想像するのも難しい。でも理性的に理解できることが少しあります。しかし、全く違った状況で、全く異なった有り様でまさしく同じ人間が生きる、ということは理解しにくいですね。なぜなら、私たちは火葬場に何回も行ったことがありますね。そこで見る白骨と化した故人の姿は同じ人間だと言えるでしょうか。しかし、それは生前とは全く違う状態ですけれども、まさしく同じ人間なのです。全然違う状態ですけれども、その人間は生きるのです。詳しいことは説明できません。

イエス・キリストは復活してから何回も弟子たちの前に現われたとあります。弟子たちは初めのうちは認めようとしなかった。イエス様と同一人物だと分からなかったから。隣にいても分からなかったということは、生前とは全く違う姿だったからでしょう。全然違う容姿でありながら「まさしく同じ私は生きる」とイエス様が言い、弟子たちもそれを信仰の目で認めました。イエス様は、死んでも生きる命について、身をもって教えてくださったのです。天国は場所ではないのですね。死んだら空間と時間は超越されるのですよ。空間と時間はないでしょ、誰もわからないけれども。理性的に考えてみればありません。でも、それを天国と呼びますね。永遠に生きる。

しかし、そこに自動的に入るわけではありません。入ろうとしても入れない人がいると書かれています。他の箇所でイエス様はこう言うのです。

「復活にふさわしい人は復活する。」(1)

つまり復活しない人もいるのです。キリスト教、おもにカトリックには地獄というものがあります。私はどこかに地獄があるということは信じない。でも、確かに聖書にいろいろなことが書いてある。聖書は大袈裟な話しぶりが多いですね。イエス様は、復活にふさわしい人とふさわしくない人がいるかもしれないと言っています。ですから、自動的に全ての人が復活するとは思わないでください。

狭い戸口から入りなさい

そこで、イエス様が言うように、狭い戸口から入るようにしましょう。狭い戸口から、つまり自分に厳しくしないといけない。いろいろな考え方や説明がありますけれども、多くの人は楽な道を選ぶのではないですか。大方の人は楽な道を選ぶ。群れは必ず低い所に行くのです。だからといって、あなたはその皆がいる所に行くことはないのです。かといってあまのじゃくにならないでください。皆がそこにいるから私は逆の方へ行く、ということではなく、皆がこうするから私もこうしなければならないというわけでもありません。個性を持つことが良いと思います。ファッションもテレビもマスコミも皆が良いと言うからといって、必ずしも自分が同じようにしなければならないというわけでもありません。自分の人生は私が決める。それは、他人に流されるのではなく、群れるのでもなく私自身が選ぶ。私自身が決める。この個性がいいですね。その意味で狭い戸口から入りなさい。

では、もう少し具体的に考えてみましょう。狭い戸口とは何でしょうか。どうすれば永遠に生きるという意味で復活にふさわしい人になれるでしょうか。ということで聖書を読みましょう。今度はマタイ25章31節から46節。また文字通りに解釈しないでください。おもなメッセージをつかむようにしましょう。最後の審判ですね。はい、お願いします。

すべての民族を裁く：マタイによる福音書　25章31〜46節

「人の子は、栄光に輝いて天使たちを皆従えて来るとき、その栄光の座に着く。そして、すべての国の民がその前に集められると、羊飼いが羊と山羊を分けるように、彼らをより分け、羊を右に、山羊を左に置く。そこで、王は右側にいる人たちに言う。『さあ、わたしの父に祝福された人たち、天地創造の時からお前たちのために用意されている国を受け継ぎなさい。お前たちは、わたしが飢えていたときに食べさせ、のどが渇いていたときに飲ませ、旅をしていたときに宿を貸し、裸のときに着せ、病気のときに見舞い、牢にいたときに訪ねてくれたからだ。』すると、正しい人たちが王に答える。『主よ、いつわたしたちは、飢えておられるのを見て食べ物を差し上げ、のどが渇いておられるのを見て飲み物を差し上げたでしょうか。いつ、旅をしておられるのを見てお宿を貸し、裸でおられるのを見てお着せしたでしょうか。いつ、病気をなさったり、牢におられたりするのを見て、お訪ねしたでしょうか。』そこで王は答える。『はっきり言っておく。わたしの兄弟であるこの最も小さい者の一人にしたのは、わたしにしてくれたことなのである。』

それから、王は左側にいる人たちにも言う。『呪われた者ども、わたしから離れ去り、悪魔とその手下のために用意してある永遠の火に入れ。お前たちは、わたしが飢えていたときに食べさせず、のどが渇いたときに飲ませず、旅をしていたときに宿を貸さず、裸のときに着せず、病気のとき、牢にいたときに、訪ねてくれなかったからだ。』すると、彼らも答える。『主よ、いつわたしたちは、あなたが飢えたり、渇いたり、旅をしたり、裸であったり、病気であったり、牢におられたりするのを見て、お世話をしなかったでしょうか。』そこで、王は答える。『はっきり言っておく。この最も小さい者の一人にしなかったのは、わたしにしてくれなかったことなのである。』こうして、この者どもは永遠の罰を受け、正しい人たちは永遠の命にあずかるのである。」

ありがとうございます。これは最後の審判です。つまり人間が死ぬ時に神様があなたの人生を評価します。良い人生を送ったかどうかをそこで審判します。良い人生を送った人は羊のように右側に座る。そうでない人は左にと。ですから、神様があなたは右へ、あなたは左に行ってと決めるのではなく、決めるのは自分の生き方ですね。生前の自分の生き方が座る場所を決める。あなたの人生が永遠の命にふさわしかったら右に、ふさわしくなければ左に座る。

分かち合いをしましたか

では、何を基準にして神様はあなたの人生を評価するのでしょうか。質問は一つだけ。天国への入学試験の試験問題はたった一つだけです。大体先生方が試験を準備する時には、なるべく根本的な質問を出題しようとします。その質問に対して学生が正解したなら、学生の問いに対する考えすべてが分かるというような。ですから、この一問に対して正解できない学生は何も分かっていない、ということが明らかになるのです。神様はそのような難問を選んだのですね。一問だけ。そしてその質問は、すでに私たちが人生を歩んでいる中で発表されているのです。この質問はよく準備すれば容易に答えることができる、大丈夫だと。

その質問は何かというと、今読んでいただいたことですね。あなたはのどが渇いていた人に対して水をあげたかどうか。食べ物のない、飢えていた人に食べ物をあげたかどうか。病気になった人を見舞いに行ってあげたかどうか。つまり、分かち合いをしたかどうかということです。質問は分かち合い。あなたの食べ物の、飲み物の分かち合い。洋服、家の分かち合い。お金の分かち合い。時間の分かち合い。あなたは困っている人がいるのに、自分だけのためにそれらのものを使ったのですか、それとも分かち合いましたか。それに答えなさいと。私はほかにもいろいろなことをしました、それを考慮してくださいと言う人もいるでしょう。しかし、余計なことは必要ありません。質問は一問だけ。あなたは分かち合いをしましたか。

それが狭い戸口から入るということです。分かち合うということは自分にとっては損ですね。自分の欲しいものをもっと必要としている人と分かち合うと、自分のものが少なくなります。損をする。時間も好みも全て自分のものが少なくなる。しかし、そうであっても、あなたはそれをしましたか、どうですか。それが根本的な唯一の質問。また、あなたが人を傷つけたかどうかというのもあります。けれども、イエス様が問うのは、あなたはすべき善いことをしたかどうか、ということです。あなたはすべき善いことをしましたか、しなかったのですか。それだけ。その答えによって私たちの人生すべてが明らかになるのです。

善いサマリア人のたとえ話を思い出してください。三人の人が通りました。一人目はけが人を見て何もしないで避けて歩き続けました。二人目も見て気の毒に思ったけれど、何もせずに避けて通りすぎた。三人目のサマリア人はろばから降りて近寄り、包帯をして助けた。一人目と二人目の人たちは悪いことはしていません。その人を蹴飛ばしたり、お金を盗ったり、そのような悪いことは何にもしていない。していないけれども、「何もしなかった」という罪なのです。すべき善いことをしなかったので問われたのです。

今、朗読された福音では、救われない人たちは悪いことをしていないのですよ。ただ、善いことをしなかったから。こう言われると厳しいですね。その意味で狭い戸口から入りなさい。

では、考えてみましょう。なぜ私たちはその分かち合いをしないのでしょうか。その理由はやはりエゴイズムですね。自分さえよければ良いという自己中心や利己主義。他人のことなどは考えない。分かち合いをすれば損をするし面倒くさいじゃないですか。他人のことは放っておいて、自分のことだけに専念する、それで十分です、という生き方をしている人は善い行いをしない。

またある時には、気付かないからしないということもあります。この人が私を必要としているということに気が付かなかった、ということを言い訳にするのです。言い訳は通用しません。なぜ気付かないのですか？　それは、自分以外のことを考える習慣を身につけていないからです。周りの人のことを考えない。自分のことしか考えないので、近くに私を必要としている人がいても気付かない。このように、気が付かないという罪もあります。なぜ気が付かないのか明らかですよ。あなたは人のことを見ない。自分のことだけしか見ないので気が付かない。つまり、無関心。そこで最後の審判の時にイエス・キリストが問う質問はそれです。

分かち合いの目的

1、笑顔

何のために分かち合いをすればいいのか。その目的は何でしょうか。私たちは善い行いをする時にはちょっとした報いを期待していますね。

あるフィクションです。学生時代に戻ってください。合宿に行ったとしますね。ある夜コンパをして飲んだり食べたりして12時近くまで騒いでいます。12時になると、明日も研究の続きがあることだし、そろそろ休みましょう、ということで男性は自分の畳の部屋でバターンと寝てしまう。女子学生も部屋に戻ってしまいました。さて、三年生のお嬢さんが一人、星などを眺めながら、歯も磨いたことだし、さぁ寝ましょうと思っていると、あら！先ほどまで自分たちが使っていた部屋、15人ぐらいで飲んだり食べたりしていたテーブルがまだ汚れたままだし、空き瓶や空き缶が散らかり放題。部屋中イカ臭い！（笑）明日、ここで朝ご飯を食べなければいけないのにこれでは使えません。そこで彼女は、ちょっときれいにしましょうと、一人で片づけ始めました。でもほかの人たちはみな寝ているのですよ。困ったもんだ。彼女も眠かったけれど、まあいいかときれいに片づけた。30分ほどかかったのですね。その30分の間、彼女は「明日、皆は私が片づけたことに気付いて、きっと褒めて、ありがとうと感謝してくれるでしょう」と考えていたでしょう。

ところが現実は厳しい（笑）。あくる日、皆がそのテーブルに着くと、きれいに片づいているけれど、男子学生は寝ぼけているので、きれいになったかどうか分からない。女子学生は気付いたけれども、管理人が後片づけしてくれたと思うのですね。結局、彼女の期待は無になるのですね。誰も気付いてくれないし褒めてもくれない。誰も感謝してくれないのです。

彼女の性格によっては、

「私が片づけたわよ！　私がやったよー。みんな見てー。きれいになっているでしょう、褒めて」とアピールしたでしょう。でも彼女はそんなことをしない。少し寂しいけれども、理解と関心と感謝を目的にしていなかったし条件にもしていなかった。残念だけれども、みんなが気持ちよく朝ご飯を食べることができるためにしたのです。感謝されることが条件ではないので、褒めてくれないならもう二度としない、ということもないでしょう。また似たような状況に置かれたら、似たようなことをするでしょう。ですから、報いを目的にも条件にもしない。ちょっと寂しい思いをする時もありますが、報いは少し期待するけれども、目的にしないことです。自分がしたことが分かってもらえなくても、皆が気持ちよく笑顔で、あぁいいね、きれいになったねと言う。その笑顔を見るのが彼女の報いであり目的なのです。

2、人が助かる

そしてもう一つ、目的は人が助かるということです。

あなたが少々気難しいおばあさんのところにお見舞いに行くとしますね。あなたはうっかり、歯の悪いおばあさんへの手土産にリンゴを持っていくとします。「どうしてリンゴなんて持ってくるの？　私の歯が悪いと分かっているでしょ？」と怒られてしまいます。あるいは「もっと早く来てくれればいいのに」とか、いつもきつい……。せっかく暑い中、時間を作って持って行ったのに散々文句を言われて、寂しい思いをして帰るのですね。そういう時もあります。全然笑顔を見せてくれなかった。文句を言われただけです。笑顔を見せてくれなくてもいい。笑顔を見ることができなくても、おばあさんは助かったでしょう。リンゴは食べられなかったけれども、ちょっと摺り下ろして食べられたかもしれません。訪ねてくれる人がいて、おばあさんは嬉しかったことでしょう。嬉しさを見せなかったけれども喜ばれたと思います。ですから、これは大きな目的ですね。人が助かるということです。私が人を助けることよりも、人が助かることが目的です。私が人を助けるということは自分が主人公になりますが、愛が求めているのは、人が助かることです。

あなた方もお母さんとしてこのような経験は何回もあるでしょう。誰もありがとうと言ってくれない経験が。

愛されることをあまり要求しすぎないで、愛することをあまり忘れないようにしましょう。先程の合宿のお嬢さんは愛されることをあまり要求していない。そこで、確認したいことがあります。合宿の時だけだったらいいでしょう。ところが、家庭生活で、あるいは長くそのグループの人たちといるような場合は、感謝されないと辛いですね。長い間感謝されないと愛が薄れます。ですから口だけで感謝するのではなくて、心から感謝することはとても大事なことですね。皆さん女性はこの点で被害者かも知れませんね。男性、お父さんたちも、家と会社と満員電車で通勤して、大変な思いをして働いているのに、誰も感謝してくれない時もあります。

私の兄が言っていました。

「私が一生懸命働いて家に帰ってきても喜んでくれるのはワンちゃんだけだ。」（笑）

それは冗談ですけれども。出迎えてくれるのはワンちゃんだけで、後は「お帰りなさい」という声が聞こえてくるだけ。

人は誰しもこの程度ですが、なるべく感謝されているという思いを感じられるといいですね。感謝するだけではなくて、相手が感謝されているという実感を持てるように。それは何回も「ありがとう、ありがとう」と口先だけで繰り返すことではありません。心に感謝の気持ちがあれば伝わります。ですから、合宿の時のように短い時間の時には仕方ないけれども、付き合いが長くなる時は感謝し感謝されることは非常に大切です。

では戻ります。何のために分かち合いをするかということです。合宿のお嬢さんは自分の時間、労力を分かち合いました。目的の一つは「笑顔」。もう一つは「人が助かる」ということです。

3、イエス・キリストが喜ぶ

もう一つの目的があります。これは、神様とキリストを信じない人にはあまりピンとこないかも知れませんが、少し分かってほしい。「イエス・キリストが喜

ぶ」ということも目的です。何のために分かち合いをするかというと、イエス・
キリストが、神様が喜ぶためです。この福音でイエス様はこう言われているで
しょう。
「はっきり言っておく。わたしの兄弟であるこの最も小さい者の一人にしたの
は、わたしにしてくれたことなのである。」

ですから、私たちが分かち合って自分のものを誰かに譲る時、イエス・キリス
トが喜びます。なぜ喜ぶかというと、ご自分のことを考えてみてください。ある
高校生の娘さんが怪我をして入院しているとしますね。お母さんは病院で付き
添っています。そこに娘の友達がお花を持ってお見舞いに来ます。娘さんがお友
達と楽しく話をしている姿を見てお母さんは大喜び。お母さんのために来ていな
いのですよ、娘さんのために来ているのですよ。でも娘さんの喜びをお母さんも
感じる。愛によって母と子は一体になっているので、娘のためにしてくれたこと
は、自分のためにしてくれたことのように思えるのです。イエス様はこのことを
言っているのですよ。あなたが困っている人や悩んでいる人に、自分の時間なり
愛情なり友情を差し上げることは、イエス・キリストのためにしたことと同じこ

となのです。ですから、人を助けるとイエス・キリストが喜ばれます。

かといって、

「私は悩んでいる人の中にイエス・キリストを見る。」

と言う人がいますが、私はこの考え方はあまり好きではない。しかし、カトリック関係者の中には、このように言う人が少なからずいます。

私は悩んでいる人の中にイエス・キリストを見ない。その悩んでいる人を見ます。もし、私がその人のためにしたことを、イエス・キリストのためにしたのだとしたら、この人はかわいそうです。この人は無視されるのではないですか。私とイエス・キリストとのことになって、悩んでいるこの人の存在は薄れてしまう。そうではないのです。イエス・キリストは

「あなたはこの人だけを見なさい。この人を大切にしてください。この人が喜べば、その喜びをわたしが感じるから」と言われるでしょう。

私はそのようにイエス様はお望みだと思います。

何のために分かち合いをするのか、という一つ目の目的は人が助かることと、

人が笑顔になれるためでした。そうすればイエス・キリストも喜ぶ。

4、永遠の命にふさわしい者になる

もう一つは、「私たちが永遠の命にふさわしい者になるため」です。ところがそれは目的ではなく結果です。私たちは救われるために人を大切にするのではなくて、困っている人を大切にする。その結果として私は救われるにふさわしい人になるかもしれません。ふさわしくなるためにするというのは純粋な愛ではなく利害関係です。死んでからどうなるのかということは、今考えても仕方ありません。いろいろと考えたけれども、結局、今を生きることが大切ですね。死後、神様が存在していれば、神様に全部委ねます。お任せします。でも、今喜んで生きるということは大事なことです。

くり返しますが、ふさわしくなることは目的ではなくて結果です。

人を利用する

私たちは人を利用する傾向がありますね。人を使うことはよくない。人を利用するということには三つの種類があると思います。
一つ目は、利用する方も利用される方も双方助かる時のことです。これは良いことです。あなた方は結婚しましたね。いろいろな面で互いに利用し合っていますね。でもそれは良い意味での利用です。また、利用してもらいたいのです。そのためにお互いに結婚しました。あるいは、あなたはお寿司屋さんに入って、終わりに「ありがとうございました」と言われますね。あなたは「こちらこそ」と言いたくなる。私の方こそおいしいお寿司をいただきました。ありがとうございましたと。店は収入を得ることによって助かり、私はおいしいお寿司をいただいて幸せでした。これが社会、人間社会ですね。使う人も使われる人も共に喜ぶ。これは良い利用の仕方です。

二番目は好ましくない例です。使う人は喜ぶけれども、使われる人は困る。利用する側は嬉しいけれども利用される側は悲しい。これはよくない使い方です。例えば、社長は丸儲けだけれど職員たちはどんなに働いても十分な報酬を得られないというような時です。これは悪い意味での利用です。搾取するのですね。哲

学者であるカントがこれについて言った言葉ですけれども、

〝人間は目的であり、手段だけではない。従って人間を利用してはいけない。〟

このカントの言葉は二番目の好ましくない利用の仕方にあてはまるものです。

三番目は私たちにもあてはまることがあります。悪い意味で人を利用しているけれども、それに気付かない。愛しているつもりです。愛しているつもりですが、本当は利用しているだけです。ここである例を挙げます。水たまりと岩の例です。水たまりがあるとしますね。あなたは新しい靴を履いているので水たまりに入りたくない。絶対に入りたくありません。でも、どうしても通らなければならない。ところが、そこに石があることに気付きました。そして、よし、その石を飛び石として利用してみようと考えたのです。あ、できそう、できそう。で、ぴょん、ぴょん。水たまりに入ることなく、うまく渡れました。

この例の意味はこのようなことです。水たまりはあなたが入りたくない状態。例えば、孤独、厄介な問題などです。あなたはそこに入りたくないので、そのために飛び石を使います。飛び石は友達、家族の人、仲間、会社の人などですね。

人間だけでなく神様さえも飛び石として利用してしまうことさえあります。問題はこのことです。あなたにとって飛び石は必要不可欠なものですので、飛び石をとても大切にします。ところが大切にするのは手段だけです。目的は水たまりに入らないということです。そこで誤解が生じます。私にとって飛び石はなくてはならないものですから大切にして（愛して）いますよ、というのは間違いです。利用しているだけで愛ではない。この飛び石を踏んでいる時には、すでに次の飛び石と次の次の飛び石をどれにしようか計画的に見定めているのではないですか。次の飛び石を踏んだら、前の飛び石は必要ない。手段として利用するだけです。その手段にするということを愛だと錯覚してしまう。それは愛ではなく利用だということに気が付かないのです。

愛か利用か

このことについてエーリッヒ・フロムの『愛するということ』に出てくる言葉に〝私はあなたが必要だから、私はあなたを愛する。〟

英語でいうと、“I love you because I need you.”

私はあなたが必要なので、私はあなたを愛します。
つまり、私はあなたを飛び石として大切にしているのです。なぜなら便利だから。便利である限り大切にしますけれども、便利でなくなったらさようなら、もう興味がない。このように私たちは無意識のうちに人を利用しているかも知れません。それは一見大切にしているように見えるけれども、本当は利用しているだけなのです。

“I love you because I need you.”
私はあなたが必要なので私はあなたを愛します。必要である限り愛しますが、必要でなくなれば後は知りません、ということです。

二番目の文章は純粋です。
“I need you because I love you.”
私はあなたを愛しているからあなたが必要なのです。
ですから、私はあなたと付き合って、あなたと一緒にいると水たまりに入らなくて済むように、いろいろと便利なことがあります。でも、そのためにあなたと付き合っているのではなくて、愛しているから一緒にいるのです。水たまりに入らないのは結果です。目的ではなくて結果。結果的には友達や家族は良い意味で役立つことが多いですけれども、そのためにあなたと一緒にいるのではなくて、愛しているから必要なのです。このような純粋な生き方です。この生き方は、イエス・キリストが言う狭い戸口から入ることになります。この生き方をする人は意外と少ないですね。多くいるようですが、常にそのような生き方をしているとは限らない。なるべくいつもこのように生きることができるように努めましょう。

今日ここで、皆さんとご一緒に考えたことはとても難しいと思います。理解することは難しくはないと思いますが、実践するのは難しい。だから、その理想は私たちの現実からちょっと離れすぎているかもしれません。完璧にその理想までいくのは難しい。なるべく近づけるようにすればよいでしょう。今の生き方で十分だと思わないでください。もっともっと分かち合うことができますし、もっともっと人を大切にすることができます。完璧なところまではいかないでしょうけれども、少なくともご自身を高められるように努力しましょう。それが狭い戸口から入ろうとすることです。ですから、がっかりしないで、怠けないで、喜んで、周りの人のことを考えて、人々を幸せにしようと努めて、その結果私たちも幸せになるという生き方を求めましょう。

ではもう一度、マタイ25章31節から永遠の命にあずかる人のところまで。はい。

――――聖書の朗読――――

はい、ありがとうございます。少し考えましょう。

それでは、アヴェ・マリアを唱えて終わりたいと思います。

† 「アヴェ・マリアの祈り」（480ページ）

お疲れ様でした。ありがとうございました。また今度。

（２０１９年9月12日）

（1）ルカによる福音書20章35～38節
　次の世に入って死者の中から復活するのにふさわしいとされた人々は、めとることも嫁ぐこともない。この人たちは、もはや死ぬことがない。天使に等しい者であり、復活にあずかる者として、神の子だからである。死者が復活することは、モーセも『柴』の場所で、主をアブラハムの神、イサクの神、ヤコブの神と呼んで、示している。神は死んだ者の神ではなく、生きている者の神なのだ。すべての人は、神によって生きているからである。

第7回　ゆるしと感謝

重い皮膚病を患っている十人の人をいやす　ルカによる福音書　17章11～19節

†「平和を求める祈り」（480ページ）

おはようございます。しばらくぶりでございます。朗読から始めますので、ルカによる福音書　第17章11～19節を開いてください。はい、お願いします。

重い皮膚病を患っている十人の人をいやす：ルカによる福音書　17章11～19節

イエスはエルサレムへ上る途中、サマリアとガリラヤの間を通られた。ある村に入ると、重い皮膚病を患っている十人の人が出迎え、遠くの方に立ち止まったまま、声を張り上げて、「イエスさま、先生、どうか、わたしたちを憐れんでください」と言った。イエスは重い皮膚病を患っている人たちを見て、「祭司たちのところに行って、体を見せなさい」と言われた。彼らは、そこへ行く途中で清くされた。その中の一人は、自分がいやされたのを知って、大声で神を賛美しながら戻って来た。そして、イエスの足もとにひれ伏して感謝した。この人はサマリア人だった。そこで、イエスは言われた。「清くされたのは十人ではなかったか。ほかの九人はどこにいるのか。この外国人のほかに、神を賛美するために戻って来た者はいないのか。」それから、イエスはその人に言われた。「立ち上がって、行きなさい。あなたの信仰があなたを救った。」

はい、ありがとうございます。今の箇所に栞を挟むなどして、聖書の巻末にある地図を見てください（本書では8ページに掲載）。いろいろありますけれど六番目「新約時代のパレスチナ」、この地図で確認してみましょう。上部（北部）にガリラヤがあり、近くにガリラヤ湖があります。中部にはサマリア、更に南にユダヤ。つまりサマリアの下（南）にユダヤとエルサレムが位置しています。ですからサマリアはちょうど中間に位置しています。従って今日の福音はイエス様がガリラヤからエルサレムへ上る途中での出来事についてですね。

では栞を挟んだ所へ戻ります。少し考えましょう。この聖書の箇所にある通り、重い皮膚病、つまりハンセン病の病人は社会と関わりを持つことができなかった。伝染する危険がありますから隔離されていました。患者が十人いたなら、その人たちは遠くにいて、その場からこちらに来ることはできません。他の聖書個所(1)では、イエス様は病人に手を伸ばして触れ、清めました。手が届く距離までイエス様は近づいて行ったのです。しかしそのような行為は律法で禁じられていた。病気が移りますし、申し訳ないけれども、あまり気持ちの良いものではなかったからでしょう。

私は昔ハンセン病の病院で実習したことがありますが、そこはきれいでしたよ。でもイエス様の時代は社会に入れてもらえない人々の集まりでしたから、そこには風呂も十分な着替えもなかった。臭いも酷かったでしょう。そのような所にイエス様は出向いて行かれた。病人は手を伸ばした拍子に誤って人に触れることのないよう、誰かに声をかけるにしても、遠くから叫ばなければならなかった。ですから、遠くからイエス様に向かって「助けてください」と。イエス様は

「司祭の所に行きなさい」と答えました。

なぜ司祭の所に行くよう答えたかというと、当時の司祭はお医者様の仕事もしていました。ですから病気が治ったことを証明する書類のようなものに判を押して「よし。あなたは治りましたから社会に戻ってよろしい」と患者に渡していたのです。

見ないで信じる

では本題に入ります。イエス様は彼らに「司祭の所に行きなさい」と言われました。そして彼らはそれを素直に信じて行きましたよ。見ないで信じることをためらわず実行したのです。普通なら逆ですよ。

「癒してください、そうしたら私は司祭の所に行きますから、先に私を清めてください。」このように。

イエス様は
「まず司祭の所に行きなさい」と言われました。

つまり、途中で癒されるということを信じて行きなさい、ということです。イエス様に言われたことを受け入れるのは容易ではなかったでしょう。

そしてイエス様が強調しているのは、一人戻って来たのは異邦人、サマリア人であったことです。イエス様はいつも異邦人の味方です。「感謝しに戻って来たのは外国人のサマリア人だけではないですか」とサマリア人を立てたのです。

まず信じる、そしてゆるす

いつも言いますが人をゆるす時、例えば家族、子供や友達をゆるす時は条件を付けるより、先に信じてゆるした方が良い。その人が反省したかを確認する前に信じてゆるしてあげてください。すると相手が信じられていることを実感して素直に反省することができます。「二度とこんなことをしたら承知しない」「絶対にゆるさない」などと言われると「やはり私を信じてくれない」と、せっかくやり直そうと思っているのにその気がなくなります。ですから相手が反省したかを確認することなく信じた上で、相手が自ら反省するのを待つ方がいい。難しいですね。場合によってはできない時もあるでしょう。たとえば相手がずるい人だった場合などは無理ですね。でも、相手が、ただ意志が弱いだけのような時は、先にゆるしましょう。

では、このハンセン病を患っている人たちの話に戻りますが、この人たちはイエス様を信じましたね。そして司祭の元へ向かう途中で快復しました。イエス様の言われる通りになったのです。このことから、信じることは体を癒すことが分かります。また、サマリア人はイエス様にお礼を言うために戻ってきました。感謝することで体も心も癒されたのです。信じることが体を癒し、戻って感謝したことで心も癒されたのです。感謝の精神は心を清めます。つまりイエス様が言われるように器の外側をきれいにするのは簡単ですが、内側をきれいにするのは難しい。内側とは心ですね。私たちは日常的に人目につく所をきれいにするのはさほど難しいとは思っていません。人目を気にして一時的に取り繕うことができるからです。

感謝は心を清める

しかし器の内側である心を清めることは難しい。どのように清めるかというと分かち合いと感謝です。分かち合いと感謝という洗剤で心という器の中身がきれいになります。あなたの器の中にあるものを何も持たない人に分け与えて、残ったものを感謝しながらいただく、そうすれば内側もきれいにすることができます。ですから感謝は心を清めるのです。

聖パウロはこのように言っています。「どんな時にも感謝しなさい」（1テサロニケ5・16）。嬉しい時にも感謝を忘れないようにしましょう。嬉しくて「やったぜ！」と思っている時は感謝することを忘れがちです。そしてまた、悲しい時や苦しい時にも感謝しましょう。その苦しみを乗り越えるための元気と忍耐、希望が与えられていることに感謝しましょう。そして、その悲しみや苦しみを乗り越えることができたなら、その時も感謝しましょう。どんな時にも感謝することです。

では何に対して感謝すればいいのでしょうか。まず命に対してです。南米に美しい歌があります。〝命に感謝〟です。「命に感謝。命が多くのものを与えてくださったのですね。考えてみれば自分の体、自分の心、全てのものを。それによって私は生きることができるのですね。愛することができる、喜ぶことができる。悲しみを乗り越えることができる。命に感謝。」

そして命だけではなく命を与えてくださったご両親、見守ってくださった友人、自分を育んでくれた社会、全てに感謝しましょう。そして最終的に命の源である神様に感謝する。神様が両親、自然を通してあなたを愛し見守ってくださっています。ですから感謝することを忘れないようにしましょう。

そして他にも理由があります。あなたはゆるしてもらった経験があるでしょう。何度もあると思います。神様にも人にもゆるされたことがあるでしょう。ちびっこの頃にいたずらをして、お父さんやお母さんにゆるしてもらった、という経験もあるでしょうが、大人になって意識して悪い行いをしてしまった時、神様も周りの人もゆるしてくださったでしょう。そのようなことにも感謝しましょう。

私たちは次のような経験をしたことはないですか。嫌なことがあった時、相手を分析して相手方にいかに非があるかということを確認します。そしてその上で自分を正当化するのです。けれどもそのようなことに時間を費やすのではなく、愛してくださる人に感謝する時間に使いましょう。あなたのことを愛し、力になってくださる方が大勢いるでしょう。そのような方々への感謝の気持ちを思い起こし感謝する。そのような時間に使いましょう。

また、あなたが嫌な思いをしたとします。しかし、その人と話さないわけにはいかない。話せば更に嫌な気持ちになるかもしれません。気まずくなってから、ある程度の時間が経っているにもかかわらず、依然として不快感が残っている場合がある。そのような時は、あなたがその人にしていただいたことを思い出してみましょう。その人にしていただいた良いことが沢山あるでしょう。その人が例えようのない意地悪な人だったら全く無いこともあり得ますが。大抵私たちが喧嘩する相手は親しい人です。身近な人のことが多いです。その時は、その人があなたにしてくださった良いことを思い出しましょう。あの時にも、この時にも……。良い思い出が少しはあるはずです。その時のことを思い出しましょう。思い出すことによって心が温かくなります。そのことを敢えて相手に伝える必要はありません。場合によってはわざとらしく聞こえたりするかもしれない。でも心で感じてください。感謝の温もりで心を温めて、それから言うべきことを伝えましょう。

私たちは、時に善い行いをします。例えばお見舞いに行くとします。あなたは他の方より少し多く見舞金を包んだり、少しだけ豪華にお見舞いの品を用意したりしたとします。

そのような時には自慢したり他の方を見下したりしないようにしましょう。そして「他の人よりお金をかけてしまって、なんだか損したみたい」などと考えないようにしましょう。

お見舞いに行けることに感謝しましょう。見舞いに行くことができるのは、あなたが健康だからです。そのことに感謝しましょう。「無理して時間を作って見舞ってあげたので本当に大変だった。」そうではなくて、させていただきました、と思えるように。祈る時にも感謝ですね。ミサの中で「私たちがこのミサに与ることができたことに感謝致します」というような言葉が述べられます。全てに感謝すれば気持ちは明るくなるのですね。

「ありがとう」のひと言で心が晴れる

明るくなるといえば、ある学生が言っていました。彼は夜、大学に通って昼は働いていた。上智の学食でアルバイトをしていたのですが、このようなことを言ったことがあります。

「学生が時々『ありがとう』と言ってくれる。そのような日は心が晴れる。」なるほど。そして彼が付け加えたのですが、

「改めて感謝してくれなくてもいいよ。彼らはちゃんと代金を払ってくれるし、彼らもまたアルバイトしているからお互い様。別に感謝してくれなくてもいい。してくれなくてもいいけど、感謝されると心が晴れるねぇ」と。

彼はとても男っぽい人だったので

「君も人間だねぇ」と笑ったのを覚えています。

やはり感じるものです。たった一言の「ありがとう」で心が晴れる、嬉しくなる。お礼を言われることは稀ですね。あまり言われない。口ではお礼なんて言わ

れなくても気にしないと言っているけれど、感謝されれば嬉しいものです。なぜお礼を言わないのでしょうか。形式的だと思っていたり照れくさかったりするのかもしれません。そのような理由ならまだよいのですが、「私は与えられるのが当然だから感謝する必要などない」というのは悲しいことですね。この人がうどんを給仕するのは彼の仕事なのだから当然のことで感謝する必要はない、と。それでは気持ちも晴れません。ですから心を込めて感謝しながら喜んで与えることにしましょう。そして同じように心を込めて感謝しながら喜んで仕えることにしましょう。あなた方お母さんは一生懸命働いてもあまり家族に感謝されないと思うことがあるでしょう。その時にも自分がさせていただいております、と感謝しながら喜んで仕えるのが良いですね。不平不満を言わず愚痴をこぼさず感謝しながら仕え、感謝しながら与える。なぜなら「平和を求める祈り」を思い出しましょう。「与えられるよりも与える方が幸せである。仕えられるよりも仕える方が幸せである」とありますね。愛のある人はこれが理解できます。愛のある人、皆さんは自分の子どもにこれらのことを感じるでしょう。いただくよりも与える方が幸せ。ですから与える時、仕える時、その都度感謝しましょう。その方が幸せですから。

　また感謝されることをあまり要求しすぎずに、感謝することをあまり忘れないようにしましょう。以前にも話したと思いますけれど、ある学生の合宿の例を思い出してください。ある男女の合宿で、その夜懇親会がありました。彼らは使った部屋を片づけることなく休んでしまいました。テーブルから何から散らかり放題です。ところが、一人の女子学生が、皆が寝ている間に後片づけをします。そうすることで翌朝皆気持ちよくそのテーブルで朝食をとることができるからです。彼女は片づけの間、ちょっとしたご褒美を期待していました。それは、皆が彼女の行いに気付いてくれることです。ところが翌朝皆が食堂に集まって来ても、男性はきれいになっていることにすら気付きません。女性は気付きましたが、旅館の人がしてくれたと思っているので結局誰も彼女がしたとは気付いてくれません。誰も褒めてくれないし誰も感謝してくれない。そのような時、彼女は少し寂しいですね。せっかく皆のために片づけたのに……。でも、それで良いのです。彼女は何のためにテーブルを片づけたかというと、それを見た時の皆の笑顔が見たかったのですから。みんなの笑顔が十分な報いですよ。でも笑顔さえ見せてくれない時もあります。現に男性組は全然笑顔など見せてくれませんでした。眠さで目が開いてさえいませんでしたから。笑顔を見られなくても結果的に人が助かりました。これは報いです。人が助かったということは彼女の報い。彼女が片づけなかったなら、皆は散らかったテーブルで朝食をとらなければならなかったでしょう。または「仕方ないね、昨夜片づけずに寝てしまったのだから。これから急いで片づけよう」と片づけ始めなければならなかったでしょう。皆が助かったということが彼女の報いです。このような報いを感じることのできる人は心のきれいな人です。あなたの最高の報いは人が助かる、ということ。自分が目立たなくても感謝されなくても、人が助かればそれで十分な報いですね。

ですから、感謝されることをあまり求めないように。ところが、合宿は一時的なものだから良いものの、家庭のように一晩だけではなく長い間共に生活しなければならないような場では、感謝されないと寂しいですね。寂しくなるだけでなく問題が起こるかもしれません。

結婚講座の同窓会で

「皆さん、最近はいかがですか？」

と近況を尋ねますと、皆口々にこう言います。

「やはり感謝することを忘れがちですね。」

皆当たり前だと思っているのです。相手が自分のために多くのことをしてくれているのに、それを当然だと思っているのであまり感謝しない。それは危ないことです。ですから合宿の時にはそれ程問題にならなかったとしても家庭生活では、感謝しないことは好ましくないだけではなく危ない。子どもたちに感謝するよう言い聞かせてもなかなかしないでしょ。特に今の若者は、あまり挨拶や感謝をしません。それはあまり良い風潮ではありませんね。なぜそのような風潮になったのでしょう。残念です。ですから感謝されることをいちいち意識しすぎないように。でも、あまりにも感謝される場が少ない時は少し文句を言った方がいい。相手に知らせた方がいいです。そうしないと不満（ストレス）が増すでしょう。都合よく利用されていると感じてしまいます。ですから感謝されることも時々求めて、感謝することは忘れないようにしましょう。

お行儀の良い皆さんは言葉の上ではきちんと感謝の言葉が述べられるでしょう。美しい言葉で。でも心が込められていないかもしれません。心から感謝する。口に出して言わなくても、また、言うことができない場合は心の中で感謝する。そのようなことで心を清めることができる。

きれいな心は物事の良い面を見る

きれいな心は大事ですね。「きれいな心があれば」と相田みつをは言っています。

「あなたのこころがきれいだから、なんでもきれいに見えるんだなあ」(2)と。

心がきれいなら物事の良い面、きれいな部分を見ることができます。

逆に心が汚れていれば何もかもが汚れて見えてしまいます。ですから、よく批判する人、よく裁く人、人の言葉と行いを悪い方に解釈する人は心がきれいではないのです。心が汚れているからそのように見えるのです。

ですから心がきれいであれば物事のきれいな部分が見えて、本当に大切なことも見えてきます。

「本当に大切なことは目には見えない。心の目に見える。」

これは星の王子様の言葉ですけれども、心の目がきれいであれば物事の大切な部分が見えます。これは大事ですね。何が大切なのか。重大な問題が生じた場合や人生の節目で私たちは物事の根本を掴んで何が大切かを見極める必要がありま す。それは心がきれいであれば見極めることができます。頭の良い人も分かるかもしれませんが、心の方がより深く分かります。

そして私たちは余計なことで悩みすぎます。それらはおもに嫉妬心やプライドです。ですから本当に大切なことを見ることができるように感謝して心を清めましょう。また心がきれいであれば人の心の涙が分かります。目に浮かぶ涙は外側から見えますから共感することは容易でしょう。でも心の涙、一番悲しい涙は溢れることなくその人の心に留まっています。そこで、私たちが人の心の涙が分かるような人であったなら、その人は救われます。理解し助けてもらうことで救われます。私たちの心がきれいでなければその人の心の涙に気付くことはありません。その人が助けを求めてあなたを呼んでも、あなたにはその声が聞こえません。ですからきれいな心を求めましょう。

愛されることは相手からの贈り物

また他の角度から言いますと、愛されることは自分の権利ではなくて相手からいただく贈り物です。私たちは自分の権利だと思いがちですね、権利だから当り前だと。そうではなく贈り物だと思えば感謝することができると思います。自分の権利だと思っている限り感謝することはできません。

感謝、謙遜、忍耐

更にもう一つの角度から。私たちには忍耐がとても必要です。ところが、なぜ私たちには忍耐が足りないかというと謙遜さが足りないからです。謙遜さが足りないので忍耐も足りない。もう少し謙遜であるなら自分の意見と自分のやり方が一番とは思わないでしょう。でも自分のやり方が全てと思っているので自分の思い通りにならないと怒るのです。これは謙遜さが足りないからです。もっと謙遜であれば忍耐強くなります。ではなぜ謙遜でないかというと感謝が足りないからです。大切にされることや、何でもしてもらうことが当たり前だと思っているから謙遜ではなく威張っているのです。

言い換えれば、感謝の心は謙虚な気持ち、謙遜さを深めます。感謝する時、私たちは自然に頭を下げるような仕草をしますね。このように感謝は謙虚な気持ちを深め、謙虚な気持ちは忍耐を強めます。感謝、謙遜、忍耐。ですから感謝するように努めれば自然に謙遜と忍耐へと繫がっていきます。

感謝できる人になる

聖書に戻りますが、清くされた十人のうち九人は戻らなかった。一人だけが戻って感謝した。私たちはいつもその一人になれるようにしましょう。戻って感謝できる人になりましょう。

感謝の気持ちを口で言い表す時、照れくさいこともあります。無理に言わなくても済む時もあります。心の中奥深くに感謝の気持ちがあれば相手に伝わります。皆それを感じます。ではこの実例をもう一度思い出してみましょう。結婚式でよく話すのですが。六十余年に渡って円満な夫婦生活を送ってきたある日本人夫婦の話です。彼らは度々喧嘩もしましたが仲直りするのも早く、喧嘩の原因もまた微笑ましいものでした。仲睦まじいと評判のご夫婦でした。ところが月日は流れ、残念なことに旦那様が先立たれました。親族は墓前で別れを惜しんでおられましたが、そろそろ参りましょう、と奥様に声を掛けたところ

「私はもう少しおじいさまのそばにいたいのですが、よろしいですか。」

とおっしゃるので皆笑みを浮かべ「もちろん、おばあさま。どうぞごゆっくり。私たちはあちらで待っていますから」と答えました。

奥様は長いこと独り旦那様のお墓の前に立っていらっしゃいました。離れて待っていたご親族は奥様がなかなか戻られないので、孫にあたる若い男性が迎えに行きました。

背後から近寄って

「おばあさま、もう遅くなるから帰りましょう」

と声を掛けようとしたその時、奥様のささやく声が聞こえました。

そして奥様のささやきに目頭が熱くなったと言います。

奥様は小さな声で同じ言葉を何回も何回も繰り返していました。

「ありがとう、ありがとう。ありがとう、ありがとう。」

たったそれだけですが、美しいですね。

「ごめんね」という意味も含む「ありがとう」という言葉です。その言葉は生前旦那様がいらした時は照れくさくて口に出すことがなかった言葉かもしれません。「お茶をありがとう」とか「手を貸してくれてありがとう」とは言ったことがあるでしょうが、「一緒にいてくださって、愛してくださってありがとう」という言葉は照れくさくて言うことはなかったかもしれません。むしろ、奥様らしく「あらあら、だらしないわね」とか「また遅れちゃったの」「仕方ないわね」というような不満の言葉はあったかもしれません。しかし、その不満の言葉より深い所にあった気持ちは紛れもなく感謝の気持ちで、その気持ちは旦那様に十分伝わっていたでしょう。旦那様もその気持ちは同様でしたから本当に素晴らしいご夫婦でした。そして六十年もの間、いつも心にあった気持ち、喧嘩していた時でさえいつも心の奥底にあったその気持ちがおのずと溢れ出て、「ありがとう」という言葉となったのです。そのような人に私たちもなれたらいいですね。

感謝の気持ちで全てが清められます。感謝は全てを清めるのです。

では、もう一度福音を読んでいただきましょう。ルカ17章11節から19節まで。

はい、お願いします。

――――聖書の朗読――――

ありがとうございます。少し考えましょう。

それでは、アヴェ・マリアを唱えて終わりたいと思います。

✝「アヴェ・マリアの祈り」（480ページ）

お疲れ様でした。ありがとうございました。また、次回お願いします。

（２０１９年10月10日）

（1）「重い皮膚病を患っている人をいやす」マルコによる福音書1章40～44節

さて、重い皮膚病を患っている人がイエスのところにひざまずいて願い、「御心ならば、わたしを清くすることがおできになります」と言った。イエスが深く憐れんで、手を差し伸べてその人に触れ、「よろしい。清くなれ」と言われると、たちまち重い皮膚病は去り、その人は清くなった。イエスはすぐにその人を立ち去らせようとし、厳しく注意して、言われた。「だれにも、何も話さないように気をつけなさい。ただ、行って祭司に体を見せ、モーセが定めたものを清めのために献げて、人々に証明しなさい。」

（2）相田みつを『対訳　相田みつを作品集－3 Talking to……』ダイヤモンド社、2000年、PP.6-7

第8回　愛について1

わたしのもとに来なさい　マタイによる福音書　11章28〜30節
善いサマリア人　ルカによる福音書　10章29〜37節

この台風(1)で被害に遭われた方々のために祈りましょう。

† 父と子と聖霊のみ名によって。アーメン。

『主の祈り』
天におられるわたしたちの父よ、
み名が聖とされますように。
み国がきますように。
みこころが天に行われるとおり
地にも行われますように。

わたしたちの日ごとの糧を　今日もお与えください。
わたしたちの罪をおゆるしください。
わたしたちも人をゆるします。
わたしたちを誘惑におちいらせず
悪からお救いください。アーメン。

† 父と子と聖霊のみ名によって。アーメン。

御聖堂《おみどう》の簡単な説明（この日の講話は御聖堂で行った）

始める前に少しこの御聖堂のことを説明させていただきます。皆さんご存知と思いますけれども、聖堂正面中央に祭壇がありますね。旧約聖書には、祭壇は生贄を捧げる場だったとあります。動物を屠って神様に捧げた後、その肉を皆で食べていました。ですから、祭壇であると同時に食卓でもありました。一石二鳥です。ところがイエス様はこう言われたのです。

「もう動物を捧げることはやめましょう。わたしが最終的な永遠の生贄として十字架に掛かります。今後動物を生贄として捧げる必要はありません。」

すね。

（背後を示され）この御聖堂にも十字架に掛けられたイエス様がいらっしゃいます。

十字架とご聖体と聖櫃《せいひつ》

また、イエス様は少々理解しにくいことも言われています。最後の晩餐の時のパンを「これはわたしの体である」と。それは誰が見ても、ただのパンなのですが、私たちカトリック信者は、このパンがミサの中でキリストの体に変えられる（聖別・聖変化）と信じています。そして今日でも、洗礼を受けた人は皆、イエス様の弟子たちと同じようにそのキリストの体（ご聖体）をいただきます。

祭壇の後ろには、聖櫃《せいひつ》があります。これはまた一石二鳥で、一つはストック。ミサで配られたご聖体の残りを保管する場所です。昔カタコンベの時代からあったものです。例えば急に病人が出た場合などは、ここにご聖体があれば慌ててミサを立てることなく、直ぐに届けることができます。ミサの中で司祭によってつくられる、このご聖体は常にこの聖櫃《せいひつ》の中に保管してあります。今この聖櫃《せいひつ》のランプが点いていますね。それは、中にご聖体があります、イエス様がいらっしゃいます、という印です。

そして信者には昔からご聖体訪問という習慣があります。どこにいても祈ることはできますが、私たちは聖櫃《せいひつ》には特別にイエス・キリストがいらっしゃると信じていますので、ここに来て祈るのです。あえてイエス様に会いにご聖体を訪問するのです。

十字架のイエス様と聖櫃のイエス様とはどういう違いがあるかというと、後ろの十字架は死んだキリストの思い出。（振り返って十字架を指しながら）そのシンボルです。そして、聖櫃《せいひつ》は、「今生きるキリストの存在」。この違いです。また、聖櫃《せいひつ》はご聖体を保管するほか、十戒（2）を記した石版を収めていたこともあります。映画でご覧になったことがあるかもしれませんが。モーセが神様と交わした契約の思い出と、その思い出が実現されたことの象徴でした。でも、現在私たちカトリックは聖櫃《せいひつ》に石版を収めることはしません。イエス・キリストがいらして以降、イエス様は生きた契約です。現在この聖櫃《せいひつ》には石版ではなくイエス様がいらっしゃいます。分かりにくいことですけれども、そのようなことです。ミサの時にまた説明しましょう。

では今日の話を始めたいと思います。まず読んでいただきましょう。マタイ11章28節から30節まで。お願いします。

わたしのもとに来なさい：マタイによる福音書　11章28〜30節

疲れた者、重荷を負うものは、だれでもわたしのもとに来なさい。休ませてあげよう。わたしは柔和で謙遜な者だから、わたしの軛を負い、わたしに学びなさい。そうすれば、あなたがたは安らぎを得られる。わたしの軛は負いやすく、わたしの荷は軽いからである。

ありがとうございます。皆さんに「疲れている人は手を挙げてください」と言えばほとんどの方が手を挙げるでしょう（笑）。それはそうでしょう。「疲れたらわたしのもとに来なさい。休ませてあげよう」。では、どのように休ませてくださるのでしょう。肉体的な疲れならば、ご自身の体質や性格、予定に合わせて、それぞれに合った解決策を既にお持ちのことと思います。できるなら疲れないうちに休んでおいた方がいいですね。疲れてからでは快復が遅くなりますから。とにかく、それはそれ。その人なりにいろいろな方法がありますね。そうではなくて、イエス様が言われているのは、「心の疲れ」です。ではどのように休ませてくださるのでしょう。このように書かれています。

「わたしの軛《くびき》は負いやすい。わたしの軛《くびき》を負いなさい。」

これは分かりにくいですね。軛《くびき》というものに私たちは馴染みがありません。昔、農夫は牛や馬に軛《くびき》を付けて畑を耕していました。馬に軛《くびき》を装着して鋤《すき》に繋ぐと、馬が歩くことで土が耕されます。これは馬にとっては鬱陶しく辛いものです。それが軛《くびき》です。

軛《くびき》はイエスの教え

聖書における軛《くびき》という言葉の意味は「教え」です。先生の教えを弟子は軛《くびき》と呼びました。軛《くびき》を背負うことは、先生の教えに従うということです。当時のユダヤ人にとっては軛《くびき》といえば律法です。律法は軛《くびき》。大変でした。目に見える掟が多かったので、それを守らないと厳しい刑罰を受けることになりました。それに対してイエス様は「わたしの軛《くびき》を負いなさい。わたしの軛《くびき》は負いやすい」と言われたのです。イエス様の軛《くびき》を負えば休息を得られる、と。ですから、イエス様の休ませる方法とはイエス様の軛《くびき》を負うことです。

ではイエス様の軛《くびき》はどのようなものでしょう。イエス様の掟は、「わたしの掟はこれである。わたしがあなたがたを愛したように、互いに愛し合いなさい」と。これがイエス様の軛《くびき》です。愛し合いなさいという掟です。

意味を探す

どのような意味でイエス様の軛《くびき》が軽いかというと、律法には掟が非常に多いのに対して、イエス様の掟はただ一つだけだからです。しかしよくよく考えてみると、たった一つの掟でも守りにくい掟です。「わたしが愛したように互いに愛し合いなさい。」これは難しい。

では、どういう意味でキリストの軛《くびき》は負いやすいのでしょうか。キリストの掟には意味があります。愛し合うことには意味があります。自分でも分かりますね。家族でも仲間でも愛し合っていれば、共に幸せ。明るくなれるし嬉しい。ところが、愛し合っていなければ、辛い。非常に辛いです。ですから愛し合うということに意味があるのです。意味があれば人間は頑張れます。意味のないことには意欲も持てません。何でこんなことをしなければならないのか。腹立たしくもなるし、心もついてきません。

ヴィクトール・フランクルをご存じですか、『夜と霧』を著した方です。彼はユダヤ人ですので、他のユダヤ人同様、ナチス当局から出頭の通達を受けて収容所に入れられました。そこに多くのユダヤ人が収容されていました。その彼がこの本を書きました。日本語の題名は『夜と霧』ですが英語の題名は「意味を探す」"Man's Search for Meaning" です。彼はイントロダクションでこのように述べています。

「人間の最も根本的な憧れは何でしょうか。」

それはフロイトに言わせると野望ですね。ところがそうではないはずです。なぜなら収容所にいた彼らは野望どころではなかったはずですよ。寒さの中でひどい仕打ちをされて、生き残るのがやっとだったと思います。野望などなかったはずなのに生き残りたいという意欲はあったのです。

　では人間の憧れとは何でしょうか。アドラーは、権力、出世、評判は人間の、おもに男性の本質的な野心だ、と言っています。それに対してフランクルは、それも違うと言っています。彼は「私たちには野心など全然なかったし、得られる見込みもなかった。それにもかかわらず、生き残りたいと切に願う人がいた」と言っています。ではどのような人たちが生き残りたいと思ったかというと、「生きる意味」を持っている人でした。意味のある人たちは生き残り、なかった人たちは、伝染病や寒さ、栄養不足の中、死んでいったのです。生き残ったのは、「どうしても生き残りたい」と思った人でした。夢や目標のために生きなければならない、と思った人は生き残りました。ですから私が自信をもって言えるのは人間の最も深い憧れは「意味を探す」ということです。「意味を見つける」ことが生きる力となるのです。

　では、軛《くびき》に戻ります。イエス・キリストの掟には意味があります。愛し合うことを実践すれば世の中は良くなります。その意味で負いやすい軛《くびき》と言えるでしょう。

もう一つ理由があります。それはイエス・キリスト自身も一緒に軛《くびき》を負ってくださる、ということです。共に悩んでくださる。天国から「どうぞ頑張ってください。じゃあね」と見捨てるのではなく、一緒に汗を流して苦しんでくださる。キリストのようにキリストと共に負っているので負いやすくなります。

ですから、キリストの軛《くびき》は愛し愛される、ということですね。現代人の私たちは特定の宗教を持つというよりは、宗教心を持つ人の方が多いようです。皆何かを求めています。場合によっては深く、本当に心を満たす場を求めている人もいます。そのような人のために様々な場が設けられています。メディテーションやヨガのような方法もあります。それらはとても有効です。

しかし、人間が何を求めているかというと、おもに「心の平安」と「生きる意味」、この二つです。私たちは日々ストレスを抱えています。忙し過ぎます。そしてプレッシャーも多すぎます。そのような理由で心が疲れています。だから心の平安が欲しくなるのです。そしてまた生きる意味、生き甲斐をみつけたい、そのように思っています。そのためにいろいろな方法があります。素晴らしいことですから、ぜひ試してください。ところが、その様々な方法の目的は結局自己中心的なものです。自分の心の平安。自分の生き甲斐。しかし、それだけでは人はあまり助かりません。イエス・キリストの軛《くびき》、掟は他者に向けられたものです。「愛し合いなさい。愛し合って仲良く生きなさい。」これは心の休息になります。ですからいろいろな方法があって、でも最終的には「愛し合う」ということが心の休息となります。心の平安と生きる意味を与えるものは、愛し合うことです。他者に向けた行いですが、結果的に自分も心の平安と生きる意味をみつけることができます。何度も言うように、本当に求めるべきことは「人が助かる」「愛し合う」ということです。愛は心の休息となります。

アウグスティヌスが言った有名な言葉ですが、

〝愛に憩わない限り、人間の心は落ち着かないものである。〟

人間の心は愛に憩わない限り、落ち着かない。愛に休む。愛している時には心が落ち着く。愛し合っていない時には落ち着かない。例えヨガをしても落ち着かない。落ち着きのもとになるのは愛し合うということです。

愛する意味

今度は愛するという意味について少し考えましょう。これも以前話したことですが、時々振り返りましょう。イエス・キリストの「愛し合いなさい」という教えは、善いサマリア人のたとえ話によく表されています。このようにすれば、あなたは生き甲斐を持って心の平安を実現できます。このサマリア人のように愛し合いなさい。では、このたとえ話をもう一度読んでいただきましょう。これはルカ10章29節から37節まで。

善いサマリア人：ルカによる福音書　10章29～37節

しかし、彼は自分を正当化しようとして、「では、わたしの隣人とはだれですか」と言った。イエスはお答えになった。「ある人がエルサレムからエリコへ下って行く途中、追いはぎに襲われた。追いはぎはその人の服をはぎ取り、殴りつけ、半殺しにしたまま立ち去った。ある祭司がたまたまその道を下って来たが、その人を見ると、道の向こう側を通って行った。同じように、レビ人もその場所にやって来たが、その人を見ると、道の向こう側を通って行った。ところが、旅をしていたあるサマリア人は、そばに来ると、その人を見て憐れに思い、近寄って傷に油とぶどう酒を注ぎ、包帯をして、自分のろばに乗せ、宿屋に連れて行って介抱した。そして、翌日になると、デナリオン銀貨二枚を取り出し、宿屋の主人に渡して言った。『この人を介抱してください。費用がもっとかかったら、帰りがけに払います。』さて、あなたはこの三人の中で、だれが追いはぎに襲われた人の隣人になったと思うか。」律法の専門家は言った。「その人を助けた人です。」そこで、イエスは言われた。「行って、あなたも同じようにしなさい。」

ありがとうございます。永遠の命はどのように受けることができるでしょうか。確認ですが、永遠の命とは「神と愛し合って仲良く生きる、人と愛し合って仲良く生きる」ことです。神と人間と愛し合って仲良く生きる。これは死後、私たちが想像もできないような形で実現されるでしょう。全く違った状況でです。

一方この世の中にも永遠の命があります。それは愛し合って仲良く生きる、ということです。イエス様は言われます。

「永遠の命が欲しければこのようにしなさい。このようにすれば永遠の命で生きることになりますよ」と。

どのようにするかというと、このサマリア人がしたようにすることです。愛にはいろいろな種類がありますけれども、このサマリア人の愛が基本ですね。つまり人を大切にすること。人を大切にするという愛。ギリシア語の専門用語で言えば、"αγάπη"「アガペー」。"agape" これは日本語で言うと、隣人愛。ごく身近な人への愛です。言い換えれば、与える愛。いただくよりも与える愛です。そして、日常生活においては、人を大切にすることです。これはキリストの軛です。

隣人とは誰か

隣人愛というと、では隣人とは誰かということになります。今朗読した箇所の前に、「隣人とは誰ですか」と訊く場面があります。それを説明するために、このたとえ話が出るのです。おもに当時のユダヤ人にとっての隣人は身近にいる人です。どういう意味で身近かというと、三つの理由からです。一つは血族。同じ血が流れている。だから同じ愛国心を持っている。ラグビーで日本が勝つこと。それを望むのは愛国心です（笑）。

二番目の理由は好み。皆さんは結婚相手を選びましたね。これは好みによるものです。友達を選ぶのも同様です。三番目の理由は、利益。同じ会社の人、同じ聖歌隊の人は互いに利益を得ます。その三つの理由で身近にいる人は隣人だと言えます。

そうなると、これらに含まれない人たちはかわいそう。ですからイエス様は隣人の概念を広げることにしました。その意味での隣人は誰かというと、自分を必要としている人です。ある程度の縁があって、自分を必要としている人。それが隣人。その人を大切にすれば永遠の命が与えられます。これは、全ての愛の基本です。この後、夫婦愛と家族愛についても考えてみます。友情についても考えましょう。このアガペー、繰り返しますが、この愛は全ての愛の基本ですね。アガペーが家族愛に含まれていなければまずい。つまり純粋ではない。どこにでも含まれているはずです。

では、この善いサマリア人のたとえ話をもとに考えてみましょう。このたとえ話の中でアガペーとは何かというと次のようなことです。ではこれを背景に、この愛の特徴をもう少し考えてみましょう。

愛の特徴

1、愛は普遍的

一つは普遍的ということです。愛は普遍的です。差別的ではありません。善いサマリア人はたまたま出会った人を助けました。他の人と出会っていたとしても、その人が困っていたら助けたでしょう。つまり無差別で平等です。ただ感情の面では、微妙に異なることもありますが。もしサマリア人の偶然出会った怪我人が自分の子供だったならば、また違った愛情で助けたでしょう。しかし行いとしては同じようにしたはずです。気持ちの面では、自分が好意を持つ人には他人以上の感情が入ることもあるでしょう。しかし行いとしては同じようにするはずです。難しいですね、これは。あまり好意を持たない人に対しても同じようにする。そこで、このたとえ話の登場人物の関係について考えてみました。

主人公はサマリア人。そして怪我人はユダヤ人です。本来なら二人は敵同士です。ユダヤ人はサマリア人を軽蔑していました、見下していたのです。文化も違う、宗教も違う、経済状態も違う。軽蔑されたサマリア人は反動でユダヤ人を非常に憎んでいたのですね。イエス様はわざわざその敵性のある二人を登場人物として用いたのです。本来ならサマリア人は怪我をしたユダヤ人を見て「いい気味だ」と思って過ぎ去るでしょう。しかしそうではなく助ける。敵であっても困っていれば助けました。それが一つの特徴です。普遍的で平等。

2、愛は無償

この間も話しましたが「無償」ということです。合宿の例を挙げましたね。合宿で、ある女の子が後片づけをしました。それは飲み会の片づけをしないで先に寝てしまった友人のため、あくる朝、皆が快く朝食をとることができるため、そのように思う彼女の配慮からでした。彼女はささやかな感謝や言葉がけ、何より彼女の気遣いに気付いてくれる、ということを期待していましたが、残念ながら期待外れでした。しかし、それでも彼女は満足したのです。どういう意味での無償かというと、それは報酬を目的としない、条件にもしない、という報いを目的にしません。でも私たちはご褒美を期待してしまうものです。

しかし報酬を目的に行ったならば、それは愛ではなく利害関係です。仕事をすることは大切ですが、愛ではありません。仕事は報酬をもらいますから。ですから報酬を目的にしない。そして条件にもしない。感謝されなくても、報われなくても、また同じような状況に置かれたら、同様のことをする。この「無償」が特徴です。

3、愛は実践

このたとえ話でも分かるように、愛は実践です。つまり行いです。これは容易にできることではありません。きれいごとを並べることでもなければ、虚しい同情を感じることでもありません。「このサマリア人は憐れに思った」とありますね。かわいそうと思って通り過ぎたのではなくて、憐れに思ったので、近寄り、傷に油とぶどう酒を注いで、包帯を巻き、ろばに乗せ、宿屋に連れて行って、介抱したのです。これは憐れみです。同情だけではなく行いですね。「あなたも同じようにしなさい」とイエス様はおっしゃっています。

これは私たちが最も苦手とすることです。しかし女性は勘が良いので、そつなく同情を表すこともあります。しかし単に社交辞令である場合もあります。感じるだけで何もしない。これではいけません。行いをもって示さなければなりません。例えば、沢山勉強した人たちは理屈っぽくなる傾向があります。

「こうしてもいいけれども、結果はどうにもならないのでは。」

「こうしてもいいけれども、お節介になるのでは。」

「こうしてもいいけれども、結局自己満足に過ぎないのでは。」

などと考え過ぎてしまい、結局何もせずに、道の反対側を通り過ぎてしまうのです。この台風にしてもそうですね。ニュースを見ればいかに甚大な被害が出たかが分かります。四ッ谷に住んでいる人にとっては大したことはないと思うかもしれませんが、そんなことはありません。大変な事態です。では、災害の当事者でない私たちはどうするべきでしょうか。お気の毒にと同情こそするものの行動を起こす人は僅かです。心ある若者たちがボランティアで被災地に入っています。ところが私たちはどうでしょう。なかなかできないですね。どうせできないのだから何もしない。それはやる気が足りないのです。やる気があれば別の方法を見つけることができるはずです。アガペーは、愛は実践することです。

4、愛は痛む

このたとえ話にも出てきます。マザー・テレサの言葉で言えば、「愛は痛みを感じるまで。痛みを感じるまで愛しなさい。」愛が、アガペーが求めるのはこれです。私は付け加えますが、「痛みを超えるまで愛しなさい。」これがアガペー。愛し合っていれば、いろいろな痛みを感じるのですね。皆さんは誰よりご存知でしょう。子供に対しても旦那様に対しても。愛しているからこそ、非常に辛い時があります。愛していなければ平気。全く辛くありません。愛しているからこそ、心が痛みます。相手の欠点だけではなく、健康も心配です。その心配は痛みです。愛していなければ気にかかりませんが、愛しているからこそ心を痛めるのです。

ですから、痛みを感じたからといって、止めるのではなく、痛みを超えて愛し続けることが愛です。みなさんの社会生活、家庭生活にもいろいろな痛みがあるでしょう。自分の気持ちがうまく伝わらず誤解されるとか、理解していると思っていた相手の欠点が受け入れられないとか、様々な痛みがあると思います。あるいは、喧嘩、裏切り、疲労、倦怠……挙げたらきりがないですね。それらの痛みを感じたら排除しないで心を開いて受け入れましょう。痛みを超えるまで愛し続ける。このアガペーという愛を実践することは難しいかもしれませんが心がけてみましょう。

このサマリア人はいろいろな痛みを感じたと思います。痛みというのは自分にとっては損をする、苦しいことです。このサマリア人は危険を顧みず、追いはぎに襲われた人を助けようとしました。辺りにはまだ犯人が隠れていたかもしれません。手当をするために運び込んだ宿屋の主人には2万4千円位も渡しました。2万円は貧しいサマリア人にとっては大金です。それなのに足りなければ更に不足分を帰りがけに払うとも言ったのです。すごいですね。当時は携帯電話などありませんから、状況を知らせる術もありません。家人の帰りが遅ければ家族はどんなに心配したでしょう。自分の貴重な時間も提供することになりますから、いくつもの痛みを伴ったと言えます。葛藤もあったでしょう。

喜んで譲ることによって心は純粋になる

ここには書かれていませんが、このサマリア人は怪我人のために自らを犠牲にしている感覚はなかったと思います。喜んで差し上げていた。自分よりも困っている人のために自分の持っているものを喜んで提供する。自分のお金、自分の時間、全て喜んで差しあげる。私は自己犠牲という言葉を好みません。自己を犠牲にする必要はありません。自己を活かすのです。自分の好きなもの、欲しいものを更にそれを必要としている人のために喜んで譲る。犠牲にしない。そのことによって自己愛が実現されるのです。喜んで譲ることによって私たちの心は豊かになり、純粋になるのです。

このように、人のために喜んで譲ることは自分の心を清めることになります。心は自分にとって最も大切なものですから、結果、人を愛することは自己愛に繋がるのです。自己犠牲ではなくて自己愛になるのです。

ところが、私たちは自己満足のために人助けをする傾向があります。人を助けることで自分が損をする場合、何もせずに黙って通り過ぎるのではないでしょうか。自分が困らない時だけ助けるのです。でも人を守るために自分の手を汚さなければならない時には、知らん顔をするのです。たとえば、いじめという問題があります。皆いじめの事実を知っているのに、いじめているグループに逆らうと自分も被害にあうので、知らないふりをする。結局、いじめにあった人は自殺するまで追い詰められる。皆知らないふりをする。簡単に守ることができれば守りますよ。でもその人を守ることで自分の身に危険が及ぶ時はしない。アガペーは違います。自分が不利になる時にも行動します。

5、愛は人が助かることを求める

もう一つの特徴。それはこのたとえ話には出てきませんが何回も言ったと思います。アガペーが求めることは、私が人を助けることより人が助かることです。私が人を助ける時、私は褒められ、感謝され、自己満足できます。でも愛はそれを求めません。多少の自己満足はあってもいいですよ。でもあなたの本当の目的は人が助かるということです。助けるのは私でなくても構わない。人が助かりさえすればそれでいい。それでいいのです。イエス様が教えていた時のことです。

ひとりの弟子が来て、

「先生、あのグループは勝手に先生の名前を使って、先生の弟子でもないのに、人を癒やしたり、悪霊を追い出したりしているのですよ。こちらがあのグループに取り込まれてしまったみたい。先生の名前も無断で使っているのですよ。直ぐにやめさせましょう。」

イエス様は、

「やめさせてはなりません。なぜやめさせるのですか。いい行いをしているのに。人々は癒やされているではありませんか。やらせておきなさい。」

つまり、弟子たちが求めていたのは、自分たちが主体となって、人を助ける。そうすれば自分たちの評判になります。弟子が増えて権力も強くなる。自己満足できるし、感謝される。そのために自分たちが助けるのです。

しかし、イエス・キリストが求めているのはそうではありません。人が助かるということが中心です。誰が助けるということは関係ありません。とにかく人が助かるのだったらそれでいいのです。私たちカトリック信者にはこの欠点があるかもしれません。カトリックは人を助けます。貧しい人たちを助けます。炊き出しもします、あれもこれも私たちカトリックがしていることです。これでは自己PRみたいですね。誰がするということは関係ありません。とにかく飢えている人が食べられればそれでいい。それがイエス・キリストの精神です。アガペーの精神です。求めるのは助けるということです。

アガペーは問題の原因と解決を追求します。時々原因が判っていても解決法が分からないこともありますが。例えばこの間の台風。台風が来れば川が溢れることは予測できていたはずです。毎年のように経験を重ね、対策を練ってもうまくいかないこともあります。また、台風が去ってからもう1、2週間経っているにもかかわらず、千葉にはまだ停電している地域があります。今日の日本では信じがたいですね。このように起きてしまった問題に対して、対処するだけではなく、なぜそのようなことが起こったのか、原因を追求して解決することがアガペーの要求です。

雨漏りがするとします。まずバケツ、そしてモップ。とりあえずこれらは必要です。ところがそれだけでは済まないですね。階上にあがって原因となっているパイプを直して初めて解決します。アガペーが求めていることは、ここまでです。ですから、このたとえ話の背景を全て書くことはできませんが、本来ならばこのサマリア人はエリコに住んでいて、仕事でエルサレムへ行ったはずですから、戻った後でエリコの村長に、「エルサレムへ行く道ですが、あの道は危険です。追いはぎが何度も出ています。ですから警察に巡回をお願いしてください。犯人は若者ですよ。若者がこのような罪を犯すなんて学校の教育はどうなっているのですか。よく調べてください。そうしないとまた追いはぎの被害に遭う人が出ますよ。」怪我人を見つけたら手当てするのは素晴らしいですよ。もちろん必要です。そうしないとその人は死んでしまいますから。しかし、それだけでは問題は解決されません。ホームレスの問題もです。なぜ日本にはこんなに沢山のホームレスがいるのでしょう。このような問題にまでアガペーを実践しないといけません。マザー・テレサが来日した際、上智大学の学生に話しました。「あなたがたは、ホームレスにおにぎりを提供していますね。ですが、それだけでは解決にはなりません。なぜこのようなことが起こっているのか原因を追求しなければなりません。そしてそれに対して解決策をみつけなければなりません。」これは全てに当てはまることです。それがアガペーです。

6、愛は喜んで与える

もう一つの特徴。アガペーは喜んで与える。喜んで仕えるのです。「何で私がこんなことをしなければならないのですか？　ずるいね」、「皆がテレビ見て楽しんでいるのに、何で私だけが皿洗いをしなければならないのですか」などと文句を言わずに喜んで与えましょう。心を込めて、感謝しながら、喜んで仕える。この間感謝について考えましたね。そのことです。感謝しながら、させていただいております、と。本当に愛を感じる人は、いただくより差し上げる方が幸せだと分かっています。本当に愛のある人は分かります。お母さんは赤ちゃんに与えるばかりでしょう。赤ちゃんからは何ももらわない。時折微笑んでくれますが与えっぱなしです。それでも幸せですね。いただくよりも与える方が幸せです。愛しているから幸せ。愛せない人には分からない。仕えられるよりも仕える方が幸せです。だから、愚痴をこぼしながら嫌々いいことをするのではなく、心を込めて感謝しながら喜んで行いましょう。

はい、大体このくらいですね。少し残りますけれども。次回ももう少しアガペー、家族愛や夫婦愛について考えてみたいと思います。では、もう一度善いサマリア人のたとえ話を読んでみましょう。ルカ10章29節から37節まで。はい、お願いします。

――――聖書の朗読――――

ありがとうございます。少し考えましょう。

私たちもこの愛を実現することができるよう祈りながら、アヴェ・マリアを唱えましょう。

†「アヴェ・マリアの祈り」（480ページ）

お疲れ様でした。ありがとうございました。また次回、どうぞ。

（2019年10月17日）

（1）令和元年東日本台風

台風19号ハギビスは2019年10月6日3時にマリアナ諸島の東海上で発生し、12日に日本に上陸。関東地方や甲信地方、東北地方などで記録的大雨となり甚大な被害をもたらした。

（2）モーセがシナイ山で神から与えられた契約。神は民を見守る、私たち民は神の掟を守るという約束で、十の掟がある。その言葉は石板に刻まれた。

第9回　愛について2

「からし種」と「パン種」のたとえ　ルカによる福音書　13章18〜19節

†『平和を求める祈り』（480ページ）

おはようございます。それではこの間申し上げたことを、要点を繰り返して続けたいと思います。イエス様が言われた言葉ですけれども、

「疲れた者、重荷を負うものは、だれでもわたしのもとに来なさい。休ませてあげよう。わたしは柔和で謙遜な者だから。わたしの軛《くびき》を負い、わたしに学びなさい。そうすれば、あなたがたは安らぎを得られる。」（マタイ11・28—29）

私たち人間は、心の平安と生き甲斐を求めているものです。多くの人がこれらを求めていますから、それに応じた様々な手段があります、ヨガやメディテーションもその一つです。これらを使うのはとても良いことです。ところが、心の

平安と生き甲斐は自分の内に留まるものですから、それだけでは物足りないと感じる人もいると思います。何故なら、それらは結局自己中心的なものだからです。イエス様が言われるのは、

「心を休ませるにはわたしの掟を守りなさい。わたしの軛《くびき》を負いなさい。つまりわたしの掟を守りなさい」ということです。

愛し合うことは休息の源

では、掟は何かといいますと、「愛し合う」ことです。これは休息の源です。

〝人間の心は愛に憩わない限り、落ち着かないものである。〟

これはアウグスティヌスの言葉です。

それでは愛とは何かというと、まずアガペーについて話しました。アガペーは人を大切にする愛です。隣人愛、与える愛です。善いサマリア人のたとえ話には、アガペーのいくつかの特徴が示されていました。アガペーは、普遍的です。

困っている人なら誰でも構いません。差別しません。そして無償です。行いによって自らが報われることを目的としていません。条件にもしていません。このような意味で無償です。そして実践です。言葉のみならず、同情だけでなく、行いです。そしてまたアガペーは、痛みを感じるまで愛します。本物の愛は。みなさんも母として何度も感じられたことでしょう。母としても妻としても、愛し合っている時に痛みを感じることは避けられません。その痛みを感じるまで愛しなさい、ということです。痛みを超えて愛する、これがアガペーの、つまり本物の愛の要求です。

更に、愛は私が人を助けることよりも、人が助かることを求めています。そしてアガペーは、喜んで与え、喜んで仕える。心を込めて感謝しながら喜んで仕え、喜んで与える愛です。このようなことについて話しました。

愛の反対は罪

これから男女の愛、夫婦愛、家庭愛について話す予定ですが、その前に愛の反対について考えてみましょう。

愛の反対は罪です。罪は愛の反対。心を裏切って愛から離れる。これは罪です。心を裏切って、その結果、愛から離れる。愛である神から離れる。これらのことが罪であることはイエス・キリストの価値観からも明白です。幸せは何かというと、愛。愛することは幸せ。あのノーベル賞作家のガルシア・マルケスが言った通りです。

〝愛が残る限り幸せも残る。愛が消えるとき幸せも消える。〟

その通りです。愛が残る限り幸せが残る。愛が消える時幸せも消える。ですから、愛から離れることは不幸。愛にとどまるのは幸せ。

それでは、罪について考えましょう。四種類の罪があると思います。

四種類の罪

1．人を傷つける

一つは人を傷つける罪。悪い行いによって人を傷つけることです。場合によってはわざと、意識して、恨みの上で、妬みの上で、怒りの上で人を傷つける。また一方で無意識のうちに人を傷つけていることもあります。わざとではなく。

この遠藤周作の言葉が好きです。

「罪というのは人の人生を踏んで、自分が残した足跡を平気で忘れることです。」

人の人生を踏む……つまり深い傷をつける。深い傷をつけるのに武器は要りません。ナイフは要らない。道具も要らない。ただ口だけ。口だけで十分です。皮肉だけでその人の人生を十二分に踏みにじることができます。軽蔑の眼差しや無視。そういったことで人を深く傷つけて、それでいて踏みつけた側は平気で忘れるのです。何もなかったかのように。傷つけられた側は忘れません。でも傷つけた側は平気で忘れる。自分は十分幸せですから。それは罪です。良くないことです。

2. 気付かない罪……自己中心

気付かないという罪もあります。気付いたはずなのに気付かなかった。それは罪です。だってそうでしょう。気が付くはずだったのですよ。なぜ気が付かなかったのですか。それは人のことを考える習慣がなかったからです。自分のことばかり考えているので、身近に困っている人がいても気付かないかというと、自己中心だから。つまり自己中心は、「気が付かない」という罪をもたらします。要らぬお節介を焼く必要はありませんが、さりげなく周りの人のことを考える。人を大切にするという、そのような気持ちがあれば自然と気付くはずです。鋭く見つめなくても、自然に分かります。女性は勘がいいから男性より気付き易いようです。

ところが気付いていても何もしない時もあります。分かりますよ。男性は気付かないことが多く、女性は気付くけれど何もしない。これは同じことです。

3．すべき善いことをしない罪

もう一つは、すべき善いことをしないという罪。これは耳が痛いですね。善いサマリア人のたとえ話を思い出してください。三人の人が怪我人の側を通りました。一人目は、道の向こう側を通っていきました。二人目も、その人を見ると、道の向こう側を通って行きました。三人目のサマリア人は、憐れに思い、自分のろばに乗せ、宿屋に連れて行って介抱しました。一人目と二人目の人たちは、積極的に悪いことをした訳ではありません。しかし何もせずに歩き続けました。もし警官なら義務で助けたでしょう。でも一般の市民はそんな危険なことに関わる筋合いはありません。ですから襲われた人を助けることなく立ち去っても、法的に罰せられることはありません。ただ、人として、愛の定義であるすべき善いことをしなかった、という罪になります。

最後の審判(1)にも、比喩がありますね。王様は右側にいる正しい人たちに言われました。

「わたしが飢えていたときに食べさせ、のどが渇いていたときに飲ませ、旅をしていたときに宿を貸し、裸のときに着せ、病気のときに見舞いに来てくれたから」(マタイ25・35、36)。

左側にいる呪われた者にも言われました。

「お前たちは、わたしが飢えていたときに食べさせず、のどが渇いたときに飲ませなかった」(同25・42)。

すべき善いことをしないという罪。とはいえ、先程も話した通り、むやみにお節介を焼く必要はありません。人が助かるために人に仕えるという姿勢でいればいいと思います。人に仕えるということは時にお節介になることがあります。お呼びじゃないことをするのではなく、人が助かるために人に仕える。この姿勢で生きていれば周囲の人が自分を必要としている時に見逃すことはないでしょう。すべき善いことをして、しなくてもいい余計なことはしない。

4．自己の向上をしない

四つ目の罪は、自己の向上をしないということ。与えられた才能を活かさないという罪。タラントンのたとえ(2)があります。タラントンとは、タレント。タレントには二つの意味があります。一つは大金。もう一つはタレント、自分の才能や能力。

ある主人が三人の僕を集めて、一人には五タラントン、一人には二タラントン、もう一人には一タラントン預けて旅に出かけました。かなり日がたって主人が帰って来た時に清算をしました。

まず、五タラントン預かった者が進み出て、

「御主人様、五タラントンお預けになりましたが、ほかに五タラントンもうけました。」

「忠実な良い僕だ。よくやった。主人と一緒に喜んでくれ。」

次に二タラントン預かった者も、

「二タラントンお預けになりましたが、ほかに二タラントンもうけました。」

「忠実なよい僕だ。主人と一緒に喜んでくれ。」

そして一タラントン預かった者は、

「御主人様、あなたは蒔かない所から刈り取り、散らさない所からかき集められる厳しい方だと知っていましたので、恐ろしくなり、あなたのタラントンを地の中に隠しておきました。これがあなたのお金です。」

「怠け者の悪い僕だ。この役に立たない僕を外の暗闇に追い出せ。」

どうして怒られたのでしょう。

僕は預かったタラントンを全て返したではありませんか。御主人の気もちはそうではなかったのです。預かった金は商売をして増やさなければならなかった。

二人の僕のように二タラントンを返さなければならなかったのです。それで「お前は怠け者だ」と取り上げられてしまった。

このたとえ話を背景にして罪を考えましょう。三人目の罪は、自分がいただいた才能、能力、健康、社交性、美しさ、全てを活かさないという罪です。努力しないので伸びない。成長しない。向上心が足りないという罪です。では何のために向上するのですか。その答えとなる箇所も読んでいただきましょう。ルカ13章18節から19節まで。短い文章ですけれども。はい、お願いします。

「からし種」と「パン種」のたとえ：ルカによる福音書　13章18〜19節

そこで、イエスは言われた。「神の国は何に似ているか。何にたとえようか。それは、からし種に似ている。人がこれを取って庭に蒔くと、成長して木になり、その枝には空の鳥が巣を作る。」

ありがとうございます。私たち一人ひとりはからし種です。大きく成長します。何のために大きくなるのでしょうか。空高く伸びた木の枝で、鳥が巣を作ったり、羽を休めたりするためです。

空の鳥は誰でしょうか。空の鳥はあなたを必要としている人です。ご家族、お友達、そしてこの世の中で困っている人。それらは全て空の鳥です。ある鳥があなたの元で休みたい、そう願っています。ひと休みでいいのです。電車でちょっと席を譲ってくださるような休みです。またある鳥はもうしばらくあなたという木の枝の上にいたいと思っています。また他の鳥はそこで巣を作りたいと思っています。ずっとあなたと一緒にいたい。そのように思う鳥が、枝でひと休みしたり巣を作ったりできるために、あなたは自分の枝を伸ばさなければなりません。自分を成長させるのです。成長する目的は、空の鳥を休ませるためです。あなたの向上心の目的は、あなたの成長を見て喜ぶ鳥たちが、あなたの木の枝にたくさん集まって羽を休めること。隣の木にはほとんど鳥が来ませんね。私の木の方がたくさん来ますよ。そのように比較して満足するためではなく、あくまでも主役は空の鳥です。あなたの周囲の困っている人が、あなたの元でひと休みできる。そのためにはあなたが成長しないと鳥は来ることができません。ですから、そのために、あなたは、あらゆる才能、全てにおいて成長しなければなりません。

少し難しいことを言いましょう。「初心を目指して前進する」という向上心。初心を目指して前進する。どこに向かって前進するかというと、空に向かってというより初心に向かって。初心を目指して。あなたの心の底奥深くに、ずっと昔から入っていた純粋な真実。あなたの心奥深くに真理がありますね。随分前から。気付いた時に「これだ」というものがあるでしょう。それがあなたの初心です。あなたの心の奥底に昔から入っている、地味で本物の素晴しい真実。それを目指して、それを活かそうとして前進する。そのような向上心。あなたが前から抱いていた真実を実現するために。ずっとそれを見据えて目指している向上心。その向上心の核に、あなたの真実である「人を大切にすること」ということが入っています。必ず、入っています。

ある預言者が言いました。

「あなたは神の掟を知りたいですか。」

答えはとても簡単です。とても近くにあります。書いてありますよ。遠い所に行って調べる必要はありません。有名な先生の元に行って訊く必要もありません。あなたの心を見てください。神の掟はあなたの心の奥深くに書いてあります。互いに愛し合いなさい。この掟はあなたの心の中の奥深くにあります。それはあなたの初心の中にあります。それがあなたの初心であることは、紛れもない真実です。それを目指して前進したい。つまり、もっと分かりやすく言うと、空の鳥が来られるように前進したい。このようなことです。では、もう一度ルカ13章18節から19節まで読んでから次のテーマに入りたいと思います。お願いします。

――――聖書の朗読――――

ありがとうございます。これまでのことを少し考えましょう。

それでは続けましょう。今度は男女の愛、夫婦愛、家族愛について考えてみます。

夫婦愛、家族愛

あなた方は結婚した時、違いはあると思いますが、基本的には愛を誓ったでしょう。生涯変わることのない愛と忠誠を誓ったはずです。「愛を誓います」と言った時、あなたは、どのように感じましたか。その時でなくても、今考えてみてください。愛を誓う、とは、どのような意味でしょう。「十年経っても私はあなたの魅力を感じることを誓います。」そのような意味でしたか。そうではなかったはずです。十年経っても相手の魅力を感じることを誓うことは、人間には保証できないですね。できればそうしたいけれども、残念ながら自分では約束できません。自分の心を治めることはできません。感情を治めることはできないのです。では何を約束したかというと、このようなことだと思います。「今の愛を保って深める努力をすることを誓います。」これを守れば大丈夫でしょう。ところが、片方あるいは二人ともこの約束を守らないので、うまくいかなくなることがあります。その約束を、皆分かっているはずです。言われなくても分かっています。そのことについてこのような講座で確認するまでもありませんが。つい、面倒くさいとか、もっと面白いことがあるからとか、自分の欲求を優先してしまうので努力を怠るのです。ですから、今の愛を深める努力を忘れないことが大切です。

愛している証の一つは嫉妬すること

では、その愛について考えます。愛しているという、一つの証は不思議なことに、「嫉妬する」ことです。焼きもち。理想を言えば、嫉妬はするけれども相手を信じているのでうるさく言わないことです。嫉妬しない人は相手をあまり愛していないということになります。なぜ嫉妬しないかというと、この人は異性にもてるタイプではないので、取られることはないでしょう。平気、平気。異性の人が現われても、大丈夫、大丈夫……。ということは、あなたからも相手は魅力的でないことになります。あなたも相手のことをあまり好きではないということです。嫉妬するということは、その人の才能や魅力を十分感じるので、きっと他の人もこの人を好きになるに違いない、と思うことです。これはまずいですね（笑）。自分以外の人が私の好きな人を好きになるのは困ります。その困るということが、嫉妬です。良いことですよ。ですから嫉妬するのは良いことでもあります。

ところが、相手を信じているのでうるさく言わない反面、何もかも浮気だと思い込んでしまうのはよくないですね。もっと柔軟に、相手を信じた方がいい。信じ過ぎないで信じる。おもに男性は、まぁ今は女性もそうかもしれませんが、浮気に対して憧れを抱くことがあります。現代社会の雰囲気は浮気を美化していますね。テレビドラマ、映画は浮気をしばしばオシャレでかっこいいもののように錯覚させます。その雰囲気に騙される危険性があります。そこで忠実性がとても大事になります。家庭を大切にするには忠実性は不可欠です。

体にも現われる心の忠実性。愛しているから嫉妬することもあるでしょうが、信じているからこそ必要以上に詮索しない。例えば私の父と母は、とても仲が良かったのですが（父の死後）母から聞いた話によると、ある時、二人で腕を組んで公園を散歩していると、向こうから若くてきれいな女性が歩いて来たんですね。すると父は話の途中、上の空になって、後ろを振り返ってその女性に見とれていた（笑）。母はポンと父を小突いて、

「どこまで話しましたか？」

（父）「へっ⁉　どこまで？」

母が、「ヒップまで。」（笑）

どこまで見ていたのですか？　ヒップまで、と（笑）。まっ、そのくらい広い気持ちで、嫉妬してもあまり感情的にならない方がいい。でもやっぱり厳しくした方がいいですね。疑問があれば感情的にならず伝えた方がいい。そうしないと不信感が増すでしょう。

あなたが上手く伝えたにもかかわらず、残念ながらパートナーは嘘をつくかもしれません。しかし、いい結果になることもあります。

相手がきちんと説明してくれる場合。

「いや、違うよ。それはこのことですよ。」

「あっ、そうだったのですね。なるほど。」

納得、納得。

あるいは相手が反省する、ということもあり得ます。「なるほど、ちょっといきすぎたな」とブレーキをかける。ですから、伝えた方がいいでしょう。でもしつこく言わない。しつこく言うのは嫉妬の表れです。

嫉妬の二つの意味

嫉妬という言葉はギリシア語で、「ゼルス」。ラテン語も同じです。ゼルス、これは嫉妬という意味です。ゼルスには二つの意味があります。

1．ジェラシー

一つはジェラシー　"jealousy"　ジェラシーは分かりますね、焼きもち。どちらかといえば、独占欲とプライドから生まれる気持ちです。独占欲と所有欲とプライドから生まれるのがジェラシー。

2．Zeal……相手の幸せを求める

もう一つは"zeal"ジール。この言葉の意味はきれいですよ。相手の幸せを求めるということです。言い換えれば、不幸がこの人に近づきませんように。これはzeal。イメージとしては、お母さんが赤ちゃんを抱きしめて、不幸が来ないように、病気にならないように、悪いものが来ないように、身をもって守る。これがzeal。そのお母さんの気持ちがzealです。このように嫉妬には二つの意味が

ありますが、おもに前者の意味で使われているように思います。焼きもち。ですが、もう一つの意味も覚えておきましょう。

たとえば、ある高校生の男の子が家出をしたとします。親が必死で止めても、悪い環境に入って暴走族の仲間になってしまいました。そのお父さんの気持ちを考えてみましょう。お父さんはとても悲しい、そして悔しい。これは二つの理由からです。一つはジェラシー。あのような暴走族のどこがいいのですか？　家族よりいいというのですか？　ガールフレンドの方が私よりも大切だというのですか？　プライドに傷がつきますね。ジェラシーもあります。息子に捨てられれば悲しくて悔しい。無理もありません。

それに加えて、もっと深い悲しみもあるのです。この子は不幸になるのではないですか？　悪い環境に入ることは好ましくありません。利用されて、麻薬にはまって、不幸になるだけです。この家に残っていれば幸せになれたのに。これはzealです。このzealも持たなければなりません。二つのゼルスがあることを忘れないようにしましょう。単に独占欲から生まれる嫉妬だけではなく、愛から生まれる嫉妬があることも覚えておきましょう。このzealを育てましょう。

ちなみに、旧約聖書には「嫉妬深い神様」という言葉が何回も出てきます。嫉妬深い神様。確かにその前後関係で神様が、あなたがたユダヤ人たちはわたしのほかに神があってはならない、とかほかの神を礼拝するのはわたしを裏切ること、そのように書かれています。何か神様のジェラシーのように聞こえますが、それは真実ではありません。よく考えてみれば、神様が嫉妬深い神様になるのはzealの意味でなっていることが分かるはずです。なぜなら、あなたが愛である神の元に残っていれば幸せになれるのに。神を捨てて、神から離れて、お金や肩書き快楽とか、あるいは馬鹿げた恋愛ばかりを求めるのなら、神の愛から離れることになるでしょう。愛である神から離れれば不幸になります。その意味で嫉妬深いと言うのでしょう。神様は独占欲や自己満足、妬みといった上で、嫉妬深いのではなく、愛の上で、zealの意味で嫉妬深いのです。あなたの幸せを求めているので、その意味では嫉妬深い神様と言えます。

また、「結婚したら、ずっとそばにいて、私の元から去らないでください」というのはちょっと思い上がっていますね。よく言いますよ、逆じゃないですか。あなたから離れた方が幸せではないですか（笑）。冗談はさておいて。

仮に、彼がそのように言うのなら、「私よりも魅力のある男性はいくらでもいるかもしれませんが、あなたを幸せにする熱意では誰にも負けません。だから私のそばにいてください。」この意味ですね。これもまた初心。結婚の初心だと思います。あなたを幸せにします、という。

ですから、結婚する時には、結婚生活は、相手を自分の幸せの手段にするのではなく、相手の幸せを目的にする。あくまでも、相手の幸せが私の目的であって、私の幸せのために相手を利用することではありません。そのように相手を手段にするのではなく、相手は目的でなければなりません。互いにそのような行いを心がけていれば、末永く仲良くいられるはずです。ですから、深い愛の意味の嫉妬、zealを含む嫉妬は愛の印であり愛の証です。

愛は距離感を超えようとする熱意

もうひとつの愛の証。ヘーゲルが言っているこの言葉です。

〝愛は距離感の意識であり、その距離感を超えようとする熱意である。〟

分かりにくいようでいて分かりやすいと思います。例えば、あなたと旦那様が初めて出会った時のことを思い出してください。とても距離感があったでしょう。ただ何となく互いに「いいな」と思った。なんとなく。非常に距離感があったけれど気にならなかった。意識しなかった。まだお互い名前も知らない頃。ところが次第に距離が近くなって、つきあって好きになって、ますます好きになっている時には、自分と相手との距離感を意識するようになります。距離感が気になり出します。その隔たりを超えようとして、もっと心のふれあい、もっと一体を求める熱意が湧いてきます。その熱意は愛です。距離感を超えようとする熱意。

距離感の原因

1．愛が弱くなった

この距離感の原因はいろいろあります。たとえば逆に結婚してから何年か経つと、「亭主は元気で留守がよい」という気持ちに（笑）。半分冗談ですけど。本気でそう思っていれば「ずっと留守がいい」（笑）。これはとても距離感がありますね。でもその距離感はもう気にならない。距離感を超えようとも思わない。このままでいいという気持ちに近くなったら、愛が弱くなったことの表われですね。愛が弱くなったのでそのような気持ちになる。距離感を超えようとはしない。このままでいい。これは自分の状況に合わせて考えてください。これに対してはいろいろなことが言えますから。でも基本的に、距離感を超えようとする熱意がなければ、愛は弱くなったということです。

2. コミュニケーション不足

では他の距離感の原因となるものは何でしょう。いろいろありますね。距離感の原因の一つはコミュニケーション不足。これが多いです。大いに言えます。あまりしゃべらない。もちろんしゃべりますけれど、必要なことだけです。

私はいつもこのように薦めています。雲の上の話で現実的ではないかもしれませんが、理想としては、できる限り毎晩、無理でしょう？ 若い時は特に毎晩、子供たちを寝かしつけて、あるいは勉強させている間、その間二人きりで15分間位は一緒に楽しく過ごせるといいですね。皆さんは若い。ただ楽しく一緒にいるだけでいろいろな話が出てきます。話が出なくてもいい。相手がとても疲れていれば話したくないかもしれません。それでもいいのです。黙ってそばにいる。それだけで幸せ。それだけで満足。しかし、このようなことが足りないと距離感が増します。コミュニケーション不足ですね。

3. エゴイズムと傲慢

そしてエゴイズムと傲慢から生じる全てです。全ての距離感はエゴイズムと傲慢から生じます。諸悪の根源です。考えてみてください。いろいろ嫌なことがあって、二人の距離がすごく離れてきた。しかもそれでいて平気です。互いに気にならない。その原因はエゴイズムと傲慢でしょう。自分の利益ばかり考えて、相手のことはあまり考えない。以前ほど考えない。もちろん義務は果たしますけれども。とにかく原因はエゴイズムと傲慢です。

4．約束を破る

約束を破ると心が離れるのですね。謝ってくれたとしても重大な約束の場合は離れます。小さな約束ならあまり問題になりませんが。その約束の重要性は相手を中心に考えるべきですね。例えば子供たちに

「今度の土曜日は川に行ってバーベキューをしよう」と提案するとします。子供たちは

「やったぁ！」と喜びます。

ところが金曜日の夜になると、急にお父さんにゴルフのお誘いが入って、子供たちに

「バーベキューは来週にしましょう。明日はちょっと無理なので」ということになる。土曜日に川でバーベキューをするという約束は、お父さんにとっては小さな約束だったかもしれません。ところが子供にとっては、生きるか死ぬかと言えるほど重大な約束だったのです。その約束を破るのは非常に重い。その意味で

相手を中心に約束の重大さを考えなくてはなりませんね。このように約束を破るのは隔たりをつくる原因になるのです。距離感の原因となります。

5. 嘘

もう一つは嘘。小さなことでも嘘をつかない方が良いです。しかも嘘をつくには記憶力が必要ですよ。記憶力がなければその嘘はすぐに嘘だと分かってしまいます（笑）。嘘をつかない。

6. 価値観の相違

また、価値観の相違。重大なことに対する価値観ですね。野球に対してなどではなくて、生き方に対しての価値観です。おもにお金の使い方とか教育方針。それらに対する価値観が異なってきたら、話し合って一致させておいた方がいい。そうしないと互いの間の距離感が戻らなくなります。今言ったのはヘーゲルでしたね。

程よく離れて共に奏でる

今度は、ジブラン。ジブランというベイルートの人が書いた『預言者』という本に書いてあることです。『預言者』はとても良い本です。宗教的ではありませんが読みやすい。彼はこのように言っています。

〝夫婦は一体の中に空間を置きなさい。〟(3)
夫婦一体の中に空間を置く。英語で。"Let there be spaces in your togetherness."
togetherness は一体感とか共同。その中にスペースを置きなさいと。たとえるとリュート。ギターのようなものです。ギターのように弦と弦との間には一定の間隔があります。でも弦の間隔が近すぎると、良い音が出ない。ある程度離れていて、且つ合わさる時、いい音が奏でられる。その弦は夫婦ですね。ほどよく離れて、共に奏でる。

彼はこのようなことも言っています。二本の木があります。幹と幹が近くなりすぎるとうまく育たない。根や枝が近過ぎることは十分な水分や日光を取り入れる上で好ましくありません。ある程度離れつつ枝と葉っぱと根が重なる部分もある。このような距離が夫婦においても理想的です。べたべたとくっつきすぎるのも良くないですし、皆さんの場合はむしろ離れすぎという危険性があるかと思います。やはり自分は自分、相手は相手。でも共に一つです。これは難しい。"spaces in your togetherness"では、どのようにすべきかと言うと、このようなことです。

あなたがたが互いに、心が望む夢、心を満たす夢、憧れなどを本気で求めていれば、夫婦の間に自然と望ましい距離感が生まれます。なぜなら、夢、目的があれば、時間が必要です。その時間が望ましい距離感となります。また自由も必要です。自由がないと動けません。その自由も望ましい距離感になります。更に、個性も必要です。個性も望ましい距離感になります。ですから、夢があれば、時間と自由と個性が必要になり、それは自ずと望ましい距離感を生むでしょう。

結局、「つかず離れずというさっぱりした人間関係」これですね。あるいは、

私の父から聞いた言葉ですが、

〝互いに独りでいる喜びを奪わないで、一緒にいる喜びを感じさせる人は最高。〟

オリジナルではないようですが、このようになれるといいでしょう。では、少し考えましょう。

それでは、アヴェ・マリアで終わりたいと思います。


†「アヴェ・マリアの祈り」（480ページ）

お疲れ様でした。ありがとうございました。また再来週だと思います、次回どうぞ。

（2019年11月14日）

（1）マタイによる福音書25章31節～46節（講話、第6回を参照）

（2）「タラントンのたとえ」　マタイによる福音書　25章14～30節

「天の国はまた次のようにたとえられる。ある人が旅行に出かけるとき、僕たちを呼んで自分の財産を預けた。それぞれの力に応じて、一人には五タラントン、一人には二タラントン、もう一人には一タラントンを預けて旅に出かけた。早速、五タラントン預かった者は出て行き、それで商売をして、ほかに五タラントンをもうけた。同じように、二タラントン預かった者も、ほかに二タラントンをもうけた。しかし、一タラントンを預かった者は、出て行って穴を掘り、主人の金を隠しておいた。さて、かなり日がたってから、僕たちの主人が帰って来て、彼らと清算を始めた。まず、五タラントン預かった者が進み出て、ほかの五タラントンを差し出して言った。『御主人様、五タラントンお預けになりましたが、御覧下さい。ほかに五タラントンもうけました。』主人は言った。『忠実な良い僕だ。よくやった。お前は少しのものに忠実であったから多くのものを管理させよう。主人と一緒に喜んでくれ。』次に二タラントン預かった者も進み出て言った。『御主人様、二タラントンお預けになりましたが、御覧ください。ほかに二タラントンもうけました。』主人は言った。『忠実な良い僕だ。よくやった。お前は少しのものに忠実であったから、多くのものを管理させよう。主人と一緒に喜んでくれ。』ところで、一タラントン預かった者も進み出て言った。『御主人様、あなたは蒔かない所から刈り取り、散らさない所からかき集められる厳しい方だと知っていましたので、恐ろしくなり、出かけて行って、あなたのタラントンを地の中に隠しておきました。御覧ください。これがあなたのお金です。』主人は答えた。『怠け者の悪い僕だ。わたしが蒔かない所から刈り取り、散らさない所からかき集めることを知っていたのか。それならわたしの金を銀行に入れておくべきであった。そうしておけば、帰って来たとき、利息付きで返してもらえたのに。さあ、そのタラントンをこの男から取り上げて、十タラントン持っている者に与えよ。だれでも持っている人は更に与えられて豊かになるが、持っていない人は持っているものまでも取り上げられる。この役に立たない僕を外の暗闇に追い出せ。そこで泣きわめいて歯ぎしりするだろう。』」

（3）カリール・ジブラン『預言者』（Kahlil Gibran、佐久間彪訳、至光社、１９８４年、PP.19–20）

「結婚について」

　するとアルミトラが再び口を開いて言った。師よ。お話ください。結婚について。アルムスタファは答えて言った。あなたがた二人は一緒に生まれた。それで、いつまでも一緒なのです。共に過ごした月日を死の白い翼が散らしても、あなたがたは一緒なのです。まことに、神の静かな追憶のうちでさえも、あなたがた二人は一緒なのです。しかし、それほど一緒の二人のあいだにも、自由な空間を置きなさい。そして、そこに、天からの風をそよがせなさい。愛し合っていなさい。しかし、愛が足枷にならないように。むしろ二人の魂の岸辺と岸辺のあいだに、動く海があるように。おたがいの杯を満たし合いなさい。しかし、同じひとつの杯からは飲まないように。おたがいにパンを分け合いなさい。しかし、同じひとつの塊を食べないように。一緒に歌い、一緒に踊り、共に楽しみなさい。しかし、おたがいに相手をひとりにさせなさい。ちょうど、リュートの弦がそれぞれでも、同じ楽の音を奏でるように。おたがいに心を与え合いなさい。しかし、自分をあずけきってしまわないように。なぜなら、心というものは、あの生命の手だけがつかむもの。一緒に立っていなさい。しかし、近づき過ぎないように。

　なぜなら、神殿の柱はそれぞれ離れて立ち、樫の木と杉の木は、おたがいの陰には育たないのですから。

第10回　復活

結びの言葉　テサロニケの信徒への手紙1　5章16～19節

＊この回は第6回の内容と重複するところがありますが、11月は「死者の月」ですので、そのまま掲載しています。

†『平和を求める祈り』（480ページ）

おはようございます。雨ですね。ブラザー・エルナンデス（1）をご存知ですか。聖イグナチオ教会のブラザーで、パパの広場（2）のクリスマスのミサにもいつも来てくださっていました。ミサでは御聖体を配ってくださっていましたが、今朝急に亡くなられました。まだ原因はよく分かっていませんが、ショックですね。とても仲が良かったので。上石神井に住んでいて、そこで亡くなりました。

祈ってください。これを機会にというわけではなく、今月は死者の月、11月ですから。

前回、私たちは男女の愛について考えました。その続きを考える前に、少し死者や死について考えてみましょう。暗い話ではなくて、人生を明るく照らすようなことを考えましょう。

愛しい人を失う

私たちには愛しい人を失った経験がありますね。家族を失くされたこともあったでしょう。その時の気持ちはどこか温かい寂しさだと思います。非常に寂しい、でも何となく温かさを感じます。その人の声を聞くことができないのは辛いことです。しかし別の形で感じることがあります。声は聞けないけれど伝わります。むしろ亡くなる前より感じるかもしれません。その意味で温かい寂しさだと言えます。

失った人がいかに大切だったかは、その人の不在で感じられます。生前それほど感じられなかったその人の存在が、失われていかに大切だったかが分かります。その人の不在により感じられるのです。その時、もっとその人の話を聞いてあげればよかった。もっと一緒にいればよかった。もっと大切にしてあげればよかった、と考えては悲しくなります。誰もが大切な人ですから。

ところが、その方々は今こそ幸せ。そしてまた会えるのです。それは証明できませんし、想像すらできないかもしれません。しかし、この言葉を信じることができれば、暗闇の中に一筋の光を見出すことができると思います。

「その人は今こそ幸せ。そしてまた会えます。」

どのように幸せなのか、また、どのように再会できるのか。それは分かりませんん。想像もできません。神を信じる人、つまり全ての宗教は来世を信じます。死後、人は生きます。ただし、どのような形で生きるのか、新しい命に至るまでにどういうプロセスがあるのかは宗教によって意見が異なります。では、イエス様が教えてくださったことを確認してみましょう。

復活……死んでからも同じ人間は生きる

イエス様が教えてくださったことは、「全く違った形でまさしく同じ人間は生きる」ということです。全然違った容姿で、全く異なった状況で、まさしく同じ人間は生きる。永遠に幸せに生きるということを教えてくださいました。皆さんは「え～?全く想像できませんよ」と言うでしょう。それはどういうことでしょうか?

それについてイエス様ご自身の復活を思い出しましょう。イエス・キリストは処刑されてから後、生前とは異なる姿で、弟子たちの前に現れています。それは彼らを集めてミッションを与えるためです。勇気と希望を与えるために何度も現れました。そのことを思い出しましょう。そこに、全く異なった姿形でまさしく同じ人間は生きるということが描かれています。一つはエマオでの出来事です。二人の弟子がエルサレムに行きました。イエス様が処刑されたので、弟子たちの身も危険だったのです。彼らは全てを捨てて逃げようとしていました。そこへイエス様がどこからともなく現れて、彼らと共に歩き始めました。道中、聖書について、メシア（救い主）がどういう風に苦しめられる必要があるかということを話していました。長い間話していたにもかかわらず、彼らはイエス様だと気付きませんでした。道中、声を聞いても、この現れた人がイエス様だと気付かなかったのです。ところが、食事の時、彼らの心の目は開かれました。その方がイエス・キリストだと気付いたのです。同じイエス様です。全く違った姿でまさしく同じ人間が生きる、とはこのようなことです。(3)

マグダラのマリアが登場する場面もあります。マグダラのマリアという方はよく弟子たちと一緒にいました。そしてイエス様をとても愛し、よく尽くしていました。

ちなみにこのマグダラのマリアはベタニアのマリアとは違う人物です。ベタニアつまり、ラザロとマルタの姉妹ではありません。ベタニアは町の名前でベタニアのマリア。マグダラは北の方に位置する街で、そこの出身のマグダラのマリア。そしてもう一人マリアがいます。涙でイエス様の足を拭った彼女は売春婦でした。彼女もまた異なる人物です。多くの人がその三人が同一人物だと思い込んでいます。あのダヴィンチ・コードのダン・ブラウンはまさにそう言っています。同じ人間だと。違います。三人は別人です。とにかくそれはさておいて。

このマグダラのマリアはイエス様をとても愛していました。彼女なりに愛していたのです。そこで安息日の翌朝、遺体を清めに墓に出向きました(4)。傷ついた遺体を清めたかったのですね、送り人のように。ところが墓に遺体がない。彼女は盗まれたと思って泣き出しました。マリアが泣きながら振り向くと、イエス様が立っておられるのが見えました。復活したイエス・キリストですね。そして「婦人よ、なぜ泣いているのか」と言われました。マリアは「私の主が取り去られました」と園丁だと思って言いました。隣にいるのがイエス様だと分からなかったのです。そして「あなたがあの方を運び去ったのでしたら、どこに置いたのか教えてください。私が、あの方を引き取ります」と言いました。イエス様はひと言「マリア」と言われました。「マリア」その時に彼女の心の目が開かれて「先生」と答えました。イエス様だと分かったのです(5)。全く違った姿形でまさに同じ人間は生きる、という教えをイエス様はここでも証明されたのです。イエス様は、私たちの愛しい人も同様であると言われます。それは説明することはできませんし、証明することもできません。想像すらできませんが、私たちもいつかそのようになると信じています。

復活するのにふさわしい人は復活する

ところが、イエス様はこうも言われます。復活するのにふさわしいと思われる人は復活する。ふさわしい人、ということは全ての人が復活するわけではないのです。

では、その「ふさわしさ」とは何が基準なのでしょう。それはマタイ25章の最後の審判に描かれていることです。今は読みませんが、有名な箇所です。「わたしが飢えていたときに食べさせ、喉が渇いていたときに飲ませ、病気のときに見舞い、牢にいたときに訪ねてくれたからだ」とあります。ふさわしい人とはこのような人です。ふさわしくない人には、「お前たちは、わたしが飢えていたときに食べさせず、喉が渇いたときに飲ませず、旅をしていたときに宿を貸さず、病気のとき、訪ねてくれなかった」と言われました。つまりそのふさわしさの基準とは分かち合いです。自分の時間、自分の食べ物、自分の飲み物、友情の分かち合い……。困っている人に対してあなたが心を開いて自分のものを分かち合ったかどうか、それが基準です。そのようにふさわしさは決まるのです。

聖パウロの三つの提案

では、最後にこのようなことを考えましょう。この亡くなられた愛しい方々が、私たちに一つのメッセージを送ってくださると思います。それは主の願いです。それは何かというと、聖パウロの言葉にまとめられています。みなさんご存知の言葉だと思いますが、読んでいただきましょう。テサロニケの信徒への手紙1　5章16節から19節まで。

結びの言葉：テサロニケの信徒への手紙　5章16～19節

いつも喜んでいなさい。絶えず祈りなさい。どんなことにも感謝しなさい。これこそ、キリスト・イエスにおいて、神があなたがたに望んでおられることです。〝霊〟の火を消してはいけません。

ありがとうございます。このメッセージですね。いつも喜んでいなさい。命のかぎり、ブーブー文句を言わないで、愚痴をこぼさずに、喜んで生きる。苦しい時にも喜びを引き出して、喜んで生きなさい。では、それはどのようにすれば可能ですか。どのようにすればいつも喜んで生きることができますか、というとその次の言葉が答えになっていると思います。

1．絶えず祈りなさい

それは、「絶えず祈りなさい」です。祈りは神様と話すこと。神様と話すということにピンとこない人もいるかと思います。ここにいらっしゃる皆さんもそうでしょう。神様をそれほど信じていない人もいるでしょうし、信じてはいるけれど対話するほどではない人も。あまり馴染んでいませんね。いいですよ。心の奥深い所にいる自分とコミュニケーションを取ってください。それは祈りになります。奥深い所の自分とよく話し合ってください。

心の奥深い所にいる自分は何かといいますと、愛したい自分です。本当の自分。自分らしい自分。浅い所の自分とは、エゴイズムと利己主義。エゴイズムと傲慢によって汚されている自分です。私たちは残念ながらいつも心の浅い所にいる自分と話しています。例えば、喧嘩する時は、いかに自分が正しいかがそこに書かれているかもしれません。いかに自分が正しく相手が正しくないか。いかに自分が正直で、相手がずるいか。浅い所の自分と話す時は、このような問答を繰り返すだけです。ところが同じ問題について、深い所の自分と話す時は、相手の立場からもその問題を見ることができます。心が開かれます。そのような違いがあります。

ですから、普段から深い所にいる自分と話すようにしてみてください。できれば毎日時間を作って。特に内容は何でもいいです。テーマは別に何でもいい。日常のことについて、子供のこと、心配事、喜び、お腹がすいたことについて(笑)、何でもいいから話してみてください。深い所の自分と。ある詩人が言ったように。深い所の自分と仲良く話す人は、神と話したくなるでしょう。神様と話したくなる。深い所の自分とよく話す人はいつか神と話せることを望みます。とにかく、そのように。神様を信じて、既に馴染んでいる人は祈ってください。神様とよく話してください。今抱えている問題について、身近な人について、自分の悩みや喜びについて素直に話してください。そして聖書を読んで、なぜイエス様はこのような態度をとられたのか、なぜイエス様はこのように言われたのか？と、考えてみてください。イエス様について、自分について、そのように話してみてください。そうすればいつも喜んで生きることができると思います。

2. どんなことにも感謝しなさい

二つ目の提案。どんなことにも感謝しなさい。何度も言うように、感謝されることを求め過ぎないで、感謝することを忘れないように。いつも感謝してください。感謝は喜びをもたらし、喜びは感謝を求めます。

3. 聖霊の火を消さないように

三つ目の提案は、聖霊の火を消さないように。聖霊の火というと難しいですが、簡単に言えば心の声。良心の声です。これは聖霊の火と同じです。心の声を聞いてください。何かを決める時、誰に褒められるか、誰に嫌われるか、どういう得をするか、どういう損をするか、そのようなことを考えがちですが、それより心に注目してください。心が何を望んでいるのか。心を満たしてくれるものは何か。その心の声に忠実に従ってください。どんなことがあっても心を裏切らない。心に従う。心と感情とは違います。感情に従うということに、このような言葉があります。「心に従う」これは歌の題名でした。歌の中身は感情ですね。彼女が好きだから、こうなればいい、相手が結婚していてもしていなくても……、それは違います。心です。感情ではなくて心。心が望むこと。心を満たすことを求める。それに誰が何と言っても、どんなことがあっても心に忠実であることです。

ですから、祈り。祈って感謝する。心に忠実である。その三つの提案を守れば、結果としていつも喜んで生きることになります。それは私たちの愛しい方々の望みでもあります。このようなことを守りましょう。はい、ではもう一度その箇所を読んでください。

――――聖書の朗読――――

はい。少しこれについて考えましょう。心で考えましょう。

男女の愛の証

それでは死者の月の話を終わりにしまして、この間話し始めかけた男女の愛についての話を続けたいと思います。少し重複しますが。

1．距離感を超える熱意

男女の愛、おもに皆さんの場合は夫婦愛ですね。夫婦愛、家族愛。子供たちへの家庭での愛も含まれています。この間愛の証について二つのことを話したと思います。ヘーゲルの言葉を言いましたね。

〝愛は距離感の意識であり、その距離感を超えようとする熱意である。〟

人を好きになると、その人との間に距離感があると分かります。心のふれあいはまだまだでも、その距離感を超えようとする熱意が湧いてきます。その熱意は愛です。逆にいえば、その熱意を感じないと愛情が弱くなったということです。結婚して「亭主は元気で留守がよい」と冗談半分に言うのですが、本音でしょう

（笑）。ところが、ずっと留守がいいということではないですね。ずっとでもいいと思っている人がいるとしたら、その人の心にある愛が弱くなったということでしょう。距離感があっても平気だ、ということ、つまり距離感を超えようとする熱意を感じないということは、愛情が弱くなった証拠になります。その距離感の原因は何かというと、この間言ったようにコミュニケーション不足と不誠実、浮気や喧嘩、いろいろありますね。

2. あえて距離を置く

二番目の証はあえて距離を置くこと。二本の木の間に、幹と幹の間に一定程度の距離があり尚且つ枝と葉と根は一緒に重なる。これは夫婦のイメージです。その距離感、この望ましい距離感はどこから生まれるかというと、夢を求めれば自然に生じるのです。何かを本気で、心を満たす何かを、心が望む何かを本気で求めていれば、その時、時間が必要となります。自由も必要です。個性も必要です。この三つ、自由、時間、個性が自然に望ましい距離感となります。べたべたしすぎない。ここまで話したと思います。

3．相手の成長を求める

もう一つの愛の証。愛は相手の成長を求めます。花を愛する人は、花に土と水と太陽を与えます。育てるために。咲かせるために。我が子を愛する親は、ペットのようにいつもケージに入れておこうとは思わないでしょう、成長を求めています。愛は成長を求めます。この成長をどのように求めるかというと、尊敬をもって求めるべきです。つまり自分の子供に、相手に、自分の価値観を押しつけるということではなく。難しいことですね。押しつけるのではなく、自分の生き方で感じさせる。子供たちに自分の価値観を感じさせる必要は、当然ありますね。親は自分の短所を子供に伝えたいとは思いませんが、自分の長所、自分の経験上良かれと思うことは、子供に伝えたいと思うものです。それは至極当然で、愛していることの証です。成長を求めるのは一つの証です。尊敬をもって成長を求める。自分の好みを全て押しつけるのではなく。子供は明日の存在ですから。昨日のためではない。子供はいつも前向きです。ところがあなたは自分の思い通りに育てたいのです。自分のベストを子供に与えたいと思う。それは当然です。子供の成長を願わないのは愛しているとは言えませんから。でも、押しつけると子供の自由を妨げることになります。ですから理想としては、親であるあなたの理想を毎日の食事の時に、日々の外出の時に、あなたの言葉と行いから、あなたの望む生き方と物事の考え方を、子供が自然に感じて、その家庭の価値観に染まっていくというのが好ましいですね。自分の生き方を通して自らの価値観を感じさせる。難しいことですね。尊敬と成長、この二つは矛盾しているようですが、非常に大切です。

たとえば、夫婦だとします、あるいは結婚する前のお付き合いしている時。旦那さまや彼が自分の理想に向かって進んでいるとします。奥さんや彼女はそれを見て（手を）パチパチ、パートナーの理想に同意して応援します。それがいいですね。これは理想的ですし、好感が持てます。ところが、彼女が「この道はやめて私好みの道に進んでください」と、このようなことは良くないですね。子供に対してもそうです。子供にも自分の理想を求めます。

「いいえ、それは駄目です。こちらが良いです。あなたはこの道をやめて違う道を進みなさい。」

これは自分の希望を子供に押しつけることですね。ただ明らかに子供が悪い道を選んでしまった場合は別ですが。

この道をやめて、別の道を進みなさいと言うのではなく、相手が自分の理想に向かって、自分の道を歩むことができるように、そばにいて安心と希望と刺激を感じさせるのが良いでしょう。これが理想ですね。一番良いです。


ところが、このようなケースがよくあるのです。(夫婦のケースに戻ります)彼は自分の希望の道を進んでいる。ところが、ちょっと見てください(手を動かしながら)、ここにいるとここでピーッと(別ルートで)こちらに来るのですね。

「あれっ⁉」

彼女は目標と違うのでは?と思います。

「あなた、こちらへ行ってしまったじゃありませんか。(予定と違いますね)」

「えっ、でもここは歩きにくいので。迂回することにしました。でもちゃんと戻りますから。」

「そうですか。それならいいですけど……。(ちょっと方向が違ってきていませんか？）」

彼女は不信に思って、

「本当にそうですか。あなたはちょっと怠けているのではないですか。大変だから自分をだまして楽な方へ行こうとしているのではないですか？」

「いや、絶対戻る」と彼。

彼女は、明らかに怪しいと思っていますね。もう、戻らないのでしょうか。戻らない人もいますね。でも彼は違う。この人はまた戻る。そのような場合が多いですね。

あるいは、子供から、学校を辞めてバンドに入りたいと言われた時、お母さんはどうしたら良いでしょう。やはり話し合うしかないですね。よく話し合って、お互いに自分の意見を言って、あとは譲って信じるしかないです。たとえば結婚について、重大な事柄について、価値観や理想について互いの意見が異なる場合、そして話し合いによる折り合いがつかなかった場合、そのような場合は諦める方がいいでしょう。根本的な価値観が異なる場合はうまくいかないはずです。

気持ち良く別れた方がいいかもしれません。ところが、もう別れられない状態になっている場合、自分の子供とか配偶者の場合ですね、その場合は話し合って、信じ合って、お互いによく話した後、信じるしかないですね。そばにいて安心と希望と刺激を感じさせて、頑張るしかないと思います。とにかく、成長と尊敬は欠かせません。

尊敬

尊敬というのは、深く見るということ。エーリッヒ・フロムという心理学者が、『愛するということ』という本の中で言っています。良い本ですからよろしければ読んでみてください。

尊敬についてですが、英語で尊敬というのはrespectと言います。“respect”それはどこから出ているかというと、ラテン語の“respicere”。reは再び。spicereは見るという意味です。例えば眼鏡はイギリスでspectaclesと言いますね。つまり、respectというのは相手を深く見るということです。いろいろな角度からその人を深く見るということはrespectです。相手のありのままの姿を受け入れることです。

言い換えれば、自分の好きな道を歩かせるのではなくて、相手が歩みたいと思う道を尊重する。正しいか正しくないか、先程の問題になりますけど。その道は私の考えでは間違っている、絶対後悔すると思ったら、説得した方がいいと思いますが、親としてどこまで子供の人生に介入するかはとても難しい問題です。話し合い。話し合って信じ合うしかないです。課題ですね。ケース・バイ・ケースで考えるしかないです。

4．男女の愛は他の愛を深める

愛のもう一つの証。男女の愛は他の愛を深める。男女の愛は他の愛を深めるためのエネルギーの源になっているはずです。男女の愛、家庭愛もそうですね。他の愛を深める。

たとえば、ある大学二年生の女子学生にボーイフレンドができて、嬉しくてしょうがない。それでクラブに行って「悪いけど、私は辞めます。彼のことで忙しいので。」そして、高校時代の友達の所に行っても、皆さんと遊ぶのは楽しいけれど、デートの時間が増えるのでこれからはあまり会えなくなくなります。そしてボランティア活動もしていましたが、日曜日はデートですからもう参加できません。勉強もよくしていましたが、彼のことで忙しくなり疎かになりました。お母さんの手伝いもしなくなりました。このような変化は好ましくありません。なぜなら、彼女の恋愛が他の愛の妨げになっているからです。それはよくない。恋愛しているから、ボランティア活動もだめ、勉強もだめ、友情もだめ、クラブもだめ、全部だめになる。恋愛が妨げになっています。

別の例。こちらの女子学生も同じように、恋人ができました。クラブに行って

「あのう、私、毎回は来られなくなったのですが」と言いつつも、参加する時には以前より積極的に活動しています。高校時代の友達と会うのも、前のように頻繁ではなくなりましたが、会った時は友達との時間を大切にしています。勉強する時間も少なくなりました。でも量より質で、かえってはかどって成績も上がりました。そしてボランティア活動では、毎週参加できなくても出席した時は深い愛情を持って子供たちに接するので以前にも増して慕われるようになりました。そういうことですね。

ですから、彼女の場合には、恋愛が、他の愛を深めるエネルギーの源になっています。これは男女の愛と家庭愛にもあてはまることです。家庭を愛しているからこそ、家庭に終わらないで家庭を通して皆に心を開く。前者のように男女の恋愛で、彼女（または彼）に心を開くことで、皆に対しては心を閉ざしてしまう。これはおかしい。本来の姿は後者です。一人を通じて心を開いて、開かれた心を皆に与える。もちろん、みんなの恋人になるということではなく。それが本来の姿です。

5．損得を計算しない

愛はあまり計算しすぎない方がいいです。言い換えれば、「いただく」と「差し上げる」という二つの動詞の区別をなくすのです。これらは一体になっているので、与えているのか、いただいているのかわからない。相手の悩みと喜びと全てを自分で感じる。愛によって一体となっているので。これが良いと思います。

少し変わった例ですけれど、いつだったか、二月のある寒い日、片方の手は手袋をしていたか、ポケットに入れていたか、そのように外を歩いていました。部屋に入って、温かい手で冷たい指を包むと気持ちよかった。そこでふと考えました。どこでこの気持ち良さを感じるのかな？　冷たい手ですか？　（温かくて気持ちいい）それとも温かい手ですか？　（冷んやりして気持ちいい）包む手ですか？　包まれる指ですか？　考えてみましたが、両方で感じるのですね。両方とも私という人間の一部なので。一緒ですね。あまりいい例ではないけれども。愛し合っている二人は、それですね。どこで感じるかといえば一緒に感じる。

ですから、与えているのか、いただいているのかあまり意識しません。もっと具体的にいえば、損をしているのか、得をしているのかとあまり計算しすぎないようにしましょう。

たとえば家事のことでも、「私はこれだけやっているのに、あなたは何もしないじゃないですか。」このように計算するのは愛の弱さを物語ります。たとえば、あなたが一度だけ、偶然町で出会った人に対して施すなら損をしてもいいと思うかもしれませんが、家庭の場合は長い付き合いになります。自分が損をしていると感じたら、素直に言った方がいいです。そうしないと、あなたは口に出して言わなくても、心の中でモヤモヤするのですよ。それは恨みに繋がる恐れがあります。ですから打ち明けた方がいい、私は家で毎日これほど働いているのにあなたはあまり家事を手伝いませんね。その時、相手は反論するかもしれませんが、それでもいいのです。

「でも、あなたの仕事と私の仕事では違うのですよ。」

彼女も仕事をしているとします。

「あなたは事務職なのだから、帰宅したら明日のことまでいろいろ考える必要はないじゃないですか。」

「そんなことはない。家に帰ってもいろいろ考えなければならないし、明日の予定も考えているのだ。だから皿洗いなんかしている暇はないよ。」

このような反論があるかもしれません。それでも彼女は納得するはずです。あるいは彼が反省するかもしれません。

「そんなに大変なら、お風呂を入れたり、ゴミを出したりするのは私がするわよ」と。

ですから、疑問があれば素直に打ち明けた方がいい。他人には言わないで。相手の悪口は友達に言ったりしないで、相手に直接話した方がいい。原則として得するのか損するかは気にしない方がいいです。もし、気付いたとしても気にしない方がいい。でも、相手がずるいと思ったら言った方がいいでしょう。

はい、少し考えてみましょう。

それでは、アヴェ・マリアで終わりたいと思います。

†「アヴェ・マリアの祈り」（480ページ）

お疲れ様でした。ありがとうございました。

また来週よろしくお願いします。

（2019年11月28日）

（1）マヌエル・エルナンデス。イエズス会修道士。1931年スペイン・サラゴサ生まれ。1955年来日。日本で教誨師、篤志面接員として50年以上にわたり、刑務所や医療少年院にて、アルコールや薬物依存症の青少年たちの更生を助けた。２０１９年11月28日帰天。

（２）雙葉学園に在園、在校する児童生徒の父親たちの会。

（３）「エマオで現れる」ルカによる福音書24章13～34節

（４）この時代、遺体は葬られる前に清められたが、イエスが亡くなったのは安息日が始まるまでに時間的な余裕がなかったため、何もせずに葬られた。そのため女性たちは安息日が終わるとすぐに墓に向かった。

（５）「イエス、マグダラのマリアに現れる」ヨハネによる福音書20章11～18節

第11回　愛について3

イエスはまことのぶどうの木　ヨハネによる福音書　15章12～17節

では、「平和を求める祈り」で始めたいと思います。

†『平和を求める祈り』（480ページ）

おはようございます。いい天気になりましたね。昨日、一昨日とブラザー・エルナンデスのお通夜と葬儀でしたが、大勢の方がお別れに来ていました。聖イグナチオ教会の主聖堂の席はいっぱいで後方のスペースも立っている人で埋まっていました。さすがですね。彼はそれほど肩書きのある人ではありませんでした。そして学歴もそれほどなかった。でも、とても心のある人でした。皆に好かれていた。心の実力で。よかった。今度、パパの広場の子供たちのミサがあります。

そこにはいつも彼がいましたね。祈りましょう。

それでは、この間の話を続けたいと思います。愛するという意味について、男女の愛について話していました。そうそう、実は私先日舌を噛みました。痛いですね。しゃべる時に途中で「痛い」と言うかもしれません（笑）。はい。大したことないです。男女の愛について考えていましたね。男女の愛の特徴に関しては、この間いろいろと話しました。望ましくない距離感を超えることや、望ましい距離感をとることについても話しました。それから、相手の成長に対しては敬意に満ちた思いやりを持つこと。そして成功を祈ること、など。

もう一つ、他者への愛を深める。男女の愛は他者への愛も深めます。計算しすぎない。愛があれば、相手と自分が一体となるので、自分と同様に感じます。そのことによって、与えているのかいただいているのかわからなくなります。ですから得するのか、損するのか計算しすぎることは、愛の弱さを表すので、好ましくないという話もしました。

あなたがあなただから愛している

今日からは男女の愛の証についてもう一つ。「あなたがあなただから、あなたを愛している」という証。このことについて話しましょう。「あなたがあなたであるから、あなたを愛している」と言えるのは愛の証です。相手の魅力に惹かれることや、一緒にいたいと思うのは、好きだという証拠です。ところが、他にも魅力的な人はいっぱいいます。あなたより魅力的な人はいっぱいいますよ。でもあなたがあなたであるから好きなのです。これが愛するということです。他の人にはない魅力を私はあなたに感じます。だから、もっと魅力的な人が現れたとしても、あなたがあなただから私はあなたを愛し続けるし、あなたといるのです。これは愛の証です。

これにはおもに二つの条件があります。一つは、二人の個人的な歴史です。二人だけの小さな歴史。つまり一緒に過ごした時間、一緒に味わった経験のことです。これは二人だけのものです。長電話したこと、あの時した喧嘩、その後の仲直り、突然の雨でずぶぬれになったこと……。二人の間にいろいろな出来事があったでしょう。他の人とではなくあなた方二人の間に。だから、愛しているのです。二人のささやかな、でも自分たちにとっては大切な歴史があるのです。二人で共にした歴史。それが「あなたがあなただから愛している」と言える理由の一つです。

もう一つは、前にも言ったことですけれど、全ての愛には二つの側面があります。face to face フェイス・トゥ・フェイス。手を見てください。（マイクを置き、両手の手のひらを下に向け、指と指を向き合わせて）→← これですね。face to face。つまり、相手の人格を見て惹かれる。一緒にいたくなる。相手を見つめて相手に惹かれる。これが face to face です。

そしてもう一つの側面があります。それは side by side サイド・バイ・サイド。また手を見てくださいますか（両手の手のひらを平行にして）↑↑。この side by side。つまり二人共通の夢に憧れる。自分たちの子供の成長を望むのはもちろんですが。その他に誰もがこの夢を持っています。お母さんの人生が自分の子供のためだけにあるのではありません。子供がお母さんの希望の全てで、それ以外何もなかったら、子供も嫌でしょう。自分が全て、というのは子供にとっても負担です。お母さんにはお母さんの夢があって、その希望の一つに子供という存在がある。この形がいいでしょう。彼にも彼女にも心を満たす夢があり、心が望む夢があります。共通の夢に向かって共に歩む、これもあなたがあなたであるから愛している、という証となるでしょう。

昨日の葬儀の説教でも話しましたが、エルナンデスさんは亡くなる二週間前、教会でこのような話をしました。彼は若い時は格好良かったそうです。それで、かなりプレイボーイだった。悪い意味ではないでしょう。ある時お母さんの手作りサンドイッチを食べながら歩いていると、これは行儀が悪いですね……。それはスペインのチョリソーというサラミのサンドイッチでした。私たちスペイン人はみんな大好き。それを食べながら歩いていた。すると、目の不自由なおばあさんがいたので、彼女の手をとって案内してあげることにしました。途中で彼女が言ったのです。

「美味しそうなにおいがしますね。」

チョリソーのにおいが（笑）したのですね。エルナンデスさんは、「お腹が空いているのですか？　あげましょうか」と言って、サンドイッチをあげたのですね。すると彼女はとても喜んだそうです。嬉しそうな彼女を見てエルナンデスさんもとても嬉しくなったと言います。彼はそこで考えました。

「今感じている喜びは、普段遊んでいる時に感じる楽しさとは違う。今のこの喜びはとても深い喜びだ。私はこれからの人生をこのような困っている人のために使おう。困っている人が喜びを感じられるように。」

それでイエズス会に入ったのですね。

こういうのはいいですね。普段楽しくやっている時の楽しさと、あの時の喜びとは違う。「これからは困っている人が喜びを感じられるよう、そのために生きる。」そう決意したのです。彼にとって人々にその喜びを感じさせるのが夢。自分の心が望む夢、心を満たす夢だったのです。

このように立派なことでなくてもいいですから、何か夢があって生きる。C．

S・ルイス、イギリス人の有名な思想家ですね。彼が『四つの愛』という本の中で言っています。


〝友達を作りたければ、憧れを作りなさい。

恋人を作りたければ、家庭を作りたければ、憧れを、夢を作りなさい。〟


憧れがなければ本物の家庭にはなりません。

本物の恋人になれません。本当の友達にはなれません。憧れ。つまり二人ともside by side になって。同じ憧れ（目的）でなくてもいい。同じ夢を見なくてもいい。別々でいいのです。普通は別々ですね。

例えば、彼は音楽に生きる人で、彼女は社会福祉に生きる人。それでいいと思います。同じことに憧れる必要はありませんが、何かに憧れることはとても望ましいことです。互いに安心感と希望を持ち刺激を与え合って一緒に進む。それぞれの憧れに向かって共に進む。つまり、side by side ということは何かを見つめて一緒に進む。それぞれが夢を持って一緒に進むということです。

ですから side by side と face to face が一緒になれば完璧です。（ノートをとり終えたら）私の手を見てください。このような感じです。face to face で始まって、自然に side by side になります。これが理想です。これを守る。side by side ばかりだと進めなくなります。これ以上進めない。かえってバックするかもしれません。ですからこのようにカーブをとりながら face to face でありながらも side by side になればいいと思います。

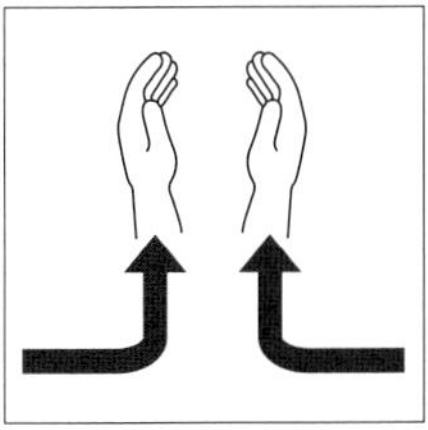

理想は、互いに憧れて、尚且つ何かに憧れて一緒に進むということ。言い換えれば、互いに見つめ合って尚且つ共に進むということです。あなたがあなただから愛している、と言えるためには、この face to face と side by side の状態であることが非常に望ましいのです。

愛は方向性

更に難しいけれども、似たようなことをガブリエル・マルセルが言っています。フランス人の実存哲学者で、何回も来日している方です。

〝愛は今の気持ちを調べること、今の気持ちを味わうことよりも、愛はある方向性です。〟

私はこの人にとってどのような存在なのか、そしてこの人は私にとってどのような存在なのでしょうかと自らに問うことは、今の愛を調べることです。皆よくすることですね。恋愛はしばしば不安と希望の両方を感じさせます。ですから今の状態を分析することはよくあることです。今この人にとって私はどのような存在なのか。私にとってこの人の存在とは何なのか、と今の状態を確かめるのです。愛は方向性です。つまり、私はこの人と一緒に何を求めるのか。私はこの人にとってどのような存在になりたいのか。この人は私にとってどのような存在であってほしいのか。二人で何を作り上げようとしているのか。それらに向かう方向性は愛です。もう一度言います。私はこの人のためにどのような存在になりたいのか。これは方向性です。この人は私にとってどのような存在になってほしいのか。二人の間の子供たちを育てる他に何を成し遂げたいのか。この与えられた命で何をしようとしているのか。二人の間にはこのような理想があると思います。何を求めて生きるのですか。その目的に向かっていく方向性は愛です。これはface to faceとside by sideと同様のことですね。はい。ではこの証は以上です。

愛する人の、自分のものにならない部分を大切にする

もう一つの証を考えましょう。これは私が時々引用するスペインの詩人のアントニオ・マチャド（Antonio Machado）が言っていることです。最初は理解しにくいかもしれませんが、後で分かるでしょう。

〝あなたが愛している人の、あなたのものにならない、ずっとあなたのものになり得ない部分を最も大事にしなさい。〟

まず、親子関係で考えてみましょう。あなたが結婚した時、披露宴でご両親に花束を渡しましたね。「長い間ありがとうございました」と挨拶して。お父さんは花束を受け取って、まさかこのようなことは言わなかったでしょう、

「これだけか。」（笑）

本当は言ってもいいですよ。「これだけか。」これだけでいいと思いますか？あなたが生まれる前からずっとそばにいて、これだけで「さようなら」と嫁いでしまう、本当に良いのですか？　でも「これだけか」とは言わないですよね。あなたが幸せになればそれでいいのですよ。なぜかというと、あなたが生まれる前からご両親が望んでいたことは、あなたを自分のものにすることではありません。ずっとあなた自身の、親のものになり得ない部分を最も大切にしてきたので、これだけかとは思わないです。何もなくていいのです。娘が幸せになればそれでいい。ですから、あなたは親のものにはならない。娘はならないけど孫がいる、それはそうですけど。結局、子供は親のものにならないのです。ご両親が自分たちのものになり得ない部分を一番大切にしてくださったので、皆さんは伸びやかに成長してこられたでしょう。それは親心です。あなた方の子供もいずれ

そうなるでしょう。

今度は、夫婦の例を考えてみましょう。夫は結婚すれば妻のその働きによって多くのものを得ていると気付きます。たとえば家事をしてくれますし、話し相手にもなってくれます。手伝ってほしい時は助けてくれるし、悩んでいる時には話を聞いてくれます。知り合いの前では、立ててもくれます。自分の子供の世話や教育も愛情をもってあたってくれています。それらは全て夫のものです。妻には、直接自分の利益になる部分がいっぱいあります。夫はそれを喜んでいただくのです。

ところが、妻には夫のものにはならないものもあります。たとえば、彼女の良い心、彼女の沈黙、彼女の夢、彼女の深い意味での趣味、彼女のキャリア、彼女の深い所にある自分。そのような最も大切な部分は夫のものにはなりません。彼女の本当の友達、それは彼女だけのものです。永遠に夫のものにはなりません。もし、夫が本当に自分の妻を愛しているなら、自分のものになり得ない部分を最も大切にして応援するはずです。逆に、夫が彼女を自分の幸せの手段に過ぎないように見ているなら、彼女の夢、その深さは自分のものにならないので、それらを尊重しないはずです。できればやめてくれよ、と言うでしょう。そのようなことです。ですから、自分のものになり得ない部分を一番大切にしましょう。そうすればあなたの愛は純粋なものになって清められるはずです。

知らずしらずのうちに、私たちは人を自分の幸せの手段にしがちです。そうではなく、相手の幸せは私の目的であるはずです。

忠実性

もう一つの愛の証は忠実性です。忠実であること。体にも表れる心の忠実性。心の忠実性です。イエス様は聖書で難しいことを言っています。男性が人の妻をみだらな目で見たら心の中で罪を犯したことになる。みだらな目とは何か、これは難しい、分かりにくいです。なぜなら、きれいな女性を見て、いいなと思うことは、ごく自然にあることですよ。それが罪だったら生きていられない（笑）。そうではないですね。では、みだらな目とは何ですか。いろいろな意見がありますが、相手に感じさせる目ですね。相手に知らせる。誘い。相手を見て、私としてはいつでもあなたを受け入れる準備ができていますよ、と思わせぶりな態度をとる。彼女にわかるように自分の望みを表す。口では言わずに目で。それはもう既に心の中で罪を犯したことになるのです。この場合、主人公になっているのは男性ですが、女性の場合もあります。ですから、体にも表れる心の忠実性。その人を魅力的に感じるのは仕方のないことです。その人に惹かれるのはやむを得ないこともあります。しかし火遊びをするのはいけないことです。その人のことばかり考えている、頭の中は彼のことでいっぱい、ということは微妙です。悪い意味で微妙。ただ、好きになったということは交通事故みたいなものです。当たり屋にならないようにしましょう（笑）。当たり屋のように計画的に振る舞うのはよくない。今の世の中では、テレビドラマや映画など、浮気が美化される傾向にあります。非常に美しく描かれています。でも、そのようなことは初めからしない方がいい。しない方がいいに決まっています。家庭を本当に大切にしているのなら忠実性を大切にすべきです。でも今の雰囲気は違う。流されるのです。皆がするならいいじゃないですか。それは違います。皆がするといっても、私は私。私はしない、と思うのがいいでしょう。

ですから、神に忠実であること。自分の心に忠実であること。そして自分の忠実を信じている人に対して忠実であること。自分の忠実を信じる人のために忠実であること。証はまだ沢山ありますが、最後にもう一つだけ。

感謝を抱く

最後の証。自ずと感謝を抱くこと。感謝しなければならないというよりも、自然に感じる。そのためには人の良い所を意識して見つけるべきです。私たちは悪い所に注目する傾向があります。そうではなくて、なるべく良い所を見るようにしましょう。悪い所を見ていればあまり感謝することはないでしょう。誰でも悪い所がありますから。どんなに優れた人であっても短所はあります。

たとえば私は昨日の説教でブラザー・エルナンデスについて話しました。その中で彼の良い所、素晴らしい所をいっぱい話しました。でも後で、冗談ですが、もしエルナンデスさんの悪い所を話したらひどい人だと思われるでしょう。彼でさえ短所はあるものです。でも、その短所をわざわざ知らせる必要は全くないのに、多くの人に話したら、私はもっと悪い人です。悪い所は誰にでもありますよ。私たちはその悪い所に注目するのであまり感謝しないのです。ところがその人の良い所を見れば、もう頭を垂れるばかりです。素晴らしいです。そのように人の良い所を見れば、おのずと感謝の気持ちが湧いてくると思います。

では、これで男女の愛の話を終えたいと思います。少し考えてみましょう。今話したことについて、皆さんまた後で考えるかもしれませんが、まだごはんが温かいうちに少し味わってみてください。

友情について

次のテーマは、友情についてです。愛には四つの種類があります。ストルゲー(家族愛)、エロスとアガペ、フィリアです。エロスは男女の愛、すでに話しました。フィリアというのは友情です。フィリアについて少し考えてみましょう。その前に聖書を読みたいと思います。ヨハネ15章12節から17節まで。はい、お願いします。

イエスはまことのぶどうの木：ヨハネによる福音書　15章12～17節

わたしがあなたがたを愛したように、互いに愛し合いなさい。これがわたしの掟である。友のために自分の命を捨てること、これ以上に大きな愛はない。わたしの命じることを行うならば、あなたがたはわたしの友である。もはや、わたしはあなたがたを僕《しもべ》とは呼ばない。僕《しもべ》は主人が何をしているか知らないからである。わたしはあなたがたを友と呼ぶ。父から聞いたことをすべてあなたがたに知らせたからである。あなたがたがわたしを選んだのではない。わたしがあなたがたを選んだ。あなたがたが出かけて行って実を結び、その実が残るようにと、また、わたしの名によって父に願うものは何でも与えられるようにと、わたしがあなたがたを任命したのである。互いに愛し合いなさい。これがわたしの命令である。


ありがとうございます。

イエス様はこのように言います。

「わたしはあなたがたを僕とは呼ばない、友と呼ぶ。」

友達。神様であるイエス・キリストと私たちの間柄は友情です。イエス様は私たちを友達と呼びます。「あなたがたはわたしを友達と呼びなさい」と。イエス様は旅の道、道の友なるイエスです。旅は人生の旅ですね。イエス様は旅の道。道の友なるイエス。旅の道というのは、どういう道を歩けばいいのかわからなくなった時、イエス様を見て、イエス様の道を歩めばいいのです。イエス様は道です。幸せにつながる道。苦しみを通っても、それは旅の道。ところが道であるだけではなく、その道を一緒に歩んでくださる友でもあります。道の友なるイエス。だから、イエス様のようにイエス様と共に生きる。友達であるイエス様は私たちに言います。

「わたしがあなたがたを愛したように、互いに愛し合いなさい。これがわたしの掟である。」わたしがあなたがたを愛したように。つまり友情で互いに愛し合いなさい。互いにいい友達でありなさい。

これがイエス様の唯一の掟です。

友情は人間関係の基本

つまり、友情はあらゆる人間関係の基本です。どのような意味でこのようなことを言うかというと、全ての愛は結局友情に繋がるのです。たとえば、あなたとあなたの旦那様、あなたとあなたの子供たち、彼らは結局良き友でもあるのです。もちろんそれだけではありませんが、基本は友情です。あなたと旦那様が喧嘩していても普段夫婦仲が良いことを子供たちが分かっていれば、彼らの目には両親が仲の良い友達に見えるはずです。これはとても良い褒め言葉です。仲の良い友達。もちろんそれだけではないと誰もが分かっていますが、結局は良い友達なのです。良い友達であればずっと仲良く生きて行けます。良い友達でなければなりません。

他の角度から同じことを言うと、これからご一緒に考える友情のおもな特徴は夫婦愛にも表れるはずです。友情の特徴は男女の愛にもあてはまります。家庭は友情の特徴を守らなければうまくいきません。友情の特徴は全ての愛にあてはまります。

友達になることは簡単ですが、友達でいることは難しいですね。友達でい続けるのは難しい。新しい友達を作ることは、今はちょっと難しくなったみたいですが、普通はそれほど難しいことではない。難しいのはその友達を大切にして失わないようにすること。これは難しい。人間は欠点だらけですから、自分にも相手にも欠点があります。その欠点がぶつかると嫌になることもあります。だから離れる。何回も離れるのです。その友達を、欠点のあるその友達を大切にして一緒にいることは難しいことです。

しかし、自分が良い友達であれば、それは難しくないはずです。自分が良い友達ではないので難しく感じるのです。

では、良い友達であるとはどのようなことでしょうか。それはひと言では言えないですね。でも、友情の特徴を言って、それを大体守る人は良い友達だと言えるでしょう。これから言う特徴を１００点満点で守る人はほとんどいないと思います。ですからバロメーターとして考えてみてください。この特徴はまぁまぁ守っています、これはあまり守れていません、というように。あまり守れていない時はちょっと注意して自分で改善した方がいい。では、バロメーターのようにこの特徴を見てみましょう。

友情は つかず離れず

良い友達であるための特徴。友情はつかず離れずというさっぱりとした人間関係です。たとえば、この学校の中学一、二年生に向かって話すとすれば、「つかず」という言葉を強調するでしょう。友情はつかずです。つまり精神的にべたべたしすぎないように。その年齢の女の子たちはそのような傾向があります。精神的にべたべたしがちです。

ところがその子供たちが高校三年生になった頃、また同じ話をするとすれば「離れず」を強調するでしょう。「離れず」にアクセント。というのは、高校三年生は間もなく卒業して空間的に互いに離れるのです。それまでは毎日何時間も一緒にいたのに急に離れるのです。でも空間的に離れたとしても、心は離れないというのが真の友達です。もちろん在学中ほど会う機会はなくなるでしょうし、その後もますます会う機会は減るでしょう。みなさん子供を持つと、友達と遊びに行く時間が非常に限られると言いますね。でも空間的には会えなくても心はいつも友達。これがいいと思います。

私も経験していますよ。たとえば、スペインにいる高校時代の友達ですが、この年齢になると亡くなってしまう人もいます。それでも、スペインに二週間くらい行く機会があると、その時は必ず彼らに会います。皆、とっても元気です。話題はおもに昔話ですね。昔話と近況。でも、共通の話題があまりないのです。私は日本にいる期間が長かったから。でもかけがえのない友達です。空間的には頻繁に会うことができないにもかかわらず心は離れない。いつだったか面白いことがありました。彼らと会う時は、いつも夕食を共にするのですが。彼らが結婚して30年くらい経った時、15人位集まった。その時は男ばかりだったのですね。幹事が説明したのですが、

「今年は男性だけで集まることにしました。だってハビは、(神父様のニックネームはハビ、ハビエルのハビ)司祭ですから結婚していないでしょう。私たちをうらやましいと思うかもしれない。だから男性だけにしました。」

すると一人が言いました。

「そりゃ違うよ。それは30年前のことだろう。今は彼がうらやましいよ。」(笑)

そのように、今30年経ってみたらハビは独身でうらやましいと。冗談でみんなワーッと笑った。皆夫婦とても仲が良かったけれど、本音でしょう。とにかくそ

の友達とは30年経った今でも友達ですね。文字通り、つかず離れずというさっぱりとした人間関係です。

私の父から聞いた言葉で言えば、

〝独りでいる喜びを奪わないで、一緒にいる喜びを感じさせる人〟

互いに独りでいる喜びを奪わずに、共にいる喜びを感じさせるのは本当の友情です。本当の愛ですね。これは夫婦愛にも親子関係にもあてはまる言葉です。独りでいる喜びがありますね。それを邪魔しない。

「ちょっと独りで散歩したいのですが。」

「なぜ独りで？　怒っているのですか？」

「怒ってないですよ。」

「頭が痛いのですか？」

「頭は痛くないです。」

「何か問題があるのですか？」

「問題ないです。」

ただ独りでいたいだけ。それを邪魔する人がいます。独りでいる自由を邪魔しないでください。放っておいてあげる。独りでいる喜びがあります。ところが、一緒にいる喜びをなんとなく感じさせる。空間的に独りでいても一緒にいる喜びを感じさせる。ですから、これは友情の特徴ですけれども、全ての愛にも言えることです。

では、ここまでにしましょう。もう一度聖書を読みましょう。ヨハネ15章12節から17節まで。はい、お願いします。

――――聖書の朗読――――

ありがとうございます。少し考えましょう。

実はこのテーマについては、みなさんよりも皆さんのお子さんたちの方が興味あると思います。若い人たちにとって友情はとても大切なテーマです。

では、アヴェ・マリアで終わりたいと思います。

† 「アヴェ・マリアの祈り」（480ページ）

お疲れ様でした。ありがとうございました。また来週どうぞ。

（２０１９年12月5日）

第12回　クリスマス

イエス・キリストの誕生　マタイによる福音書　1章18節～2章23節
イエスの誕生、羊飼いと天使　ルカによる福音書　2章1～21節

親の祈りを用意してください。それでは、親の祈りから始めたいと思います。

†『親の祈り』(482ページ)

おはようございます。少し早いけれどMerry Christmas!　クリスマスおめでとうございます。

今日はクリスマスについて考えましょう。もうみなさんご存知の話ですけれども、まず聖書を読みましょう。おもな登場人物はヨセフ様、マリア様、イエス様、天使、羊飼いそして動物。二か所あります。まず、マタイ。幼子イエスの話

を述べるのはマタイとルカだけです。マルコはストレートでキリストが大人になって洗礼を受ける所から始まります。ヨハネもそうです。ですからマタイとルカが書いたことをざっと読んで、それから考えましょう。マタイ1章18節から2章23節まで。長いけれど、味わって読みましょう。はい、お願いします。

イエス・キリストの誕生：マタイによる福音書　1章18〜24節

イエス・キリストの誕生の次第は次のようであった。母マリアはヨセフと婚約していたが、二人が一緒になる前に、聖霊によって身ごもっていることが明らかになった。夫ヨセフは正しい人であったので、マリアのことを表ざたにするのを望まず、ひそかに縁を切ろうと決心した。このように考えていると、主の天使が夢に現れて言った。「ダビデの子ヨセフ、恐れず妻マリアを迎え入れなさい。マリアの胎の子は聖霊によって宿ったのである。マリアは男の子を産む。その子をイエスと名付けなさい。この子は自分の民を罪から救うからである。」このすべてのことが起こったのは、主が預言者を通して言われていたことが実現するためであった。

「見よ、おとめが身ごもって男の子を産む。

その名はインマヌエルと呼ばれる。」

この名は、「神は我々と共におられる」という意味である。ヨセフは眠りから覚めると、主の天使が命じたとおり、妻を迎え入れ、男の子が生まれるまでマリアと関係することはなかった。そして、その子をイエスと名付けた。

占星術の学者たちが訪れる：マタイによる福音書　2章1～12節

イエスは、ヘロデ王の時代にユダヤのベツレヘムでお生まれになった。そのとき、占星術の学者たちが東の方からエルサレムに来て、言った。「ユダヤ人の王としてお生まれになった方は、どこにおられますか。わたしたちは東方でその方の星を見たので、拝みに来たのです。」これを聞いて、ヘロデ王は不安を抱いた。エルサレムの人々も皆、同様であった。王は民の祭司長たちや律法学者たちを皆集めて、メシアはどこに生まれることになっているのかと問いただした。彼らは言った。「ユダヤのベツレヘムです。預言者がこう書いています。
『ユダの地、ベツレヘムよ、
お前はユダの指導者たちの中で

決していちばん小さいものではない。

お前から指導者が現れ、
わたしの民イスラエルの牧者となるからである。』」

そこで、ヘロデは占星術の学者たちをひそかに呼び寄せ、星の現れた時期を確かめた。そして、「行って、その子のことを詳しく調べ、見つかったら知らせてくれ。わたしも行って拝もう」と言ってベツレヘムへ送り出した。彼らが王の言葉を聞いて出かけると、東方で見た星が先立って進み、ついに幼子のいる場所の上に止まった。学者たちはその星を見て喜びにあふれた。家に入ってみると、幼子は母マリアと共におられた。彼らはひれ伏して幼子を拝み、宝の箱を開けて、黄金、乳香、没薬を贈り物として捧げた。

ところが、「ヘロデのところへ帰るな」と夢でお告げがあったので、別の道を通って自分たちの国へ帰って行った。

エジプトに避難する：マタイによる福音書　2章13～15節

占星術の学者たちが帰って行くと、主の天使が夢でヨセフに現れて言った。「起きて、子供とその母親を連れて、エジプトに逃げ、わたしが告げるまで、そこにとどまっていなさい。ヘロデが、この子を探し出して殺そうとしている。」ヨセフは起きて、夜のうちに幼子とその母を連れてエジプトへ去り、ヘロデが死ぬまでそこにいた。それは、「わたしは、エジプトからわたしの子を呼び出した」と、主が預言者を通して言われていたことが実現するためであった。

ヘロデ、子供を皆殺しにする：マタイによる福音書 2章16～18節

さて、ヘロデは占星術の学者たちにだまされたと知って、大いに怒った。そして、人を送り、学者たちに確かめておいた時期に基づいて、ベツレヘムとその周辺一帯にいた二歳以下の男の子を、一人残らず殺させた。こうして、預言者エレミヤを通して言われていたことが実現した。

「ラマで声が聞こえた。
激しく嘆き悲しむ声だ。
ラケルは子供たちのことで泣き、
慰めてもらおうともしない、

子供たちがもういないから。」

エジプトから帰国する：マタイによる福音書　2章19〜23節

ヘロデが死ぬと、主の天使がエジプトにいるヨセフに夢で現れて、言った。「起きて、子供とその母親を連れ、イスラエルの地に行きなさい。この子の命をねらっていた者どもは、死んでしまった。」そこで、ヨセフは起きて、幼子とその母を連れて、イスラエルの地へ帰って来た。しかし、アルケラオが父ヘロデの跡を継いでユダヤを支配していると聞き、そこに行くことを恐れた。ところが、夢でお告げがあったので、ガリラヤ地方に引きこもり、ナザレという町に行って住んだ。「彼はナザレの人と呼ばれる」と預言者たちを通して言われていたことが実現するためであった。

ありがとうございます。ルカを読む前に少しコメントします。聖書にある幼子イエスのことは史実ですが、飾りや引用、シンボルが多いですね。聖書学者は幼子イエスについてあまり触れません。専門的に福音を勉強するにあたって、幼子イエスはあまり参考になりません。嘘だということではありません。事実です。そこには非常に重要なことが記されていますが、全てをそのまま信じるという訳ではありません。脚色されている部分が多いのです。

ところで、私が子供の頃、高校生の頃ですが、サンタクロースの話はスペインで聞いたことがありませんでした。サンタクロースの名も聞きません。日本に来て、あるいはアメリカに行って初めて知りました。私たちスペイン人にとっては、子供たちにプレゼントを持ってくるのは、この三人の博士（占星術の学者）でした。三人の博士がプレゼントを持ってくるのです。サンタクロースではありません。クリスマスツリーも私の子供のころにはなかった。見かけるようになったのは日本やアメリカでです。きれいですけれど、以前はありませんでした。馬小屋だけです。スペインでは、家で、家族みんなで馬小屋を作るのです。王様と星と、羊飼い……。それを作るのが楽しみ。クリスマスの歌など口ずさみながら……とても家庭的ですね。とても素朴なイベントです。そして、この三人の博士はプレゼントを持ってきますね。覚えていますか？　黄金、没薬、乳香。なんだか全然役に立たなさそう（笑）ですね。ミルクとかチーズとかパンを持ってきてくれればよかったのに……そうではなかったですね。でもそれは王様に捧げるプレゼントだったのです。王様に贈るプレゼント。つまり、王として認めるということだったのです。そしてまた、彼らは外国人ですね。キリストを受け入れる人はイスラエルの人だけでなく、外国人もです。イエス様は外国人を受け入れたのです。

もう一つ読みましょう。今度はルカ。ルカは実際にマリア様に会ったことがある人です。ですからマリア様からいろいろなことを直接聞いてここに記したことと思います。ルカ2章1節から21節まで。はい、お願いします。

イエスの誕生：ルカによる福音書　2章1～7節

そのころ、皇帝アウグストゥスから全領土の住民に、登録をせよとの勅令が出た。これは、キリニウスがシリア州の総督であったときに行われた最初の住民登録である。人々は皆、登録するためにおのおの自分の町へ旅立った。ヨセフもダビデの家に属し、その血筋であったので、ガリラヤの町ナザレから、ユダヤのベツレへムというダビデの町へ上って行った。身ごもっていた、いいなずけのマリアと一緒に登録するためである。ところが、彼らがベツレヘムにいるうちに、マリアは月が満ちて、初めての子を産み、布にくるんで飼い葉桶に寝かせた。宿屋には彼らの泊まる場所がなかったからである。

羊飼いと天使：ルカによる福音書　2章8～21節

その地方で羊飼いたちが野宿をしながら、夜通し羊の群れの番をしていた。すると、主の天使が近づき、主の栄光が周りを照らしたので、彼らは非常に恐れた。天使は言った。「恐れるな。わたしは、民全体に与えられる大きな喜びを告げる。今日ダビデの町で、あなたがたのために救い主がお生まれになった。この方こそ主メシアである。あなたがたは、布にくるまって飼い葉桶の中に寝ている乳飲み子を見つけるであろう。これがあなたがたへのしるしである。」

すると、突然、この天使に天の大軍が加わり、神を賛美して言った。

「いと高きところには栄光、神にあれ、
地には平和、御心に適う人にあれ。」

天使たちが離れて天に去ったとき、羊飼いたちは、「さあ、ベツレヘムへ行こう。主が知らせてくださったその出来事を見ようではないか」と話し合った。そして急いで行って、マリアとヨセフ、また飼い葉桶に寝かせてある乳飲み子を探し当てた。その光景を見て、羊飼いたちは、この幼子について天使が話してくれたことを人々に知らせた。聞いた者は皆、羊飼いたちの話を不思議に思った。しかし、マリアはこれらの出来事をすべて心に納めて、思い巡らしていた。羊飼いたちは、見聞きしたことがすべて天使の話したとおりだったので、神をあがめ、賛美しながら帰って行った。

八日たって割礼の日を迎えたとき、幼子はイエスと名付けられた。これは、胎内に宿る前に天使から示された名である。

ありがとうございます。まずヨセフ様について考えましょう。

神さまとのコミュニケーションが豊かなヨセフ様

みなさんは女性ですが男性のヨセフ様からも親として学ぶことがあるでしょ

う。一つは、ヨセフ様は神様とのコミュニケーションが豊かだったということです。神様はヨセフ様の夢に何度も現れました。必ずしも夢だったとは言えませんが、神様の言葉を受け入れています。頻繁に神様とコンタクト、コミュニケーションを取っています。そしていろいろ指示されています。ああしなさい、こうしなさい、これをやめなさい……と。難しいことも言われます。エジプトに行きなさい。エジプトに行くのはここ（四ツ谷）から四ッ谷三丁目に行くのとは違いますよ（笑）。エジプトは遠いですよ。子供が小さい（イエス様は生まれてまだ間がありませんでした）のに。でもすぐに行くのですね。言われたらすぐに行く。辛いこと、あるいは信じ難いことも言われています。あなたの婚約者は聖霊によって身ごもっていると。これは信じ難いですね。彼は裏切られたと思ったでしょう。当時、ユダヤの国では、婚約している夫婦は子供を作ってもいいことになっていました。一緒に暮らしていなかったにもかかわらず、子供を作ってもよかった。だからマリア様の妊娠は目立ちました。人々から見れば、それがヨセフの子だということは疑う余地はなかった。普通、それは全然問題ないですね。とところがヨセフ様は「私じゃなかった」。裏切られたと思ったでしょうね。すると神様は、「マリアを信じて受け入れなさい」と。聖霊によって身ごもったということを信じるのは難しいですね。でもヨセフ様は信じました。そして、言われたことを、すぐに実行したのです。

私たちも、もっと神様とコンタクトをとらなければなりません。神様をあまり信じていない人もいらっしゃると思います。また信じているけれど、話し合えるほど親しくない、という人もいらっしゃるでしょう。もし、それほど縁がないと思っていたなら、何度も言うように、奥深い所の自分とよく話してみてください。神様と話すのが難しいと思うのなら、奥深い所の自分と話してみてください。この深い所の自分が、あなたに愛するという神秘を教えてくれます。具体的に愛するという神秘を教えてくれるのです。愛することはわかりにくいですね、理論的にも。そしてまた具体的に、私は今どうすればいいのか、例えば、この子をビシビシとお仕置きした方がいいのか、それともゆるしてあげた方がいいのか。そのように、いろいろなことが判断しにくいですね。両方ともいいように思うのですが、一つしか選べないとしたら、やはりこの深い所の自分、神様とよく話せば分かるはずです。

それと、充実した沈黙、これが足りないです。充実した沈黙。ただ黙っている時間は長いです。寝ている時を除いて、黙っている時間が長くあるにもかかわらず、ただ安易なことばかり考えて充実した沈黙にはなっていないでしょう。愛したい自分と話すこと、本当の自分と仲良く話すことは、充実した沈黙です。そこから本当の言葉が出てきます。いつか言ったように、ある寮生たちが作った寮祭のメインテーマ「饒舌より沈黙へ、沈黙から言葉を」。寮生たちはよくしゃべるのですね。ですから「饒舌より沈黙へ、沈黙から言葉を」。彼らは言いました。「よくしゃべっているけれど、でも友達になれない」と。それは沈黙が足りないのです。黙っている時間を増やすのではなく、深い自分とゆっくりと時間をかけて話す。その沈黙から言葉は出ます。本当の言葉が出る。饒舌より沈黙へ、沈黙から言葉を引き出して友達になろうというのです。

深い所の自分と話せば人に対して、特に現在問題になっている人に対して、その人がいかに大切かということがよく分かります。今憎いと思っている人が実は非常に大切な人だということが分かります。そしてまた、その人の立場からも物事を考えることができます。その人の立場から物事を見ることもできます。そしてまた、その人の良い所も分かります。そしてその人と本当の意味での仲直りをすることができます。更なる心のふれあいをも深く望むことができます。ですから、深い所の自分と話せばこのような結果がもたらされるのです。相手の立場から物事を見たり考えたりできる、相手の大切さが分かる、友情がより深くなる、ことなどです。

でも、どのように、あるいはどういう風に深い所の自分と話すことができるのでしょうか。深い所の自分とどのように話せば良いのでしょう。深い所の自分は愛したい自分です。ですから、人を大切に考えてその人の立場から物事を見る、その人との仲直りを深く望んでその人の良い所を見る、このようなこと自体深い所の自分と話すことになるのです。深い所の自分と話すとは、考えて感じることそのものです。そのことを感じる時、あなたは既に深い所の自分と話していま す。神様と話しています。ですから相手の立場から物事を考える、相手の良さを考える、その原因であり結果は、深い所の自分と話せばより深まることになります。そのことを、ん〜ちょっと複雑になってきました。そのようなことを実践することが深い自分と話すこととなります。充実した沈黙になるのです。深い自分と話せば、結果はより深まり、より大切に感じることができるでしょう。

また、何かを決める時は、ヨセフ様のように神様と話して決めるのがいいですね。ここに神様は「エジプトに逃げなさい」と言われた、とあります。これは容易なことではありませんね。ヨセフ様は非常に悩んだことでしょう。ヘロデはこの子を殺すと言っている。どうしようか……。エジプトに行こうか、それとももっといい方法があるだろうか……と決断しかねている時、神様と話すと、神様はエジプトに行きなさいと答えられたのです。ですから、悩んで戸惑っていて何かを決断しなければならない時には、神様とコミュニケーションを取って話してみるのがいいです。

正しさと心の温かさのあるヨセフ様

もう一つのヨセフ様の良いところは、正しさだけではなく、心の温かさもあるということです。彼は自分の妻に裏切られたと思ったでしょう。根拠は十分ありましたから。だから、怒って皆の前で「この女性は私に本当にひどいことをしたのです」と言ってもよかったのですが、マリア様を気の毒に思って、表沙汰にはせず離縁状を出して別れようとしました。ヨセフ様は正しい人でしたから、律法を守ってマリア様を追い出さなければなりませんでした。彼は非常に悩みながら律法に従いました。彼女を愛していたので、葛藤に苦しんだと思います。でも、正しさだけでなく心の温かさも持ち併せていたので、頑なに律法を守るのではなく、マリア様を傷つけないよう別れることにしたのです。そうすれば、彼女を守ってあげられると思ったのですね。これは心の温かさです。

私の好きなアルベルト・カミュの言葉に、こうあります。

〝正義には正しさと共に心の温かさも含まれるはずである。しかし、人間は正

しさだけを選んで、心の温かさを忘れてきたので、正義の名前で非常に不正で許せないことをやり続けてきたのである。〃

ここでアルベルト・カミュが言っていることの例は、戦争、死刑制度、その二つです。確かに正しいかもしれません。でも心の温かさはありません。よって非常に不正で不当でゆるせないことです。では、スケールを小さくして、私たちの喧嘩、教育の仕方について考えると、正しさを選んで心の温かさを忘れたら、それこそ非常に不正なことです。私は正しい、あなたは正しくない。私は上、あなたは下、だからあなたは私の言う通りにしなさいということになります。そう思っている人は反省した方がいい。あなたには正しさはあるかもしれませんが、心の温かさはありません。冷たい正しさだけです。冷たい正しさは不正ですよ。心の温かさを忘れてはいけません。心の温かさのない正義はあり得ない。それは正義ではない。そうかといって相手を甘やかすということではありません。心の温かさ、優しさをもって判断しなければならないのです。

またいつか言ったように、スペインの諺です。

〝はちみつの一滴は酢の一瓶よりも効果的である。〟

これは冷たい正しさで決めつけるより、むしろ一滴のはちみつ、ちょっとした優しさの方が伝わる、ということです。皆さんは親として、腹の立つことが多いでしょう。「もう何度も同じことを言っているのに、誰もいうことを聞いてくれない、まったくもう」と、そのような気持ちはよく分かります。あなたは正しい。でも心はどうですか。腹が立っていても、心の温かさを忘れないようにしましょう。ときどき忘れますね。結局人間の心を動かすものは愛です。正しさより優しさです。

あなたが話をしている時、相手は下の立場で、あなたは上の立場であることがあります。そのような経験があるでしょう。例えば、自分の子供たちは下です。旦那様は……実は下でしょう（笑）。面目的には上とされているけれど、実は下（笑）。いつかパパの広場で、雑談ですが、私が

「旦那様は威張らないで、奥様たちと対等に接してください」とそのようなことを言ったら、その後のグループ・ディスカッションで、「問題は妻を私たちのレベルまでどうやって下げるか、だな」これが問題だと（笑）。自分の方が低いと思っている。どうやって降ろせばいいのかと。

たとえば子供に対して、あるいは友達に対して、あなたの方が上であるとします。上の立場であることの方が多いでしょう。その時には心の温かさを忘れないでくださいね。あなたは上ですから正しいことを言います。正当なことを言っているでしょう。でも心の温かさは足りないかもしれない。それならあなたは不正です。

目立たない余裕のあるヨセフ様

もう一つのヨセフ様の良い所は、目立たない余裕がある。目立たない余裕。全然表に出てきません。ほとんど出てこないのですね。イエス様が大きくなると、ヨセフ様はほとんど登場しません。いいですよ、目立たなくて。マリア様とイエス様が目立っていればそれで良い。ヨセフ様は縁の下の力持ちですよ。彼は、居る時にはあまりパッとしませんが、居なくなるとさみしい。このような人の価値は、不在で感じられます。大切な人の価値は不在で感じられる。居なくなるといかに大切だったかが分かります。

あと協力する時。協力する時は皆でするので、個人は目立たないのですね。私たちはやはり目立ちたがりますね。皆で何か物事に当たる時、私の力でうまくいった、そう思いたい。そうではなく、みんなの協力で、というのがいいです。謙遜だから目立たないようにする。それで頑張る。これがいいです。でも中には臆病だから目立ちたくない人もいますね。臆病だから遠慮しすぎて目立たないようにする、いつも遠慮して知らない顔して、というのは好ましくない。出る杭は打たれるという不安から何も言わない時があります。打たれないように何も言わない。いじめられている人がいた場合、本当は言うべきなのに言わないままでいたら、いじめられている人はずっといじめられっぱなしですよ。声を上げれば困っている人が助かるのに、言わない。あなたが言ってくれれば、私は言わないで済む。私は手を汚したくない、言うのがちょっと怖い。面倒くさい。何事も目立たない方がいいと思って何もしない。これは謙遜ではなくてただの臆病です。出る杭は打たれる。確かにそうですけれど。

学生から聞いたことですけれど、出ない杭は腐る。いつも目立たないように打たれないようにしていると、自分が自分でなくなるのですね。八方美人になります。人の目に左右された自分になります。それは謙遜ではなくて臆病です。ですから、目立たない杭は腐る。

また、思い切って出る杭は打たれない。これは微妙です。イエス様は思い切って出たために、酷い仕打ちを受けました。殺されるまで打たれました。ところが心は打たれなかった。信念は打たれなかった。自分が本当に求めていたものは奪われなかった。中途半端でなく思い切って出る。

ヨセフ様には目立たない余裕があった。そして目立つ勇気もありました。その上リーダーシップをとる勇気もありました。

すべてを信じて神にゆだねるマリア様

では、今度はマリア様について。マリア様も難しいことを頼まれました。そしてマリア様にも分かりにくいことがいっぱいあったのです。

「あなたは男の子を産む。」

「わたしは男の人を知りませんのに」

「聖霊が（あなたに降り）。」

天使にこのように言われて信じましたね。よく信じることができましたね。そして自分を委ねました。

「お言葉通りになりますように。」

理由を尋ねることなく、全てを信じて神様に委ねました。ところが、委ねても理解しにくいことが多かった。聖霊のこともそうです。そしてなぜ自分の子供がイエス、救い主メシアなのか。そうかと思えば、メシアなのに粗末な飼い葉桶に寝かせなければならなかったですね。どうしてでしょう。偉い方だったら広くて豪華な場所でお休みになるのではないですか。どうしてこのようなことになったのでしょう。天使が言うことも分かりにくいです。エジプトに逃げて、お告げがあるまでとどまっていなさい、とか。いろいろと理解できないことが多かったですよ。でも、その時にマリア様はどうしたかというと、心に受け入れて思い巡らしていました。

リルケは、こう言っています。

〝重大な質問に対する返事がわからなかったら、その問題を捨てないで。いつかその返事がわかるかもしれない。〟

ですから、たとえ重大な問題に対する返事が今できなくても、回答がないからといって質問を捨ててしまうことはありません。その質問は保留にしておく。いつか自分なりにその答えが分かる時が来るでしょう。マリア様はそのようにされたのです。これは分からない、すぐには分からないとしても、思い巡らして、待ってみましょう。いつか分かる時が来ます。

黙って心に受け入れ思い巡らすマリア様

もう一つの提案は、黙って心に受け入れ思い巡らす。みなさんはよくしゃべるでしょう。女性がおしゃべりだということは有名です。それはそれでいい。それは問題ない。ただ、人に対して何か文句を言う時、不満を言う時、厳しいことを言う、また怒る時には、その前に少し沈黙した方がいいですね。すぐかっとして文句を言わない。すぐ批判しない。少し黙って冷静になって考えてみてください。

スペインの諺ですけれども、

〝あなたは黙っている時の方がかわいい。黙っている時にはもっときれい、もっとハンサムです。〟

ですから、あまり急いで口に出さない方がいい。よく思い巡らしてから言った方がいい。すぐ言うと……。言葉はあなたのものでなくなるのです。沈黙はあなたのものであり、みんなのものです。守るべき沈黙を守りましょう。いつも黙っているのではなく、言うべき時には言う。でもよく考えた上で言ってください。自分を省みて、いろいろな反論があることも想定して。私はこの人に対して文句を言うけれど、本当に根拠があるかな、と。相手の立場からも物事をよく見て、よく思い巡らしてから話してください。

天使、羊飼い、動物たち

そして、天使たちが現れるのですね。いと高きところには栄光、神にあれ、今日ダビデの町で、救い主がお生まれになった……。天使は預言者のシンボルです。預言者はメシアがお生まれになったことをアナウンスしたのですね。それに、羊飼いは、弟子たちと私たちのシンボルです。弟子や羊飼いたちが何をしたかというと、天使の言葉を聞いて飼い葉桶に眠るイエス様に会いに行きました。「天使が伝えたことが、実現されました。」天使が言われたことと事実が合っていました。だから信じたのです。弟子たちも同様に信じました。旧約聖書に書かれていた通り、預言者たちがメシアについて語ったことが実現された、一致している、とイエス様を見た時に分かったのです。ですから、羊飼いたちは弟子たちのシンボルであり、私たちのシンボルです。預言者たちの言葉を通じて、羊飼いや弟子たちがイエス様が救い主であると知ったように、現代を生きる私たちも聖書によってイエス様を知り、同じように従っているのです。

そして動物たちです。飼い葉桶ですから周りには動物がいたはずですね。ですからイエス様が生まれて初めて感じた匂いは動物の匂いです。草の匂い、自然の匂いを感じたでしょう。お父さんとお母さんを除けば、最初にイエス・キリストを受け入れたのは自然です。その小さな鼻で感じた最初の匂いは牛の匂い、干し草の匂い。自然はキリストを受け入れ、キリストは自然を受け入れました。私たちももっともっと自然を大切にしなければなりません。

とにかく、Merry Christmas! クリスマスおめでとうございます。これで今年は終わりますけれど、来年もまた楽しくやりましょう。お疲れ様でした。ありがとうございました。では、アヴェ・マリアで終わりたいと思います。

✝「アヴェ・マリアの祈り」（480ページ）

ありがとうございました。

（2019年12月12日）

第13回　キリストの洗礼

イエス、洗礼を受ける　マタイによる福音書　3章13～17節

それでは、主の祈りで始めたいと思います。

†『主の祈り』（479ページ）

あけましておめでとうございます。今年もよろしくお願い申し上げます。今日は来られないお母さんが多いらしいけれど、量より質でいきましょう（笑）。ではまず、4Sについて。これは少し話したことがありますね。イエス・キリストを知る、好きになる、従う、知らせる。では、この4Sと日常生活との関わりについて話したいと思います。メインテーマはキリストの洗礼についてです。まず、読んでいただきましょう。マタイ3章13節から17節まで。はい、お願いし

ます。

イエス、洗礼を受ける：マタイによる福音書　3章13～17節

そのとき、イエスが、ガリラヤからヨルダン川のヨハネのところへ来られた。彼から洗礼を受けるためである。ところが、ヨハネは、それを思いとどまらせようとして言った。「わたしこそ、あなたから洗礼を受けるべきなのに、あなたが、わたしのところへ来られたのですか。」しかし、イエスはお答えになった。「今は、止めないでほしい。正しいことをすべて行うのは、我々にふさわしいことです。」そこで、ヨハネはイエスの言われるとおりにした。イエスは洗礼を受けると、すぐ水の中から上がられた。そのとき、天がイエスに向かって開いた。イエスは、神の霊が鳩のように御自分の上に降って来るのを御覧になった。そのとき、「これはわたしの愛する子、わたしの心に適う者」と言う声が、天から聞こえた。

ありがとうございます。ではまず、洗礼者ヨハネとイエス・キリストの洗礼の違いについて簡単に考えてみましょう。

洗礼者ヨハネの洗礼

洗礼者ヨハネの洗礼は悔い改めの洗礼でした。改心するための洗礼で、水がその印です。悔い改めは心を清めます。心が清められた印として水が流されます。一日も早く救い主が来られるのを待ち望み、イスラエルの民に洗礼を授け、清めていました。民を清めることでメシアを受け入れるのにふさわしい国をつくるためです。改心の洗礼です。ここで確認ですが、メシアというのは日本語で言う救い主の意味です。預言されていた救い主のことです。そのメシアのことを、ギリシア語ではキリストと言います。キリストはメシア。そのメシアを迎えるために洗礼を授けていたのです。これは神を信じていなくても、私たちにあてはまる洗礼の意味です。

この悔い改めの洗礼には意味があります。反省することです。我に返ること。では、日常生活において、反省する、悔い改めるということについて考えてみましょう。今はまだお正月が終わったばかりですから、去年の記憶に新しいでしょう。ですから、おもな仕事、人間関係において喜んで関わっていたかどうか、振り返ってみましょう。そして、始まったばかりのこの令和二年は「何事も喜んでする」ことを目標に臨めばいいと思います。反省と決心ですね。

喜んでする。ここで言う喜びとは地味で深い喜びのことです。朝から晩まで笑いが止まらない、という喜びではありません。言い換えれば、心が望む喜び、心を満たす喜びで、心から湧き出る喜びのことです。このような喜びをもって何事も行うようにすればいいと思います。

ところがこの喜びは、努力して得られるものではありません。その喜びの根拠を心から引き出すことが必要だからです。それこそ心のティースプーンで、もともとあった喜びの根拠を混ぜ合わせて、生き方に溢れ出るようにするのです。この喜びを引き出せるようにしましょう。

また、一生懸命することより喜んでした方がいいと思います。一生懸命していても喜んでしていないかもしれません。思い出しましょう。マルタとマリアの出来事（ルカ10・38—42）がありましたね。思い出しましたか。（「第5回 喜んで生きる2」をご覧ください）

イエス様はどうして洗礼を受けられたのか

イエス様は洗礼者ヨハネから洗礼を受けました。今、朗読された通りですね。では、質問。なぜ、何のために洗礼を受けたのでしょう。これには二通りの答えがあります。イエス様がご自分がメシアだと知っていたかどうかによります。

知らなかったとしたら、人々と同じように心を清めるため、メシアが来る日のために洗礼を受けられたはずです。しかしそうではなく、イエス・キリストが既にご自分をメシアだと知っていたとしたら、なぜ洗礼を受けられたのでしょう。演技だったのでしょうか。だって清める必要はないじゃないですか。神だったら清める必要はありません。イエス様は演技で洗礼を受けられたのですか。いいえ、そうではありません、もしご自分がメシアだと知っていたなら、皆に合わせるためでしょう。自分だけが特別なのではなく皆に合わせるためです。これも学びましょう。

たとえば、このような出来事がありました(1)。ガリラヤ湖のほとりの一番大きな町はカファルナウムです。イエス様はペトロと共にそこに住んでいました。ある時、神殿の税金を集める人たちがやって来て、ペトロに向かって言いました。

「あなたたちの先生は神殿税を納めないのか。」

ペトロは、

「納めます。」

するとイエス様はペトロを呼んで、

「地上の王は、税や貢ぎ物をだれから取り立てるのか。自分の子供たちからか。それともほかの人々からか」と言われました。

ペトロが「ほかの人々からです」と答えるとイエス様は言われました。

「では、子供たちは納めなくてよいわけだ」と。

旅館の主人が自分の息子からお金、宿代をもらうわけはないでしょう。これと同じですね。でも、徴税人をつまずかせないように、悪い手本を見せないように税金を納める、と言われたのです。これも皆に合わせたのです。このことを学びましょう。

ところが、微妙な部分もあります。妥協しないで合わせる。これが難しい。皆にいつも合わせるのだったら結局妥協です。悪いことには合わせてはいけません。でも悪いことでない限り、なるべく人に合わせるという柔軟性を持つといいですね。ただ、柔軟性と妥協との組み合わせは難しいと思います。妥協しやすい人は自己弁明で、妥協を柔軟性と呼びたがります。ですから、妥協しやすい人は「私は妥協する人だ」と認めたくないので、私の妥協とは柔軟性だと言いたがるのです。自己弁明で。逆に言えば、固くてまっすぐの、ちょっと頭のいい人は、

「もっと柔軟性を、しなやかな態度を取りなさい」

と言うと、これもまた自己弁明で、

「いや、私は妥協しない人間です」と。

ですから、固くて頑固な人は、自己弁明で、柔軟性を妥協と呼びたがります。

微妙ですね。

「もっと柔軟性があればいい」

と言われると、

「いや、私は妥協しない人間だから。」

「妥協しなさいと言っているのではないのですよ。もうちょっと柔軟性のある態度をと言っているのです。」

「いや……」

自己弁明、自己弁護。

ですから難しいことですが、なるべく人に合わせるようにしましょう。八方美人になるのではなく。――八方美人が皆に合わせるのは、よく思われるためです。そうではなく、心の触れ合いを求めて合わせるようにしましょう。

イエス・キリストがご自分をメシアだと認識していたとすると、皆に合わせるために洗礼を受けたと言えるでしょう。

では、もう一つの可能性として、イエス・キリストは自分がメシアだとは、知らなかった、という解釈があります。結局、誰も知らないことです。ですから推測で、二つの可能性がありますが、どちらが正しいということは誰にも分かりません。なぜなら、聖書にもそのあたりのことは書かれていませんし、神が人間であり、人間が神であることは私たちにはピンときませんね。イエス様の中で何が起こっていたのか、どのように考えられていたのか、何をされていたのか、手がかりがありませんから。

それでも、このような可能性があります。イエス様は小さい頃から神様との一致を深く感じておられた、という説です。12歳の時点で既に神様との価値観はぴったり合っていました。生き方と価値観が合致していたことに気付いていらしたはずです。洗礼を受けた時、16節にあるように、天がイエスに向かって開いた、とあります。そして聖霊が鳩のように御自分の上に降ってくるのを御覧になった、と。見たのですね。そして天からの声が聞こえた。その声「あなたはわたしの愛する子、わたしの心に適う者。」これはメシアのことです。ですから、洗礼を受けられた時イエス様は分かったはずです。それまでは一体感を感じていたにもかかわらず、自分がメシアだとは分からなかった。このような説ですね。ですから、イエス様の人生で、洗礼を受けられたことが転機となったのです。その時イエス様の人生が変わりました。その時からご自分がメシアであると自覚して、メシアとしての活動を始められたのです。という訳で、私はこの二つ目の説の方が好きです。キリストは徐々に状況を把握し、洗礼を受けられた時、理解するに至りました。そして認識された、というものです。

洗礼者ヨハネの洗礼とキリストの洗礼

もう少し、ヨハネの洗礼とキリストの洗礼の違いについて考えてみましょう。イエス様は洗礼者ヨハネから洗礼を受けられました。そして同じように洗礼を授けました。ヨルダン川の更に先で、洗礼者ヨハネがしていたように。ですから、イエス様が授けた洗礼は、キリストの洗礼ではなく、悔い改めの洗礼でした。

では、キリストの洗礼についてですが、キリストの洗礼は、神がゆるしてくださることです。つまり、もう何もなかったことにしましょう、と再び受け入れてくださることです。この悪い行いをした私を再び受け入れてくださるということで、直らない欠点をも受け入れてくださるということです。また、自分の子供として受け入れ、抱きしめてくださることです。このゆるす、受け入れる、抱きしめる、という三つの動詞がキリストの洗礼がもたらすものです。

洗礼者ヨハネの悔い改めの洗礼は、その状態自体を願い求めます。でもその願いに神様が「はい、ゆるしてあげる。受け入れてあげる。抱きしめてあげる」と応えられることは、つまり恵みをいただくということです。そしてその恵みをもたらすものが、イエス・キリストの洗礼。聖霊の洗礼ということです。ここは非常に難しいところです。分かりにくいですね。なぜ、聖霊の洗礼というのでしょう。イエス様の死後、聖霊が活動を始めます。聖霊は私たちに、恵みをもたらします。ゆるす、受け入れる、抱きしめる、というこの恵みを獲得するのはイエス様です。そしてその恵みを、私たちの心にもたらし、感じさせてくださるのが聖霊です。ですから、聖霊の洗礼と言うのです。この恵みはグラチアと言います。グラチア gracia、専門用語。grace、英語で grace です。

イエス様は洗礼者ヨハネの悔い改めの洗礼を授けていましたが、ご自分の、キリストの洗礼を授けたことはありません。それは私たちに任せてくださったのです。パンが足りず、食べ物がなかった時、弟子たちが群衆を解散させましょう、と言ったことがありました(2)。しかしイエス様は「行かせることはない。あなたがたが彼らに食べる物を与えなさい」と言われました。この意味ですね。イエス・キリストご自身は聖霊による洗礼を授けませんでしたが、代わりに私たちにさせたのです。わたしが得たその洗礼の恵みを皆に与えてください、と弟子たちや私たちに任せられたのです。

私たちは洗礼を受ける時、キリストの恵み、グラチアをいただきます。ところが、キリスト教の洗礼を受けていない人は多いですね。どうなっているのでしょう。日本では2%くらいしか洗礼を受けていません。残り98%の人は救われないのですか。とんでもない話です。ある神学者が言いました。

〝神様は秘蹟に縛られません。〟

これは、他の方法で同じ恵みを与えることができますよ、でもできることなら洗礼を受けてくださいね、ということです。いろいろ難しいですね。でも気にしないでください。他の方法であなたはゆるされ、受け入れられ、抱きしめられることになるのですから。

イエス様が言われたことですが、

「わたしの羊たちはわたしの囲いの中に入っています。」(3)

その囲いは教会と言っていいですね。建物自体ではなく、キリストに従う人たちの中、という意味です。ところが、

「囲いの外にもわたしの羊がいます。」

囲いの外。つまり洗礼を受けていない人を指しています。洗礼を受けたら囲いに入ります。洗礼を受けていないので囲いに入ってはいません。「わたしの羊もいます。」これはどのような羊でしょう? イエス様の声を聞く人は洗礼を受けていなくてもイエス様の羊です。今、道行く人に向かって
「あなたはキリストの声を聞きましたか?」と尋ねれば、

「聞いたことないね。関係ない。冗談きついよ。」

と答えるでしょう。そうではなくて、心の声を聞くことはイエス様の声を聞くことになります。良心の声に聞き従う人はイエス・キリストの声に従うことになるのです。

逆に言えば、洗礼を受けて囲いに入っていても、心の声を聞かなければあなたはキリストの羊ではないことになります。キリストの羊になるということは、囲いの中にいるか、外にいるかということではなく、また受洗という形でもなく、キリストのようにキリストと共に生きる、ということです。キリストを知らなくても良心に従っていれば結局キリストのようにキリストと共に生きることとなるのです。でもできることなら囲いに入った方がいいですね。囲いに入れば、更なる助けや励ましを得て、イエス様の声や良心の声がより一層聞きやすくなるでしょう。できるなら囲いに入った方がいいです。でもいろいろと難しいでしょうから、そこは気にしないでください。囲いの外で心に忠実に生きるようにしましょう。

洗礼を受けられてからのイエス様

では、ここまでその二つの洗礼の違いについて話しました。今度はイエスの洗礼に注目してみましょう。イエス様は洗礼を受けられる前はどのような生き方をされていたのでしょう。聖書には何も書いてありませんね。だから、これもまた推測に過ぎないのですが。でも、洗礼を受けられてからイエス様の人生は預言者イザヤが書いたこの言葉に表れています。その言葉です。

「傷ついた葦を折ることなく
暗くなってゆく灯心を消すことなく
裁きを導き出して、確かなものとする。」（イザヤ書42・3）

難しいですね。傷ついた葦を折らず、葦、植物ですね。くすぶる灯心を消さない。

ですから、弱くなったものを切り捨てずに、生かしてみる。癒やして生かしてみる。ろうそくの芯がもうくすぶっている、そろそろ消えそう。このろうそくを捨てて新しいものに替えましょう。いや、もう一度燃えるようになんとかして最後まで大事に使いましょう。この言葉は、預言者イザヤに言わせれば、メシアの生き方を表しています。傷ついた葦を折らず、くすぶる灯心を消さない。この生き方をイエス様は洗礼を受けられる前からされていたはずです。まさか洗礼を受けた時にガラッと変わってこの時初めて気付いた、ということはないはずです。ただこの時に改めて認識されたのです。そして、その力と使命感を感じられました。天職であると。わたしの使命は人を癒すことだと。おもに弱い立場に置かれている人を癒し、生かし、立て、救うこと。このような生き方をされていたことでしょう。

もう一つ。イエス様は神様とのコミュニケーションを豊かにとられていました。神様とのコミュニケーションとは、つまり祈りですね。神様と一緒に話す。とても親しく話されて、祈る必要性と喜びを感じられていたはずです。ですから、神とのコミュニケーション、神との一致を深く感じられて。昔からその気持ちがあったと思います。メシアだと、神の子だと神様から言われた時、更に自覚され、そのメシアとしての使命を始められたのです。

では、このミッションを受け入れられたイエス・キリストは洗礼の後、何をなさったのでしょう。それは憐れむことです。イエス様はとても憐れみ深い人でした。憐れみということは虚しい同情ではありません。例えば、善いサマリア人のたとえ話があります（第8回参照）。サマリア人は道に横たわっていた怪我人を見て、憐れに思い、近寄って傷に油とぶどう酒を注ぎ、包帯をして、ろばに乗せました。そして宿屋に連れて行ってそこで介抱しました。つまり行いを含むのです。憐れみは行いを含みます。ただ可哀想、あぁ可哀想と思うだけでは、たとえ話の一人目と二人目の人と同じですね。彼らも可哀想と思ったでしょう。追い剥ぎに襲われたのですね。そう思いながらも何もしなかった。それは憐れみではなく、虚しい同情にすぎません。イエス・キリストはご自分の人生を善いサマリア人のように歩まれたのです。

憐れみの例をもう一つ。ナインのお母さんの話です(4)。ナインという町にやもめの母親がいました。やもめというと未亡人ですね。ひとり息子を亡くし、墓地に向かって棺が運ばれていた時、イエス様は、未亡人の身でひとり息子を失った母親を憐れに思い、近寄られ、「もう泣かなくともよい」と言われました。そして息子を生き返らせると母親にお返しになったのです。ですから、憐れみをもったら、ただ可哀想と思うだけではなく、行いで人を大切にしています。

もう一つの例。食べ物がなかった時、人々は非常に弱くなっていて羊飼いのいない羊のようでした。イエス様はこの様子を見て憐れに思われ、人々の前で教え、癒やし始めたのです。憐れみには必ず行いが伴われます(5)。

もう一つ。イエス様は、弱い立場に置かれている人を特に大切にされています。これも学びましょう。弱い立場。弱い人とは違います。弱い立場に置かれている人です。本当はその人たちは私より数倍強い。例えばホームレスの人など。強いですね。ですが、立場上、弱い立場に置かれています。イエス様はその弱い立場に置かれている人たちをただ可哀想と思うだけではなく、尊敬されています。貧しい人々は幸いである。今泣いている人々は幸いである(6)、と。ですから尊敬するのです。ただ上下関係で可哀想ということでなくて、心からその人たちを尊敬されているのです。

イエス様は貧しい人、弱い立場に置かれている人だけでなく、皆に心を開かれました。学者、ニコデモスというファリサイ派の人はイエス様とよく徹夜で聖書の研究していました(7)。そして百人隊長は偉いですよ。ローマ人ですけれど偉い。イエス様は彼も受け入れました(8)。ヤイロという人も(9)。沢山の人を受け入れました。マルタとマリアもです。先程のマルタとマリアですが、彼女たちは裕福でした。ですから金持ちは×（ぺけ）ということではなく、誰にでも心を開かれました。

クリスマスの話では、イエス・キリストはお生まれになった時、飼い葉桶に置かれていた、とあります。これはとても意味深いことだったのです。ご自身が貧しいということです。神の子ならば、将来王様になる方なら、宮殿に生まれたはずです。パレスに生まれたはず。でもそうではなくて飼い葉桶に寝かされていました。

もし宮殿でお生まれになっていたら、生まれたばかりの赤ちゃんに会うことができるのは限られた人だけだったでしょう。地位のある人たちだけです。それが飼い葉桶なら、動物や羊飼い、占星術の学者も祝福に来ることができます。イエス様は人々に開かれた方です。パレスより飼い葉桶の方がいいですね。

はい。では、もう時間がないのでここまでにしましょう。それではもう一度読んでいただけますか。

マタイ3章13節から17節まで。はい、お願いします。

――――――聖書の朗読――――――

少し考えましょう。

それでは、アヴェ・マリアで終わりたいと思います。

†「アヴェ・マリアの祈り」（480ページ）

お疲れ様でした。ありがとうございました。また次回お願いします。

（2020年1月9日）

（1）「神殿税を納める」マタイによる福音書17章24～27節

一行がカファルナウムに来たとき、神殿税を集める者たちがペトロのところに来て、「あなたがたの先生は神殿税を納めないのか」と言った。ペトロは「納めます」と言った。家に入ると、イエスのほうから言いだされた。「シモン、あなたはどう思うか。地上の王は、税や貢ぎ物を誰から取り立てるのか。自分の子どもたちからか、それともほかの人々からか。」ペトロが「ほかの人々からです」と答えると、イエスは言われた。「では、子どもたちは納めなくてよいわけだ。しかし、彼らをつまずかせないようにしよう。湖に行って釣り針を垂れなさい。そして最初に釣れた魚を取って口を開けると、銀貨が見つかる。それを取って、私とあなたの分として納めなさい。」

（2）「五千人に食べ物を与える」マタイによる福音書14章13～21節

イエスはこれを聞くと、舟に乗ってそこを去り、独り寂しい所に退かれた。しかし、群衆はそれを聞いて、方々の町から歩いて後を追った。イエスは舟から上がり、大勢の群衆を見て深く憐れみ、その中の病人を癒された。夕方になったので、弟子たちが御もとに来ていった。「ここは寂しい所で、もう時間もたちました。群衆を解散し、村へ行ってめいめいで食べ物を買うようにさせてください。」イエスは言われた。「行かせることはない。あなたがたの手で食べ物をあげなさい。」弟子たちは言った。「ここにはパン五つと魚二匹しかありません。」イエスは、「それをここに持って来なさい。」と言い、群衆には草の上に座るようにお命じになった。そして、五つのパンと二匹の魚を取り、天を仰いで祝福し、パンを裂いて弟子たちにお渡しになり、弟子たちはそれを群衆に配った。人々は皆、食べて満腹した。そして、余ったパン切れを集めると、十二の籠いっぱいになった。食べた人は、女と子どもを別にして、男が五千人ほどであった。

（3）「イエスは良い羊飼い」ヨハネによる福音書10章14～16節

わたしは良い羊飼いである。わたしは自分の羊を知っており、羊もわたしを知っている。それは、父がわたしを知っておられ、わたしが父を知っているのと同じである。わたしは羊のために命を捨てる。わたしには、この囲いに入っていないほかの羊もいる。その羊をも導かなければならない。その羊もわたしの声を聞き分ける。こうして、羊は一人の羊飼いに導かれ、一つの群れになる。

（4）「やもめの息子を生き返らせる」ルカによる福音書7章11～15節

それから間もなく、イエスはナインという町に行かれた。弟子たちや大勢の群衆も一緒であった。イエスが町の門に近づかれると、ちょうどある母親の一人息子が死んで、棺が担ぎ出されるところだった。その母親はやもめであって、町の人が大勢そばに付き添っていた。イエスはこの母親を見て憐れに思い、「もう泣かなくともよい」と言われた。そして、近づいて棺に手を触れられると、担いでいる人たちは立ち止った。イエスは、「若者よ、あなたに言う。起きなさい」と言われた。すると、死人は起き上がってものを言い始めた。イエスはその息子を母親にお返しになった。

（5）マタイによる福音書9章36節

群衆が飼い主のいない羊のように弱り果て、打ちひしがれているのを見て、深く憐れまれた。

（6）マタイによる福音書5章3～4節

心の貧しい人々は、幸いである、天の国はその人たちのものである。

悲しむ人々は、幸いである、その人たちは慰められる。

（7）「イエスとニコデモ」ヨハネによる福音書3章1～2節

ファリサイ派に属する、ニコデモという人がいた。ユダヤ人たちの議員であった。ある夜、イエスのもとに来て言った。

（8）「百人隊長の僕をいやす」マタイによる福音書8章5～8，13節

イエスがカファルナウムに入られると、一人の百人隊長が近づいて来て懇願し、「主よ、わたしの僕が中風で家に寝込んで、ひどく苦しんでいます」と言った。そこでイエスは、わたしが行って、いやしてあげよう」と言われた。すると、百人隊長は答えた。「主よ、わたしはあなたを自分の屋根の下にお迎えできるような者ではありません。ただ、ひと言おっしゃってください。そうすれば、わたしの僕はいやされます。」そして、百人隊長に言われた。「帰りなさい。あなたが信じたとおりになるように。」ちょうどそのとき、僕の病気はいやされた。

（9）「ヤイロの娘」ルカによる福音書8章41～42，49～56節

そこへ、ヤイロという人が来た。この人は会堂長であった。彼はイエスの足もとにひれ伏して、自分の家に来てくださるようにと願った。十二歳ぐらいの一人娘がいたが、死にかけていたのである。

イエスがまだ話しておられるときに、会堂長の家から人が来て言った。「お嬢さんは亡くなりました。この上、先生を煩わすことはありません。」イエスは、これを聞いて会堂長に言われた。「恐れることはない。ただ信じなさい。そうすれば、娘は救われる。」イエスはその家に着くと、ペトロ、ヨハネ、ヤコブ、それに娘の父母のほかには、だれも一緒に入ることをお許しにならなかった。人々は皆、娘のために泣き悲しんでいた。そこで、イエスは言われた。「泣くな。死んだのではない。眠っているのだ。」人々は、娘が死んだことを知っていたので、イエスをあざ笑った。イエスは娘の手を取り、「娘よ、起きなさい」と呼びかけられた。すると娘は、その霊が戻って、すぐに起き上がった。イエスは、娘に食べ物を与えるように指図をされた。娘の両親は非常に驚いた。イエスは、この出来事をだれにも話さないようにとお命じになった。

第14回　憐れみ

山上の説教を始める　マタイによる福音書　5章1～12節
「実のならないいちじくの木」のたとえ　ルカによる福音書　13章6～9節

「平和を求める祈り」で始めたいと思います。

†『平和を求める祈り』（480ページ）

おはようございます。久しぶりでございます。今日は良いお天気ですね。朗読は途中でしていただきます。

今日のテーマは「憐れみ」です。憐れみについて考えましょう。難しいことですし、大切なことですから。まずはイエス様が言われた言葉です。

「憐れみ深い御父のように、憐れみ深い人になりなさい。神の子になりたけれ

ば、憐れみ深い御父のように、憐れみ深い人になりなさい。」(1)

　神の子になるということですが、全てのものは神の子である、と言えますね。人間も動物も、いい人も悪い人も存在自体全て神の子と言えます。しかし生き方としては、神の子になりたければ憐れみ深い人にならなければなりません。ですから、憐れみについて考えてみましょう。


　神様から憐れんでいただくことは非常にありがたいことです。神様が圧倒的に上の方ですから、私たちが悪いことをするのを憐れんでくださるのは恥ずかしいことではありません。ありがたいことです。何度も福音に出てくる言葉ですね。例えば、イエス様が神殿に上がった時のたとえ話です(2)。登場人物は罪深い徴税人とファリサイ派の人です。ファリサイ派は威張って
「私はいい人ですから。」

　一方、徴税人は、

「罪深い私を憐れんでください」

と祈ります。

そしてまた盲人は、他の場面で、イエス様が通った時、

「ダビデの子、イエス様、憐れんでください」(3)

と言っています。憐れんでください。このような意味で私たちが憐れみを願うことは、当然です。ところが、互いに憐れんでください、あの人を憐れんでください、と言われると少し違和感を覚えます。なぜなら、憐れみや慈しみというのは、上下関係のもとにあるように思います。神様は圧倒的に上の方ですから、神様から憐れんでいただくことは恥ずかしくないけれど、人からは憐れんでもらうのは少し抵抗があります。余程困っていなければ憐れんでほしくない。そうではなく大切にしてもらいたい、愛してもらいたい、助けてもらいたい。憐れんでいただくのには戸惑いを覚えます。でもイエス様は人に対して憐れみ深い人になりなさい、と言われます。では、どのようにすればいいのでしょう。憐みの特徴について考えてみたいと思います。

一、尊敬に満ちた憐れみ

憐れみの一つ目の特徴は、尊敬に満ちた憐れみです。尊敬に満ちた憐れみで

憐れんでください。虚しい同情、あるいは虚しくない同情の上で、上から下に向かって癒やしてあげる、というのではなく、尊敬に満ちた癒やしで癒やし合うのです。ここで言う弱い人とは弱い立場に置かれている、という意味での弱い人です。弱い立場に置かれていますが決して弱くはありません。ホームレスも弱い人間ではないでしょう。私より余程強い。ただ立場上弱い立場に置かれているだけです。場合によって自らの原因で、または自らの原因によるものではなく、弱い立場に置かれているのです。ですから、上下関係ではありません。例えば、皆さんのお子さんに歴史を教える先生は、知識としては子供たちより上ですよ。先生ですから当たり前です。でもその先生が、子供たちより人として自分の方が上と思っているとすれば、その先生は生きる上では賢くありませんね。なぜなら子供は人としては決して低くないのです。貧しい人でも決して低くありません。その意味で、憐れむということは上下関係の同情ではなく尊敬に満ちた憐れみだと言えます。

ではなぜイエス様が尊敬するべきだ、と言われるのか、読んでいきましょう。

話したことがあると思いますが、炒飯の要領で次から次へと新しい材料を混ぜ込んでいくつもりです。マタイ5章1節から12節まで。フランシスコ教皇がこの間話されたことです。そして、これから朗読する箇所は、クリスチャンの身分証明書となります。つまりクリスチャンの価値観であるはずです。では、読んでいただきましょう。山上の説教の始まりです。マタイ5章1節から12節まで。はい、お願いします。

山上の説教を始める：マタイによる福音書　5章1〜12節

イエスはこの群衆を見て、山に登られた。腰を下ろされると、弟子たちが近くに寄って来た。そこで、イエスは口を開き、教えられた。

幸い

「心の貧しい人々は、幸いである、
　天の国はその人たちのものである。
悲しむ人々は、幸いである、

その人たちは慰められる。
柔和な人々は、幸いである、
その人たちは地を受け継ぐ。
義に飢え渇く人々は、幸いである、
その人たちは満たされる。
憐れみ深い人々は、幸いである、
その人たちは憐れみを受ける。
心の清い人々は、幸いである、
その人たちは神を見る。
平和を実現する人々は、幸いである、
その人たちは神の子と呼ばれる。
義のために迫害される人々は、幸いである、
天の国はその人たちのものである。
わたしのためにののしられ、迫害され、身に覚えのないことであらゆる悪口を浴びせられるとき、あなたがたは幸いである。喜びなさい。大いに喜びなさい。天に

は大きな報いがある。あなたがたより前の預言者たちも、同じように迫害されたのである。」

幸せの基準は愛

ありがとうございます。では、この言葉を理解するにあたって、ここで述べられている人たちがなぜ幸いだといえるのでしょう。それはキリストの価値観が基準になっています。そこで、キリストの価値観、幸せとは何かというと、それは愛です。愛である神に近づくことこそが幸せです。経済的に困っていても、健康に恵まれていなくても、愛である神に近づくこと、それが幸せです。

一方、不幸はというと、愛である神から離れることです。罪によって心を裏切り、その結果愛である神から離れることです。これが不幸。金持ちであっても、美人であっても不幸です。基準は愛です。その価値観を元に先程の言葉を理解しなければなりません。朗読された箇所はイエス様の価値観を物語っています。少し考えてみれば理解できるでしょう。心の清い人は幸いである。それはそうですよ。愛に近い。平和を求める人は幸い。これも分かりやすいですね。柔和な人は幸い。善のために迫害される人、大変なことですが、この人も愛には近いと言えるでしょう。

分かりにくいのは、一番目と二番目の意味です。貧しい人は幸いである。悩んでいる、苦しんでいる人は幸いである。なぜでしょう。そこが問題です。この箇所にこそキリストの価値観が表されていると思います。なぜなら、貧しい人、苦しんでいる人は皆、愛に近くなります。愛に近づきやすいと言えるでしょう。言い換えれば、貧しさと苦しみは人間を愛に近づけます。ですから、幸いなのです。

愛に近づけるもの① 謙遜

では、近づく理由ですが、様々な理由があります。おもにこの四つです。まず、貧しい人、苦しんでいる人は謙遜になります。謙遜です。お金がいっぱいある時には人は威張りますね。高級車に乗って、良い身なりをして威張るのです。逆にお金がないと恥ずかしいでしょう。その恥ずかしさによって人は謙遜になります。健康も、例えばちょっとした風邪——私は風邪をひいてまだ鼻声が治らないですね。なぜですか。あとは全部治っているのに鼻声だけ治らない（笑）。自分の声に戻したいけれど自分の力ではどうにもならない。これだけでも謙遜になりますね。ちょっとしたギックリ腰でも謙遜になります。威張れないものです。自分が弱いということを自覚すると、自然と謙遜になります。

謙遜は人間を愛に近づけるでしょう。それとは反対に傲慢は人間を愛から遠ざけます。威張っている人は、神も人も必要としません。威張って、間に合っているよ、と。それに引き替え何もない人は謙遜になります。謙遜はあらゆる徳の土台です。ですから、神様に近く、幸せなのです。

愛に近づけるもの② 感謝

もう一つの理由ですが、悲しんでいる人、貧しい人には感謝の気持ちがあります。元々持ち合わせていないので何かをいただくと、とても嬉しくなるのでしょう。本当に助かったと感謝します。一方、有り余るほど持っている人は何かをいただいても、それほど大切にしませんね。どこに入れておこうかな、誰かに回そうかな、と。いっぱい持っているから。口先では「ありがとうございます」と丁寧に言いますが、実のところあまり感謝していないものです。感謝は人間を愛に近づけるでしょう。感謝することと愛することは非常に密接であると言えます。その意味で幸いなのです。

愛に近づけるもの③　連帯感

そして連帯感。苦しみと貧しさは連帯感を高めます。悩んだ経験のある人、苦労を味わったことがある人は、悩んでいる人の気持ちが理解できます。その気持ちが分かるので分かち合いたいと思うのです。自分にも悩んだ経験があるからです。それとは逆に悩んだことのない人、貧しさを知らない人は、苦しんでいる人や貧しい人の気持ちが理解できないのです。ですから困っている人に手を差し伸べようとしません。何とかなるでしょう、困ることもないでしょうと思うのです。非常に困っている人がいるにもかかわらず、経験したことがないから連帯感が生まれません。結果分かち合いをすることもありません。そして愛から離れるのです。連帯感の上で分かち合いをする人は愛に近づきます。人を大切にすることで既に愛の中にいるのです。

愛に近づけるもの④ 忍耐

もう一つの理由。苦しんでいる人、貧しい人は忍耐強いですね。私たちはあまり待てないです。早くしろ、と。待つことが苦手です。貧しい人はいつも待たされるので慣れています。彼らは何時間でも待つことができます。カレーライス一つとっても。聖イグナチオ教会では月曜日の午前中にホームレスの方にカレーライスを配っています。ですから皆さん遠くから時間をかけてやって来て、早くから並んで待っています。私たちはというとレストランに入って注文した料理がすぐに出されないと怒りますね。「早くしてよ、忙しいのに」と。しかし、彼らは何時間でも待っています。なぜなら他に食べる所がないからです。それで忍耐強くなります。忍耐は人を愛に近づけます。その意味で幸いであると言えます。

「心の……」

ところで、この聖書の箇所についてもう少し付け加えたいと思います。というのは冒頭に、心の貧しい人は幸いである、と言っています。これはマタイ福音書の言葉ですね。この「貧しい」というのを、同様にルカ福音書も言っています。

今読む必要はありませんが、時間のある時に読んでみてください。6章20節から23節（4）に書いてあります。山上の説教です。ルカはマタイのように心のという言葉は使っていません。ただ「貧しい人は幸いである」のみです。心のというのはマタイの言葉です。どういう意味でしょう。これについてはいろいろな説があります。難しいですね。諸説ある中で、次のように解釈できると思います。つまり「きれいな心の貧しい人は幸いである。」この意味だと思います。他に一般的な意味では「謙遜な人は幸いである。」つまり、神をも人間をも必要とする人は幸いである、謙遜だから。そのような意味で貧しい人は幸いであると。

　最初に言った解釈についてもう少し考えてみましょう。「きれいな心の貧しい人は幸いである」と言われていますが、貧しい人、苦しんでいる人が皆、必ずしもきれいな心を持ち合わせているとは限りません。善い行いをするとは限りません。貧しい人の中には憎んだり、泥棒をしたり、悪い行いをする人もいます。ですから貧しさそのものが人間の心を清める訳ではありません。

　例えば、あまりきれいな例ではありませんが、人間の胃がありますね。胃の役割は口から入った食べ物や飲み物を消化してエネルギーにすることです。胃が健康な時はそのように働きます。そのお陰で私たちは元気でいられます。ところがひとたび胃が病気になると、胃はその機能を果たしません。そして、外から入る食べ物と飲み物はうまく消化されないので、それ自体毒となります。その結果体を壊すことになります。

そこで、人間の精神的な胃を心だとします。心は外から入る体験、経験を、嬉しいこと、悲しいこと、厳しいことなどをそれぞれ消化して愛にします。命にします。永遠の命に。これは心の機能であり役割です。ですから心がきれいであれば、その機能を果たして、悲しいこと、嬉しいこと、全て自分にもたらされるものを、浄化して愛にします。命にしてくれます。ところが、心がきれいでなければ機能を十分に果たすことができなくなりますから、外部から取り入れるものが毒になります。そして人間が更に悪くなってしまいます。人をいじめる。人を殺す。ですから、「きれいな心の貧しい人は幸いである」の意味は、「心がきれいであれば、貧しさが人間を愛に導く。心がきれいでなければ、貧しさが人間をより悪くすることになる」ということになります。

以上の意味でイエス様は「貧しい人たちは幸いである」と言われるのです。ですから、イエス様はこの人たちを見下しません。尊敬しています。この人たちは社会的には地位が低いでしょう。しかしひとたび神の前に出れば私たちより上かもしれません。ですから、やってあげるのではなく、尊敬に満ちた憐れみで互いに助け合う。癒し合う。

分かち合いをしない金持ち

このようなたとえ話があります。ある金持ちがいて、金持ちの門前にはハンセン病にかかった貧しいおじいさんが横たわっていました。金持ちはおじいさんに何も分けてあげないのですね。やがて二人とも亡くなりました。貧しいおじいさんは天国に上げられて、金持ちは陰府《よみ》に行くのです。金持ちはなぜ、救われなかったのでしょう。おもな理由は分かち合いをしなかったからです。金持ちだったからではなく、分かち合いをしなかったから。金持ちが皆悪いとは言えません。分かち合いをしない金持ちが悪い金持ちです。それが理由です。

聖書にはこのように書かれています(5)。金持ちは言うのです。

「父アブラハムよ、助けてください。」

「いや、それは無理です。」

金持ちは生きている間はとても恵まれていました。でも、このラザロという貧しいおじいさんは非常に苦しんでいたのです。今は天使たちのいる宴席に招かれています。金持ちは恵まれていたので、死後は陰府《よみ》に行きます。生きている時とは逆になっています。それだけではありません。先程話しましたように、恵まれていても分かち合いをすれば清められます。そしてまた、今苦しんでいる人たちは私たちより上かもしれません。私たちは恵まれていますが、非常に苦しんでいる人もいるのです。ですから天国に入れば逆になるかもしれません。先程言ったように、いくら金持ちであっても十分分かち合いをしていれば清められます。つまり、貧しい人、苦しんでいる人は神の前に決して低くはないのです。ですから尊敬すべきです。憐れみ深い人になりなさい。その憐れみは尊敬に満ちた憐れみです。その意味での憐れみを持ちましょう。

二、憐れむ人はすぐ行動する

憐れみの特徴の二つ目は、憐れみは行動を伴います。行いにつながっています。憐れむ人はすぐその人を手伝います。

近寄って助ける

たとえば、善いサマリア人のたとえ話(6)に書かれています。そのサマリア人は道端で死にかかっている怪我人を見て、憐れに思って、近寄って傷に油とぶどう酒を注いで包帯をしてあげます。そしてロバに乗せて宿屋に連れていって、徹夜で介抱します。翌日には宿屋の主人に銀貨を渡して世話を頼みました。これは憐れみです。このたとえ話に出てくる一人目と二人目の人も憐れんだでしょう。見た時に可哀想と思ったはずです。でもそれは憐れみではありません。それは虚しい同情に過ぎません。可哀想と思うだけでなく近寄って助ける。これが憐れみです。行動につながっています。

一緒に悲しむ

もう一つの例です。ナインという町にイエス様が行かれた時、ある母親の一人息子が死んで、棺が担ぎ出されるところでした。やもめの母親は大勢の人に付き添われていました。彼女を見たイエス様は憐れに思いました。憐れに思っただけではなく、彼女に近づいて

「もう泣かなくともよい」

と言われました。そして、その若者を生き返らせて、母親にお返ししました。これが憐れみです。私たちには残念ながら、子供を復活させる力はありません。イエス様が、その若者に「起きなさい」と言われると、息子は起きて、母親に返されました。またその前に、イエス様は

「もう泣かなくともよい」

と言われています。(7)

私たちもそのように言いたいものです。「もう泣かなくともよい」と。しかし、私たちは泣く原因を取り去ることはできません。彼女の涙の原因は自分の一人息子の死でした。イエス様は息子を生き返らせましたが、私たちにはできないことです。

では、どうすればいいのでしょう。私たちにできることはおもに二つです。一つは、そのお母さんのそばにいて一緒に悩む。たとえば、あなたの友達のお父さんがもう助からなくて、とても悲しんでいるとします。あなたは何もできません。でも、一緒に悲しむということはできます。邪魔しないように、一緒に悲しむ。

祈る

もう一つできることは、祈ることです。あなたは彼女に向かって「もう泣かなくともよい」と言いたいけども、虚しい言葉になります。イエス様のように、お父さんの病気を治してあげることはできません。でもイエス様に願うことができるはずです。

「主よ、この方におっしゃってください。『もう泣かなくともよい』と。慰めてください。何とかしてください」と。

これはできます。ですから、私たちは奇跡を行うことはできないかもしれませんが、そばにいて一緒に悲しむ。そして、その人のために祈ることができます。

「イエス様、彼女に、もう『もう泣かなくともよい』と深い意味でおっしゃってください。」

そう祈ることができるでしょう。

信じる、待つ、助ける

行いについて、もう一つのたとえ話を読みましょう。これはルカ13章6節から9節まで。はい、お願いします。

「実のならないいちじくの木」のたとえ：ルカによる福音書　第13章6～9節

そして、イエスは次のたとえを話された。「ある人がぶどう園にいちじくの木を植えておき、実を探しに来たが見つからなかった。そこで、園丁に言った。『もう三年もの間、このいちじくの木に実を探しに来ているのに、見つけたためしがない。だから切り倒せ。なぜ、土地をふさがせておくのか。』園丁は答えた。『御主人様、今年もこのままにしておいてください。木の周りを掘って、肥やしをやってみます。そうすれば、来年は実がなるかもしれません。もしそれでもだめなら、切り倒してください。』」

ありがとうございます。このたとえ話の主人公は園丁です。この園丁はイエス様です。そして主人は御父。木は私たち。人間は実らないその木です。この園丁の行いは憐れみです。これを学びましょう。

主人が言うことは正論です。もう二年も無駄に場所を取っているので切り倒して他の木を植える。実のならない木を植えておくには土地がもったいない。これは当然ですね。しかし、園丁は憐れみをもって言うのです。

「もう少し、もう一年待ってください。」

待ってください、と。この園丁の憐れみは、どのような意味での憐れみでしょうか。

まず、信じる。その木を信じる。これから実るでしょう、そう信じる。そして忍耐で待つ。それから、木の周りを掘って肥やしをやってみる。協力するのです。働き、助ける。

信じる、待つ、助けるの三つの態度は憐れみです。これを私たちも互いにしなければなりません。信じて、忍耐を持って待つ。それから肥やしをあげて助ける。

たとえば、ある家庭に中学一年生の男の子がいるとします。あまり勉強が好きではありません。スポーツばかりで勉強はしません。だから、成績が悪い。当然お父さんは怒ります。叱る。そして「日曜日は外に遊びに行かないで勉強するんだぞ」と。はい、当然かもしれません。でもそのお父さんはそう言って、自分はゴルフに行くのですね。それは憐れみではありません。憐れみはまず、この子供を信じることです。今は勉強していない。でも頭は悪くない。勉強の仕方がわかれば、好きになるかもしれない。そう信じる。それから、慌てないで待つこと。焦らないで待つ。忍耐が必要です。今すぐにこの子が改心するとは限らないでしょう。でもいずれ自分に戻るでしょう。ですから信じて、待つ。それから助ける。つまり、その日のゴルフはやめて、お父さんも家に残って一緒に勉強する、一緒にいる。宿題をやってあげるのではなく、勉強の仕方を教える。

ふと、思い出しました。父には五人の子供がいましたが、一人はあまり勉強しなかった。父親は「この子は絶対頭は悪くない。ただ勉強の仕方を知らないだけだ。」そうして父親は自分の時間を、子供に勉強の仕方を教えるのに当てていました。かなり長い間教えていましたね。その子供は今やセレブで、有名企業の優秀な社長です。父親は信じていました。待っていました。そして勉強の仕方を教えたのです。こういうことですね。この意味で憐れんでください。ですから、行いです。行いでもって憐れむのです。

三、憐みは寛大な心

もう一つの憐れみの特徴です。寛大な心。広い心。けちらないでください、与えればまた戻ってくるでしょう。イエス様の言葉です。

「あなたがたは自分の量る秤で量り返されるからである。」(8)

寛大に量ってあげれば、多くをいただくでしょう。逆にあなたがけちれば、けちられます。人を判断する時にも、人と分かち合う時にも、この言葉は使われます。あなたが量る秤で人を裁くように自分も裁かれます。神様にも人にも裁かれます。あなたがその人の行いと言葉を良い方に解釈すれば、同じようにしてもらえます。神様からも人間からも。その人の言葉を悪く解釈するのは良いことではありません。良く解釈すればいいことです。なるべく良い方に解釈する。相手が言った言葉よりも相手が言いたかった言葉を察するべきです。しかし、相手が何を言いたかったかということを考慮するにはなるべく寛大に、なるべく良い方に解釈することです。これも憐れみです。

寛大な心は分かち合う人が持ち、寛大な心の人は細かいことにとらわれません。大らかです。こんな小さなことで悩むことないよ、なんとかなるよ。往々にして私たちはこだわり過ぎます。どうでもいいことについてこだわり過ぎます。それはおもに嫉妬からです。自分のプライドについて、褒められたとか、無視されたとか、そのことでこだわり過ぎます。考え過ぎます。広い心の人は「まぁいいんじゃないですか」と言えますね。そして、寛大な広い心の持ち主は悪いことをされても、それをなるべく忘れようとします。そうでない人はいつまでも思い出します。蒸し返すのです。「あの人が私にこう言ったんですよ」絶対に忘れません。きれいな心の、広い心の人は「ま、いいか」と。このように言えるのはとてもいいことですよ。「まぁいいんじゃないですか。」

広い心を持っている人は、人を妬まないで人の成功を喜べます。共に喜びます。人の成功を喜ぶ。これも憐れみですね。

四、憐みは平等で公平

四つ目の特徴。憐れみは平等で公平です。これは私たちがいつも抱えている問題の一つです。皆さんが何人お子さんをお持ちか分かりませんが、昔は子だくさんでしたので、親はしばしば育て方に偏りが出ていたようですね。決してこの子はどうでもいい、ということではないのですが、特定の子を優先することがあったようです。それに対して子供は非常に敏感でした。親は平等のつもりですが、そうではありません。親は特定の子の希望を通す、ということがあります。すると他の子供たちの言い分は通らないことになります。あの子が言うことは聞いてくれるのに、わたしのことは……。これでは不公平ですね。憐れみは平等で公平であるべきです。自分の子供に対してだけでなく、人に対しても。

私たちは好きな人に対してはとても親切です。あまり好きではない人には非常に冷たい。自分では差別している意識はないのですが、当事者の二人はよく分かります。ですから、なるべく皆を受け入れるようにしましょう。八方美人ではないです。皆によく思われようとするのが八方美人です。そうではなく、皆を平等に大切にするように。言うまでもなく、気持ちとしては、例えば善いサマリア人のたとえ話ですが、サマリア人が助けた人は、初めて会った見知らぬ人ですね。とても親切に介抱しました。でも、もし怪我人がサマリア人の息子だったなら、もっと心を込めて優しくしてあげたでしょう。行いとしては同じ。でも感情としては、自分の子供には親としての愛情が注がれることになりますから、とはいえ行いとしては同じです。これは憐れみです。感情は異なります。でも行いは平等。これも憐れみです。

五、憐みは相手の将来に役立つようにする

最後に、憐れみは相手の将来に役立つようにすることです。相手の将来のためになる。今助けてあげるだけではなく、将来のために。フィリピンのこの諺、言葉がありますね。

〝もし、あなたが私に魚一匹をくだされば、（貧しい人が恩人に言う言葉）一匹くだされば、私は今夜は夕食を食べることができます。もしも私に釣り道具をくだされば、釣る方法を教えてくだされば、私は毎晩、これからずっと、あなたがいなくても、私は毎晩夕食（を食べることが）できます。〟

この場合、後者が憐れみです。本当の愛。私という存在がなくても問題が解決されます。今、今夜の分の魚をあげる、「ありがとうございます」と言って「じゃ、さようなら」あとは知らない。そうではなくて、その人の将来に役立つように。

イエス様はこのようなこともされました。これは私が大好きな話です。そして何度も出てくる言葉です。ある時エリコという町の盲人が、イエス様が通ったと聞いて、

「ダビデの子イエスよ、私を憐れんでください」

と叫び始めました。イエス様について行って、

「憐れんでください」と。

人々は彼を黙らせようとしました。邪魔だから、

「黙れよ、もう面倒くさい。あっちへ行け。」

でも彼はますます
「憐れんでください」

と叫び続けました。イエス様は立ち止まって、彼をそばに連れてくるよう命じました。

「何をしてほしいのか。」

「主よ、目が見えるようになりたいのです。」

「見えるようになれ。あなたの信仰があなたを救った。」

イエス様が言われると、果たして見えるようになったのです(9)。

では、この言葉。あなたの信仰があなたを救った。このように言われたイエス様は、この盲人の将来のことを考えられていますね。つまり、あなたを治したのがイエス様だったならば、イエス様がいらっしゃらない時にはあなたは何もできないでしょう。そうではなく、あなたの信仰があなたを救った。自信を抱かせ

る。これほどまでに求めて、いくら反対されても求め続けて信じたあなたは、この姿勢で生きていればイエス様がいらっしゃらなくても今後も様々な問題に打ち勝つことができますよ。そのように将来のことを考えて、自信を持たせ、勇気づけてあげる。これは憐れみです。今だけ助けてあげるのではなく、イエス様がいらっしゃらなくてもこの人がずっと元気に生きていくことができる。これがいいですね。

ところが難しい問題があります。普通の人にはできても、心を病んでいる人や……。

私はこの間の木曜日、死刑を待っている人たちの所に行ってきました。一人はおもに哲学的な本を読むのが大好きな人でした。ところが、この間行って「今、何を読んでいますか」と尋ねると

「何にも。」

「どうして？」

「何のために読むのか分からなくなりました……。」

うーん。辛いですね、やっぱり。何のため。読んでも人と話せないのですから。勉強したらいい就職ができる、ということもありません。何のため。全然元気がない。そのような場合にはどのように希望を抱かせて、元気にすることができるのでしょうか。難しいですね。刑務所の例は極端ですが、皆さんの子供たちも友達もこの鬱のような精神状態の時があるでしょう。その時自信を抱かせるにはどうしたらいいでしょう。

一つ言えることは、その人のために深く祈ることです。深く祈れば、いかにこの人が悩んでいるかということが分かります。

そして、この人が私にとっていかに大切な人かということも分かります。さらに、祈ることによって助けを得られるかもしれません。元気を抱かせる方法や解決法を見つけ出せるかもしれません。ですから、祈りましょう。

はい、以上です。少し考えましょう。園丁の、ルカ13章6節から9節まで。もう一度読んでいただきましょう。はい、お願いします。

―――　聖書の朗読　―――

ありがとうございます。少し考えましょう。

それでは、アヴェ・マリアを唱えて終わりたいと思います。

†「アヴェ・マリアの祈り」（480ページ）

お疲れ様でした。ありがとうございました。また再来週どうぞ。

（２０２０年1月30日）

（1）ルカによる福音書6章36節

あなた方の父が憐み深いようにあなた方も憐み深い者となりなさい。

（2）「ファリサイ派の人と徴税人のたとえ」ルカによる福音書18章10～14節

二人の人が祈るために神殿に上った。一人はファリサイ派の人で、もう一人は徴税人だった。ファリサイ派の人は立って、心の中でこのように祈った。「神様、わたしはほかの人たちのように、奪い取る者、不正な者、姦通《かんつう》を犯す者ではなく、また、この徴税人のような者でもないことを感謝します。わたしは週に二度断食し、全収入の十分の一を献げています。」ところが、徴税人は遠くに立って、目を天に上げようともせず、胸を打ちながら言った。「神様、罪人のわたしを憐れんでください。」言っておくが、義とされて家に帰ったのは、この人であって、あのファリサイ派の人ではない。だれでも高ぶる者は低くされ、へりくだる者は高められる。

（3）ルカによる福音書18章38節

ダビデの子イエスよ、わたしを憐れんでください。

（4）「幸い」ルカによる福音書6章20～23節

さて、イエスは目を上げ弟子たちを見て言われた。

「貧しい人々は、幸いである、
神の国はあなたがたのものである。
今飢えている人々は、幸いである、
あなたがたは満たされる。
今泣いている人々は、幸いである、
あなたがたは笑うようになる。
人々に憎まれるとき、また、人の子のために追い出され、ののしられ、汚名を着せられるとき、あなたがたは幸いである。その日には、喜び踊りなさい。天には大きな報いがある。この人々の先祖も、預言者たちに同じことをしたのである。」

（5）「金持ちとラザロ」ルカによる福音書16章19～31節

（6）「善いサマリア人」ルカによる福音書10章25～37節

（7）「やもめの息子を生き返らせる」ルカによる福音書7章11節～17節

（8）ルカによる福音書6章38節

与えなさい。そうすれば、あなたがたにも与えられる。押し入れ、揺すり入れ、あふれるほどに量りをよくして、ふところに入れてもらえる。あなたがたは自分の量る秤で量り返されるからである。

（9）「盲人バルティマイをいやす」マルコによる福音書10章46～52節

第15回　光

神に従う道　イザヤ書　58章7～10節
地の塩、世の光　マタイによる福音書　5章13～16節
施しをするときには、祈るときには　マタイによる福音書　6章1～10節

† 『主の祈り』（479ページ）

おはようございます。では、今日は光について考えます。光。皆さんのお子さんたちは光の子とされていますね。この光について考えましょう。お子さんたちといいますと、皆さんを見ると女子学生みたい。どうしてお母さんになっているのかわかりにくい（笑）。でも、まぁとにかく。イエス様はこのように言われています。

「あなたがたは世の光である。

あなたがたの光を人々の前に輝かしなさい。」

では、私たちはどのような時に光を輝かすことができるのでしょう。その答えはイザヤ書にあります。その時私たちは光になります。ではイザヤ書を読んでみましょう。

イザヤ書58章7節から10節まで。はい、お願いします。

神に従う道：イザヤ書　58章7～10節
更に、飢えた人にあなたのパンを裂き与え
さまよう貧しい人を家に招き入れ
裸の人に会えば衣を着せかけ
同胞に助けを惜しまないこと。
そうすれば、あなたの光は曙のように射し出で
あなたの傷は速やかにいやされる。
あなたの正義があなたを先導し
主の栄光があなたのしんがりを守る。

あなたが呼べば主は答え
あなたが叫べば
「わたしはここにいる」と言われる。
軛を負わすこと、指をさすこと
呪いの言葉をはくことを
あなたの中から取り去るなら
飢えている人に心を配り
苦しめられている人の願いを満たすなら
あなたの光は、闇の中に輝き出で
あなたを包む闇は、真昼のようになる。

ありがとうございます。後ほどこのことについて考えます。忘れないでください。コメントしますから。では続きまして、福音、イエス様の言葉を続けて読んでいただきましょう。マタイ5章13節から16節まで。お願いします。

地の塩、世の光：マタイによる福音書　第5章13～16節

「あなたがたは地の塩である。だが、塩に塩気がなくなれば、その塩は何によって塩味が付けられよう。もはや、何の役にも立たず、外に投げ捨てられ、人々に踏みつけられるだけである。あなたがたは世の光である。山の上にある町は、隠れることができない。

また、ともし火をともして升の下に置く者はいない。燭台の上に置く。そうすれば、家の中のものすべてを照らすのである。そのように、あなたがたの光を人々の前に輝かしなさい。人々が、あなたがたの立派な行いを見て、あなたがたの天の父をあがめるようになるためである。」

光を輝かす

ありがとうございます。今読んだ通り、あなたがたは世の光で、自分の光をいつ輝かしているかというと最初の朗読の部分ですね。飢えている人のことを心配して、自分のパンを裂いて与えている時です。その時あなたの光は輝きます。さまよう貧しい人を家に招き入れ……。実際、家に招き入れるのは、容易なことで

はありませんが、心を開いてその人たちを受け入れることですね。ですから、裂き与える、つまり分かち合うのです。友情の分かち合いやコミュニケーションの分かち合いです。大切な時間の分かち合い。食べ物の分かち合い。お金の分かち合い。そのような行いをしている時、あなたの光は輝いています。寒さを感じている人に衣を着せかける時、あなたの光は輝きます。今読まなくても結構ですが、思い出してみましょう。最後の審判でイエス様はこのように言われました。

「天地創造の時からお前たちのために用意されている国を受け継ぎなさい。わたしが飢えていたときに食べさせ、のどが渇いていたときに飲ませ、裸のときに着せ、病気のときに見舞い、牢にいたときに訪ねてくれたからだ。わたしの兄弟であるこの最も小さい者の一人にしたのは、わたしにしてくれたことなのである。」（マタイ25・34～40より）

これが最後の審判の記述ですね。私たちの人生を評価する時、イエス様は何を基準に評価されるかというと、分かち合いです。自分のパン、自分の水。昔は水を汲むことは重労働でした。現代では蛇口をひねるだけで水が出ますから、水を飲ませるなんて大したことないと思うでしょう。そうではなく、当時は汲みに行っては戻って……その繰り返しでした。水を分けてあげるのは大したことだったのです。分かち合う人は自分の人生を輝かせました。分かち合いを基準にしていましたから。

光を見るものは愛を信じる

ですから、人のために分かち合いなさい。目的は何ですか。人がその輝く光を見て神に近づくことができるようにです。人々が愛である神に、幸せである神に近づくことができるように、あなたの光を輝かせなさい。分かち合いなさい。行いで光を輝かせなさい。光を目にした人は愛を信じるでしょう。結果、あなたを信じ、神を信じます。そして神に近づいて幸せになります。そのためにするのです。

光は心を清める

そしてまたこのようなことも書いてあります。あなたの傷は癒される。心の傷が、あるいは身体の傷が癒されると。では、心の傷について考えましょう。心をきれいにするのがいいですね。心がきれいであれば、何でもきれいに見えます。全てではありませんが、悪いものの良い所を見ることができます。物事の良い部分が見えます。しかし、心が汚れていたなら物事の良い所を見ることはできません。悪い所しか見えません。心がきれいなら、本当に大切なことが分かります。心がきれいであれば、人の心の涙が分かるようになります。ですから、心をきれいにするのです。

ところが、イエス様はこのようなことも言われています。

「口に入るものは人を汚さず、口から出て来るものが人を汚すのである。口から出てくるものは、心から出て来るので、これこそ人を汚す。」(1)

悪いこと、例えば悪意、悪口、妬み、いじめや復讐、そのようなものが心から出る時には、心を汚します。逆の場合もあります。清めることもあります。外から入ることでなくて心から出るもので心は清められます。それは妬む代わりに人の成功を喜ぶ、恨むことなくゆるす、悪口を言わない、そして、その人の良い所を皆に知らせる、このような時です。口から出る時に心を汚すのか、それとも清めるのか。恨んで復讐を考えるような時にはあなたの心は汚れ、そのことを忘れようとする時には、清められます。ですから、善いことをすれば自然に心はきれいになるのです。

ところが、善いことをするのは心をきれいにするためではないですよね。何のために善いことをするかというと、人が助かるため、そしてイエスさまを喜ばせるためです。それが目的です。人が助かる。イエス様が喜ばれる。「この最も小さい者の一人にしたのは、わたしにしてくれたことなのである」とイエス様は言われます。そのために善いことをするのです。結果として、自分の心も清められます。

光になる時、神を感じる

そして、イザヤの58章9節に、光になる目的と、光になった時に何が残るかについて記されています。

あなたが呼べば主は答え、
あなたが叫べば「わたしはここにいる」と言われる。

このように私たちの願いに対して神様が返事をされます。どのような返事かというと、

「わたしはここにいる。」わたしはあなたのそばにいる。あなたと一緒にいる。これが神様の答えです。この神様の答えが分かるのはいつかというと、あなたが光になっている時です。その時「わたしはここにいる」と神様の声が聞こえます。いいですねぇ。私たちが苦しい時にも、嬉しい時にも、虚しい時にも、退屈している時にも、神様と一緒にいるのです。

母はよく言っていました。母は100歳近くになった頃、独りで過ごす時間が

多くなりました。孫たちは、いつも母の部屋を通って遊びに行っていましたが、それにしても独りでいる時間が長かったのですね。その母が言っていたのです。

「私は独りではない。」

母はロザリオを唱えていました。祈っている時は独りではないのですね。いつも神様と一緒。神様と一緒にいれば独りぼっちではありません。神様はいつも一緒にいてくださいますから。ですから、苦しい時にも悲しい時にも神様と一緒にいれば、こんなに素晴らしいことはありません。

ところで、誤解がないように。神様と一緒にいれば後はどうでもいい、ということではありません。これは反対ですね。神様と一緒にいると周りの物事がいかに大切なのかが分かります。神様と一緒にいれば身近な人、家族や友達、それに自然やペット、全てのものがいかに大切かということが明らかになります。ですから、神様さえいれば皆からは離れてもいい、ということではありません。神様と共にいることで、前よりも皆に寄り添いたい。もっと心のふれあいをもって関わりたいと願う。これですね。あなたが光になる時、神様の答えが分かるでしょう。「わたしはここにいる。」あなたと一緒にいる。結果として、あなたもあなたの傷も癒されるのです。

飾らずに善いことを行う

ところが一つ問題があります。ご存知でしょうが、一応読んでおきましょう。
まず、マタイ5章16節。

世の光：マタイによる福音書　5章16節

あなたがたの光を人々の前に輝かしなさい。
人々が、あなたがたの立派な行いを見て、
あなたがたの天の父をあがめるようになるためである。

人の前に。「人の前に輝かしなさい」と言われています。一方、これから読んでいただく所は、今の言葉とは一見矛盾しているように思われます。読んでいただきましょう。マタイ6章1節から10節まで。そして飛んで16節から18節まで。

はい、お願いします。

施しをするときには：マタイによる福音書 6章1～4節

「見てもらおうとして、人の前で善行をしないように注意しなさい。さもないと、あなたがたの天の父のもとで報いをいただけないことになる。

だから、あなたは施しをするときには、偽善者たちが人からほめられようと会堂や街角でするように、自分の前でラッパを吹き鳴らしてはならない。はっきりあなたがたに言っておく。彼らは既に報いを受けている。施しをするときは、右の手のすることを左の手に知らせてはならない。あなたの施しを人目につかせないためである。そうすれば、隠れたことを見ておられる父が、あなたに報いてくださる。」

祈るときには：マタイによる福音書 6章5～10節

「祈るときにも、あなたがたは偽善者のようであってはならない。偽善者たちは、人に見てもらおうと、会堂や大通りの角に立って祈りたがる。はっきり言っておく。彼らは既に報いを受けている。だから、あなたが祈るときは、奥まった自分の部屋に入って戸を閉め、隠れたところにおられるあなたの父に祈りなさい。そうすれば、隠れたことを見ておられるあなたの父が報いてくださる。また、あなたがたが祈るときは、異邦人のようにくどくどと述べてはならない。異邦人は、言葉数が多ければ、聞き入れられると思い込んでいる。彼らのまねをしてはならない。あなたがたの父は、願う前から、あなたがたに必要なものをご存じなのだ。だから、こう祈りなさい。

『天におられるわたしたちの父よ、
御名が崇められますように。
御国が来ますように。
御心が行われますように、
天におけるように地の上にも。』」

ありがとうございます。確認しますが、先程5章では、「あなたがたの光を人々の前に輝かしなさい」と言っておられるのに、6章では、「人の前で善行をしないように注意しなさい。」「隠れたことを見ておられるあなたの父が報いてくださる」と、言われています。どちらが本当ですか。隠れたところですべきですか、それとも人の前ですか。矛盾していますね。考えてみてください。矛盾しているように感じますが矛盾していないはずです。解決、ピンポーンかはずれか。自分で考えてみてください。

では、おそらく皆さんが考えたであろうことをこれから確認します。

施し、祈り、断食、この三つが出てきますね。施し、祈り、断食。この三つの目に見える行いは、当時のユダヤ人にとって宗教心を示す行いでした。ですから人々は褒められようと思って、このような行いをしていたのです。信仰心の厚い国では信仰心のある人の株が上がります。だからよく祈り、施し、断食をする人の地位は高くなります。ですから、地位を目的にしている人は残念だというのです。逆に、5節をもう一度見てください。

「あなたがたの光を人々の前に輝かしなさい。」

何のためですか。その続きを見てください、

「人々が、あなたがたの立派な行いを見て、あなたがたの天の父をあがめるよ

うになるためである。」

真の目的はこれです。人々があなたの行いを見て愛を感じるように、神を感じるように、愛である神に近づくことができるように、そのために行うのです。あなたが褒められるためではありません。神に近づけば、その人が本当の意味で幸せになれると信じているからです。

ですから、目的が違うのであって矛盾ではありません。施しや断食をする人たちは褒められようとしてするのです。ですからイエス様は
「あなたの右の手のすることを左の手に知らせないようにしなさい。」

つまり誰にも知られないようにしなさい、と言われます。神様はちゃんとあなたの行いを見ていて報いてくださるのだから。断食も祈りも皆の前でするのではなく、誰も見ていない時にする。これが基本です。ですから、わざわざ「はい、見ていてください。今から善いことをしますよ。皆さん、神を信じなさい」ということではなく、あなたは飾らずに善いことを行いなさいと。基本的に人が助かるために人に仕えるという姿勢で生きていればいいのです。自分の家族でも、友達でも、町の人でも、人が助かるために人に仕える、という姿勢で生きていれ

ば、あなたは自然に善いことをするでしょう。人が助かるために人に仕える、その姿勢で生きていれば自分でも気付かないうちに、善い行いをするでしょう。ですから、人が助かるためにお節介を焼く必要はありません。褒められるためにせずに、人が助かるために人に仕える姿勢でいれば、あなたは自ずと善いことをすることになります。その行いを人が見ます。人には見る目があるのですよ。意外と見る目がある。この人は立派なことをしている。この人はただ見せかけですよ。その違いが分かるのです。自分の地位を高めるためではなく、人々が神様に近づくことができることを目的に行う。この違いです。ですから矛盾ではありません。

自分の花火を打ち上げる

次の話は花火のたとえです。これも光についてです。あなたがたは世の光であり、あなたがたは世の花火でもある、ということです。

人は人生を歩んでいますね。ところが人生には道がない。ジャングルのような所では道はありませんね。「旅人よ、道はない。歩きながら道を作るのだ」ということです。それに光もありません。真っ暗で何も見えません。暗くて怖いので歩く勇気もありません。穴に落ちてしまうかもしれません。何かにぶつかるかもしれませんし、絶壁があるかもしれません。じっとその場に留まっていたい誘惑を感じますが、歩かなければなりません。歩かなければならないと分かっていても、道はありません。それでじっとしています。ところが、光がないと思っていたら、実はあるのですね。それは花火のようなものです。花火がどこからかポンと上がって、そしてシュンとする時に花火から光が滑らかに落ちるのです。人はその光を頼りに、しばらくの間歩けるようになります。人は花火を見てはいません。じっと地面を見つめているのです。その光でしばらくは歩けますが、明かりは再び消え失せます。でも違う場所から次々と花火が上がります。どんどん、どんどん、いろいろな所から花火が打ち上げられるので、いつでも歩けるようになるのです。

では、その花火とは何でしょう。花火は人の善い行いですね。善い行いだけでなく、生まれながらに備えられた花火もあります。ある人は沢山いただきました。またある人は少し。皆タレントをいただいています。才能、能力、健康、時間、可能性……いろいろなタレントをいただいて生まれます。私たちはそれらのタレントを活かさなければなりません。タレントという花火に火をつけて打ち上げなければなりません。打ち上げないと自分も他の人々も歩くことができなくなってしまいます。自分のいただいた花火をボストンバッグに入れて、人の花火を利用して歩く人はケチです。傍迷惑《はためいわく》です。皆あなたの花火に期待しています。学生がよく「僕の人生は僕の問題だから、他人があれこれ言うべきではない」と言っていました。もちろん人生は彼のものですよ。でも皆、彼が、あなたが打ち上げる花火を期待しています。あなたの花火がなければ皆が困ります。それも考えてください。いただいたものを活かして、善いことをする。人のために善いことをする。わざとらしくではなく、さりげなく善いことをする。それが花火に火をつけるということです。

ところで、何のために花火に火をつけて打ち上げるのですか。褒められるためですか。そうだとしたらもったいない。実はあなたの花火を人は見ていません。人は上を見る余裕がないのです。皆必死になって地面を見つめて歩いています。反射した光を見るだけです。ですから褒められるということを期待していたなら可哀想ですね。誰も褒めてくれません。褒めてくださるのは違う次元からあなたを見ておられる神様です。神様だけがあなたの花火をご覧になって「きれいでしたよ。ありがとう」と言ってくださる。人は見ないです。だってその花火は花火大会の花火ではないのですよ。花火大会だったら皆花火を見て「あぁ、きれい！」と言うでしょう。しかし人生の花火は見ません。ただ地面を見つめているのです。

ですから、何のために花火を打ち上げるのかというと、それは自分自身を含めて皆が歩くことができるようにするためです。自分も含めて皆が歩けるようになるために、あなたは花火を打ち上げるのです。褒められるためではありません。褒めてくださるのは、あなたを見ていてくださっている神様だけです。時々人も褒めてくれることがありますね、それも非常にありがたいことですが。結果として褒められたらいい、そのように生きれば良いと思います。花火の話はここまでですが、忘れてはいけません。花火は量より質です。沢山の花火をもらっている人もいますけれど、少なくても素晴らしい花火を打ち上げる人もいます。

マキノさんという方の扇風機の話をしましょう。マキノさんはハンセン病を患っていました。療養所の自室に扇風機が欲しいと思って、「秋から夏まで計画」で1円ずつ貯めていました。夏が来て、私はマキノさんの部屋に新しい扇風機が置かれているのを楽しみに訪ねましたが、扇風機はありませんでした。

「お金が貯まらなかったのでしょう。」私が訊くと、マキノさんは

「お金は貯まりましたよ。でも長谷川おじいさんにね。」

長谷川おじいさん。二人部屋の隣のベッドには長谷川おじいさんが寝ていました。長谷川おじいさんはテレビを観るのが大好きでした。だからテレビ室まで行って、そこで二時間、三時間、時には四時間、テレビを観ていました。テレビを観るのが楽しみだったのです。ところが、

「彼はね、病気でね、手術して足を切られちゃったんだ。」

ハンセン病。あの当時はそうでしたね。

「だからテレビを観ることができなくなっちゃったので、扇風機のために貯めたお金に、ちょっと借金して、あれを買ってあげた。私は扇風機がなくても死ぬ

ことはないからね。」

何を買ってあげたと思いますか。その時、長谷川おじいさんは自分のベッドで小さなSONYのテレビを観ていたのですよ。楽しそうに。そうです、すごいですね。マキノさんはテレビを買ってあげたのです。自分のために一年計画で扇風機を買うために貯めたお金を、きれいサッパリ諦めて、友達のために小さなテレビを買ってあげました。でも、長谷川さんは目が不自由でした。妥協してラジオを買えば二人で楽しめたのではないですか。二人とも耳は良いので。あるいは扇風機でも二人とも涼しくなって助かるのではないですか。いいえ、長谷川おじいさんが望んでいたものは、ラジオでもなければ扇風機でもなかったのです。彼の欲しかったものはテレビ、テレビなのです。だからテレビを買ってあげた。マキノさんは、自分は歩けるしね、そう思って買ってあげた。こういうことです。これが花火です。その時から既に50年以上も経っていますが、その光景を見た私は、それが花火だと思いましたね。未だに覚えています。たった一発の花火。そのマキノおじさんは目が見えません、お金もありません。小柄で、彼の顔にはひどくその病気の跡が見て取れました。何もないのですね。でも心があるのです。

たった一発の花火。それはとても高く舞い上がり、長い時間力強く輝く花火でした。量より質です。このように私たちも自分なりに花火になりましょう。それが「あなたがたの光を人々の前に輝かしなさい」ということになるのです。

火花を受け入れ、火花になる

もう一つ火について考えてみました。今度は火花。花火の逆。火花を受け入れて火花になる、そうすると光を輝かすことができます。では、車を例にとって考えてみましょう。今のこの時期ですと夜はとても冷え込むことがありますね。翌朝、エンジンをかけてみるとなかなかかからない。もうエンジンが駄目になったから廃車にしましょう、とそういうことではないですね。問題はエンジンではなく、冷えたのが原因ですね。ちょっとした火花がエンジンの然るべき所に入れば、エンジンはすぐにかかります。ちょっとした火花の問題です。火花は動くための誘因にはなっていません。誘因は機械と燃料ですね。でも火花がなければ何も始まりません。ですから、火花を受け入れましょう。私たちは皆、ときに滅入ってしまうことがありますね。いろいろなプレッシャーがかかって、様々な人間関係で悩んで、もう何もかもつまらなくなってしまいます。何かをする気力もなく、だるくて動けない。文字通り元気がありません。ところが、ひとたび火花がその人の心に入れば、元気が取り戻されます。元気になります。

では、火花とは何でしょうか。昔、ある合宿のグループ・ディスカッションで、女子学生がこのようなことを話しました。

「私は自殺しようと思っていたのです。」

とても明るい子だったので皆びっくりしてしまいました。すると、ある一年生の男子学生が、

「冗談でしょう？」

「本当ですか？　なんで辞めたの？」

なぜ辞めたのと質問することもないのですが、彼はなぜ辞めたの、と。すると彼女は

「ある朝、田舎の道を自転車に乗って走っていたら、風が美味しかった。顔にも胸にも風を感じて。あぁ、この世の中にはいいこともあるのね、そう思って自

殺をやめたのです。」

　一年生の男子学生は、

「それは飛躍だな。なんで。そんなことだけで辞める訳ないでしょう。それは飛躍だ。だって風は生まれて初めて感じたわけではないだろう？　どうして？」

彼はとても不思議だったのでしょうね。彼の言い分も分かります。最初はピンと来ません。論理的には飛躍ですが、よく考えてみるとパスカルが言っていた、

〝人間は頭の論理で動くのではなくて、心の論理に従って動く〟

ということですね。彼女は心の論理で動いたのです。つまり、その風は火花だったのです。生き残る、生き続けるための誘因ではなく、きっかけです。それによって元気が取り戻されて、もともと新品同様だった機械と燃料が動いて走り出したのです。

　こんなこともあります。スヌーピーの世界のことです。ルーシーちゃんが、あ

の強烈なお姉ちゃんが泣いていたのですね。

「あぁ、私を愛してくれる人は誰もいない！　私が死んだら泣いてくれる人は誰もいない！　あーっ、ひどい！　ひどい！」

すごく派手に悩んでいる。彼女にはライナスちゃんというつも喧嘩している弟がいる。そのライナスちゃんが、この時はお姉ちゃんがかわいそうだと思ったのですね。

「でも、お姉ちゃんを愛している弟がいるじゃないか。」

そう言うのですね。かわいいことを。お姉ちゃんを愛している弟がいるじゃない、と。その言葉を聞いた途端ルーシーちゃんはガラッと変わって、嬉しくなって歌ったり踊ったりして……いなくなる（笑）。ライナスちゃんが一人残って
「あれ、僕はときどき、いいことを言うみたい。」

とてもいいことを言ったのですね。わざとらしく言ったのではなく、本当のこと。それが非常によく効きました。それが彼女にとって火花だったのです。あなたを愛している人がいますよ。それだけで元気が取り戻されました。

皆さんも、このような火花を受け入れてください。あなたにも来るのです。悩んでいるあなたの娘さんにも来るでしょう。火花を散らすのは恋愛だけではありません。全ての火花は恋人のように、あなたの心に働きかけるでしょう。風かもしれないし、弟かもしれない。ラーメンが美味しい、それでもいいです。何でも火花になり得るのです。受け入れる姿勢さえあれば全ての物事は火花になるのです。

また、火花は素直な心で受け入れなければなりません。では、素直な心とはどのような心かというと、人生のささやかな喜びを感じて嬉しいと言えるような心です。素直な心で火花を受け入れる。火花はいっぱい来ます。でも私たちが威張って、謙遜さがなく感謝の気持ちが足りないと、火花が来てもススッと逃げてしまいます。掴もうとする手をすり抜けてしまうのです。火花を素直な心で受け入れて、人々のための火花となれるようにしましょう。

もう一つ、ある小学校の話です。この学校は大変荒れていました。ですから卒業生の中には売春や麻薬、殺人事件などで刑務所に入った者もいました。環境が劣悪でしたから、学生たちもすっかり荒んでしまって反社会的勢力のようでした。そのような折、ある教師は受け持った学年の生徒たちも例外なく卒業生と同じ道を辿ることになるだろう、そう学校の存続を悲観して、閉鎖を提案するメモをファイルに挟みました。それから20年の時が経ったある日、現職の若い教師がひょんなことから、このファイルを手にしました。

「おい、面白いよ、見て、見て。このファイルに、この20人の生徒は20年後、まともに生きている者はいないだろう、とある。調べてみようか。今どんな大人になっているか。」

彼らは住所を調べて5、6人にあたってみました。ところが、皆普通にやっています。子供たちは、きちんとしたきれいな身なりをして、学校を出て、職に就いていました。

「意外だな。面白い。全員にあたってみようか。」

テープレコーダーにカセットを入れて持参し、一人ひとりにあたってみました。皆健全な生活を送っていました。これはおかしい。前後の学年の卒業生は全て碌な生活をしていないのに。どうしてこの学年の子供たちだけは健全になったのか？ 何か原因があるはずです。それで尋ねてみました。

「何かあったのですか？」

「別に。」

「誰か、いい先生に会ったとか？」

「まぁ、いたことはいたんですけど。」

「何か起こったのですか？」

「別に。」

何も情報になるようなことは出てきません。空振りで学校に戻りました。

「失敗だったなぁ。でもこれはおかしい。絶対何かあるはずだ。もう一度聞きに行ってみよう。」

そして、何度も何度も聞いて回ると、「これだ！」ありましたよ。「女の先生」という言葉がほとんどの卒業生から出てくるのです。絶対にこの人です。この人の影響でみな真面目に人生を歩むことになったのでは。彼女は何者なのでしょう？ 教務課で調べてみました。

「あの、20年前、この学年に女の先生がいませんでしたか？」

「いや、いないよ。」

「いたはずですよ。」

「いないよ。あっ、あ〜、いた、いた。一年だけ。あまり賢くなかったので一年で首になりました。」

一年間しか教えていません。

「この人だ。間違いない、この人だ。どこに住んでいますか？」

住所を教えてもらって早速訪ねました。

「ごめんください。」

「はい、どうぞ。」

彼女は、もうおばあさんになっていて、安い下宿に住んでいました。

「あの、早速ですが、この名簿の生徒を覚えていらっしゃいますか？」

彼女は涙を浮かべて、

「あぁ、かわいかったわねぇ。この子たちはかわいかったわねぇ。元気かしら。」

「とても元気ですよ、先生。おかげさまで。」

「おかげさまで？」

「先生のおかげでみんな健全です。真面目に生きています。ですから、ちょっとインタビューさせていただけますか？　先生はどこの大学を卒業なさったのですか？」

「いいえ、私は大学に行っておりません。」

「そうですか。何か本をお書きになったとか？」

「本？　とても、とても。私は頭が悪くて。」

「でも、小さな記事になるようなことでもされたとか？」

「いいえ、私は頭が悪くてとてもそんなことは。でもまぁ。」

「じゃあ、先生の教育論についてお聞かせください。」

「教育論ですか？」

「教え方は厳しかったのですか？」

「まぁ、普通……」

「優しかったでしょう？」

「まぁ、普通……」

「何かお説教なさったのですか?良い話でも。」

「話はしましたけど、別に普通の話です。」

どうやら、この人ではないみたい、帰りましょうか。

「どうもありがとうございました。非常に参考になりました。」

時間の無駄だったねぇ。

カセットを片づけて帰ろうと思ったその時、彼女は、まだ一人目を真っ赤にしてその名簿を見つめていました。

「本当にかわいかったわねぇ。本当に愛していたわ。」

そう独り言を言って。

すると二人の教師は、

「聞いたかい? これだよ。これ!」と。

「かわいかったわねぇ。本当に愛していたわ。」これです。この女性教師の子供たちへの愛が子供たちを健全にしたのです。愛情不足で敬愛されなかった子供たちは、彼女に愛されて敬愛されたことで、自分の手で自分の将来を作り上げたのです。本当の火花です。生徒たちにも分からなかった火花。いくら聞かれても「別に」と。先生方にも分からなかった火花。一年間で辞めさせられた先生自身にも分からなかった火花。まさか、私は何もしていません。ただただかわいかった。誰にもわからないうちに20人の子供たちは立派な大人に成長しました。

これは母から聞いた話です。母は、

「これは物語ではなくて本当にあったことです。」

そう言っていましたが私はあまり信じていません（笑）。物語みたい。でも、このようなことは起こっているはずです。どの学校でもこの学校でも起こり得ることです。彼女が火花でした。このように私たちも火花となって皆を輝かせましょう。

最後にマタイ5章14節から16節までを読んでいただきましょう。はい、お願いします。

――――聖書の朗読――――

ありがとうございます。少し考えましょう。

それでは、アヴェ・マリアで終わりたいと思います。

✝「アヴェ・マリアの祈り」（480ページ）

お疲れ様でした。ありがとうございました。また来週、どうぞ。

（２０２０年2月13日）

（1）「昔の人の言い伝え」マタイによる福音書15章10～20節
それから、イエスは群衆を呼び寄せて言われた。「聞いて悟りなさい。口に入るものは人を汚さず、口から出て来るものが人を汚すのである。」そのとき、弟子たちが近寄って来て、「ファリサイ派の人々がお言葉を聞いて、つまずいたのをご存じですか」

と言った。イエスはお答えになった。「わたしの天の父がお植えにならなかった木は、すべて抜き取られてしまう。そのままにしておきなさい。彼らは盲人の道案内をする盲人だ。盲人が盲人の道案内をすれば、二人とも穴に落ちてしまう。」するとペトロが、「そのたとえを説明してください」と言った。イエスは言われた。「あなたがたも、まだ悟らないのか。すべて口に入るものは、腹を通って外に出されることが分からないのか。しかし、口から出て来るものは、心から出て来るので、これこそ人を汚す。悪意、殺意、姦淫、みだらな行い、盗み、偽証、悪口などは、心から出て来るからである。これが人を汚す。しかし、手を洗わずに食事をしても、そのことは人を汚すものではない。」

第16回　愛の掟

律法について　マタイによる福音書　5章17節
腹を立ててはならない　マタイによる福音書　5章21〜22節
姦淫してはならない　マタイによる福音書　5章27〜28節
離縁してはならない　マタイによる福音書　5章31〜32節
誓ってはならない　マタイによる福音書　5章33〜34、37節

† 「平和を求める祈り」（480ページ）

おはようございます。新型コロナウィルスが怖いですね、皆さん気をつけましょう。

先週は光について考えましたが、今日はそれについて完成させましょう。まず

予告ですが、イエス・キリストは次のように言われました。これから朗読される部分です。

「わたしが来たのは律法や預言者を廃止するためだ、と思ってはならない。廃止するためではなく、完成するためである。」

完成する。そのために私たちの人生を改善することにしましょう。では、読んでいただきましょう。ややこしいので迷わないでください。マタイ5章17節、飛んで21節から22節まで。また飛んで27節から28節まで。飛んで31節から34節まで。そして37節。これは先週の日曜日の福音でした。では、読んでいただきましょう。お願いします。

律法について：マタイによる福音書　5章17節

「わたしが来たのは律法や預言者を廃止するためだ、と思ってはならない。廃止するためではなく、完成するためである。」

腹を立ててはならない：マタイによる福音書　5章21節～22節

「あなたがたも聞いているとおり、昔の人は『殺すな。人を殺した者は裁きを受ける』と命じられている。しかし、わたしは言っておく。兄弟に腹を立てる者はだれでも裁きを受ける。兄弟に『ばか』と言う者は、最高法院に引き渡され、『愚か者』と言う者は、火の地獄に投げ込まれる。」

姦淫してはならない：マタイによる福音書　5章27節～28節

「あなたがたも聞いているとおり、『姦淫するな』と命じられている。しかし、わたしは言っておく。みだらな思いで他人の妻を見る者はだれでも、既に心の中でその女を犯したのである。」

離縁してはならない：マタイによる福音書　5章31節～32節

「『妻を離縁する者は、離縁状を渡せ』と命じられている。しかし、わたしは言っておく。不法な結婚でもないのに妻を離縁する者はだれでも、その女に姦通の罪を犯させることになる。離縁された女を妻にする者も、姦通の罪を犯すことになる。」

誓ってはならない：マタイによる福音書　5章33節～34節、37節

「また、あなたがたも聞いているとおり、昔の人は、『偽りの誓いを立てるな。主に対して誓ったことは、必ず果たせ』と命じられている。しかし、わたしは言っておく。一切誓いを立ててはならない。天にかけて誓ってはならない。そこは神の玉座である。

あなたがたは、『然り、然り』『否、否』と言いなさい。それ以上のことは、悪い者から出るのである。」

ありがとうございました。お疲れ様でした。17節を見てください。

「わたしが来たのは律法や預言者を廃止するためだ、と思ってはならない。」

ここで言う律法と預言者は聖書という意味ですね。律法と預言者は聖書の柱です。二本の柱。ですからその言葉を使う時は聖書を意味しています。ここでは、現在使用している聖書はもう古いので旧約聖書ということにして廃止しましょう、そして今度は新しく新約聖書を取り入れましょう、ということではあり

ません。廃止するのではありません。完成するのです。旧約聖書を完成させることが新約聖書となるのです。では、私たちも人生において、小さなことから大きなことまで、何かしら変えなければならない時がありますね。何かを変える。古くなったものを新しくしよう。何かを新たにする時はイエス様のようにすればいいと思います。古くなったことを廃止するのではなく、古いものの根本を掴んで新しい状態に合わせて活かす、このプロセスが良いと思います。ですから、古いものの根本を、つまり良い部分を掴んで、それを新しい状態に合わせる。この改善の方法、完成の方法が良いと思います。例えば、新しい家を建てる時には古くなった家を壊さなければなりません。しかし、ほとんどの場合、おもに精神的なことに対しては、古いものの良いところを掴んで捨てないでください。そうしなければもったいないです。古い良いものを失うのはもったいない。でも、そのままでは合わないので、新しい状況に合うようにする、というプロセスが必要かつ大事です。

「シェマ、イスラエル」

イエス様ご自身は、というと旧約聖書の根本を掴みました。その根本は何かというと、ひと言で言うのは難しいのですが。イエス様の考えと、当時のユダヤ人の考えから言うと、つまり「イスラエルよ、聞け」です(1)。いつか話したことがあると思います。「イスラエルよ、聞け。」全てをここで申し上げるのは長いのですが、

「心を尽くし、精神を尽くし、思いを尽くし、力を尽くして、あなたの神である主を愛しなさい。隣人を自分のように愛しなさい。」

これが根本です。神を愛し、人を大切にする。これが聖書の基本。聖書の根本です。この言葉には、いつか話したと思いますが、専門用語があります。それはヘブライ語で「聞け」という意味、「聞きなさい」という「シェマ」です。SHEMA。これはヘブライ語です。ちょっと格好つけて覚えておきましょう。シェマ。最初の言葉です。「イスラエルよ、聞け」ですからこの文章の冒頭は題名になっています。よく使われますし、全て言うのは長くなるので「シェマ」と言えば皆ピンときます。

皆さんの旦那さまがテレビばっかり見ていて、あなたの話を聞いてくれない時

にも、「シェマ！」と言えばいい、聖書の力を借りて（笑）。

これが根本です。ですから、その根本をユダヤ人たちはよく知っていました。毎日三回唱えなければなりませんでしたから、暗記していました。門にも服にも、どこにでも書かれている言葉です。「シェマ、イスラエル」、それは旧約聖書の中でモーセが書いた神の言葉です。いろいろな所に書いてあります。

イエス様はその言葉を引用されています。誰もがその言葉を知っていたのです。ところがイエス様は、その言葉を心に留め、行いで実現されました。それはイエス様の新しさと言えます。古い、旧約聖書の根本を心に留めて、単なる知識として言葉で繰り返すのではなく、心に留めつつ行いで実現されたのです。これはイエス様が聖書に書かれていること全てが完成されるためにとられた方法です。心に留める。旧約聖書には多くの掟がありました。そして今度は新しい掟を定めるにあたって、その重要性を確固たるものにするため、旧約聖書由来の掟をより厳しく定めたのです。例えばシェマというのは愛の掟です（主を、隣人を愛しなさい……とあります）。このように愛という掟に合っている、深く結びついている掟です。イエス様はこれから挙げるように完成されました。では、ご一緒にいくつかの例を読んでみましょう。愛と直接結びついている掟をより厳しく定めるのです。いくつかの例を考えてみましょう。

殺してはいけない

まず、21節。「あなたがたも聞いているとおり、昔の人は『殺すな』と命じられている」とあります。22節、「しかし、わたしは言っておく。兄弟に腹を立てる者はだれでも裁きを受ける。」ですから、殺してはならないことはもちろんのこと、それればかりでなく、口で人に深い傷をつけること、それもいけないと言っています。愛との関わりを考慮して更に厳しくされています。口でも人に深い傷をつけることができますね。反省しましょう。私たちは怒っている時、あるいは僻《ひが》んでいる時、皮肉を言って人に対して本当に嫌なことをします。自分らしくない行いです。妬んでいる自分は自分らしくないです。人を妬んでいる時、人は自分らしくないことをしてしまうのです。自分らしくないことを言ってしまいます。また、人に対して恨みがある時、必要以上のことを言ってしまうのです。それは人を殺すのと同罪です。

ひどい悪口を言う。あるいはひどい噂をする。このような行いはいけません。人は口で人を殺すことができます。自分が言い始めた噂でなくても、流したり、人づてに聞いたことを無責任に広めたりしないでください。皆好きですね「聞いて、聞いて。こんな話を聞いたよ。知ってる？」と。噂は止めるべきなのに、広めてしまう。イエス様はこのようなことも「殺すな」という規則の中に入れられました。より厳しくしたのです。

あるいは、目。目でも人を殺すことができます。軽蔑の眼差し。他の人にはわからないかもしれませんが、本人にはよく分かります。軽蔑の眼差しは本当に人を深く傷つけることになります。

あるいは、人を無視する。しかも長い間無視する。場合によっては、私はあなたを無視しているよ、あなたは私にとって何でもないと相手に伝わるように無視する。それは良くない。物事を決める時には、その人を絶対相手にしないようにしましょう。無視することは「殺す」という中に入ります。

もっとひどい場合もあります。無意識のうちに無視する。自分でも気付かないうちに人を無視している。それはもっとひどいことかもしれません。無視される人の存在は全くありません。全然相手にしません。名前すら、本当に無視。それは人を殺すということです。ですからより厳しく設定して掟が完成されることを追求されました。

姦淫するな

「あなたがたも聞いているとおり、『姦淫するな』と命じられている。しかし、わたしは言っておく。みだらな思いで他人の妻を見る者はだれでも、既に心の中でその女を犯したのである。」

ですから、姦淫という肉体的な行為がなくても、みだらな思いで見た時は既に罪を犯したも同然、ということですね。これは心の問題です。「姦淫するな。」これも愛と関係があります。愛と深く結び付いています。ですから更に厳しくするのです。イエス様が求められるのは、体にも表れる心の忠実性です。体の忠実性だけではなく心の忠実性も求められています。皆さんは女性の立場から見られるのでよくわかると思いますよ。みだらな思いで見られるということは、誘う目で見られるということです。人は目で誘うことができます。しかしそれはみだらな思いです。指一本も触れてはいないのですよ。でも誘い手の胸中にある思いは紛れもなくみだらなものです。

もう一つは、これも皆さんの方がよく分かると思います。嫌らしい目で見られる。何もしなくても心の中で思っていることが、嫌らしさとなってその目に表れます。ですから、心の忠実性が問われるのです。私たちは旦那様にも心の忠実性について話した方がいいと思います。よく言っておく。しつこく言うのではなく、感じさせる、ということですね。現代社会において、浮気は美化される傾向があります。憧れますね、という雰囲気がありますが、それに惑わされないようにしましょう。しっかり心に向き合いましょう。

たとえば、ある女性のことを考えましょう。ある奥様が旦那様以外の男性を好きになったとします。それは防ぎようがありませんでした。自分でもそのような関係を望んでいたわけではありませんでした。ただちょっとした知り合いとか、友達だっただけです。それなのに自分でもわからないけど突然惹かれるようになりました。その感情を抑えることはできません。交通事故のようなものです。当たり屋というのが昔ありましたね、わざと当たってくる。それは浮気ではないです。それは仕方がないです。まぁあまり会わないようにしていれば自然に治まるでしょう、と。ところがもう一歩進むことがあるのですよ。その人のことで頭の中はいっぱい、あれこれと想像しては楽しむ。それは、微妙というよりは既に浮気の域に入っているのではないですか。あまりビクビクする必要もありませんが。心の問題は難しい。誰に邪魔されることなく心の中で自由にその人のことを想像して楽しむのは……。

そしてこのようなこともあり得ます。自分の思いを意中の相手に知らせること。これは非常に大きいですよ。すると自らどのように会えるか、どこで会えるか、いつ会えるか、そのようなことを考え始めるでしょう。そのようなプロセスはイエス様流に言えば、心の中の浮気になるかもしれません。ですから、体にも心の忠実性を大切にする。姦淫しないだけでなく、心も純潔を守るように。それは旦那様にもお伝えください。

もう一つの点。これは次の離縁状のことですが。31節。

『妻を離縁する者は、離縁状を渡せ』と命じられている。」

モーセがこのように言いました。離婚する人は離縁状を渡す。これは妻をたてることになります。私には合わなかったけれど、とてもいい方ですから……。それに離縁状を使えば彼女は正式に再婚することもできますね。とにかく、それはモーセが決めたことで当たり前のことですね。

「しかし、わたしは言っておく。」

イエス様は言われます。

「不法な結婚でもないのに妻を離縁する者はだれでも、その女に姦通の罪を犯させることになる。」

イエス様は離婚に対してとても厳しい。厳しいですね。もちろん、イエス様はいつも厳しさを持っておられます。方針がはっきりしているということですね。ただ、その中に例外はあります。それが、私がイエス様を好きな理由の一つですね。本当に厳しいこと、方針を躊躇なく決められる一方、柔軟性も持ち合わせておられます。ですから時と場合によっては認めることもあります。

このように考えてください。なぜイエス様はこの離婚に対して非常に厳しい態度をとられるかというと、理由の一つは、イエス様はいつも弱い立場に置かれている人の立場から物事をご覧になるということです。イエス様は弱い人の味方です。イエス様の時代は現代とは異なります。現在は女性が大学に行って学び、職に就くことができます。家から追い出されることもありません。ところがイエス様の時代は違います。この時代のユダヤの女性は勉強をしてはいけなかったのです。いくら頭の良い子であっても勉強してはいけませんでした。それに軽々しい理由で追い出されることもありました。ご飯がまずいとか、しゃべりすぎるとか。そのような理由で追い出されていたのです。ですから弱い立場に置かれていた女性の味方でした。男性は調子いい。離縁状を出して他の人と結婚すればいいのですから。しかし彼女には何もない。これはいかん、とイエス様がお考えになった。これが理由の一つです。

もう一つの理由。イエス様は物事にすぐ飽きることを嫌います。ですからよく考えて選ぶようにしましょう。イエス様は72人の弟子たちを派遣した時こう言われました。

「家から家へと渡り歩くな。どこかの町に入り、迎え入れられたら……」(2)

飽きっぽいのは嫌い。わがままは嫌い。

そして、「鋤に手をかけてから後ろを顧みる者は、神の国にふさわしくない」(3)と。

前に向かって歩きなさい、とことん行きなさいということです。

結婚

ですから、私は結婚の準備講座の時にこの例を出します。結婚する姿勢には二つの姿勢があります。極端な話ですが。結婚生活はあるマンションだと想像してください。変な例ですけれども、マンションだと。そこに二組が入ります。

最初一組が入る時、ドアを中から開けやすくしておくのです。そして二人が中に入ります。うまくいけばずっと中に留まります。喜んで残るよ。ところが、問題が生じたり、愛が弱くなったり、あるいはもっと魅力的な異性が現れたりした場合、悪いけれど一人はそのドアから出て行くつもりです。相手も「私もです。」

「じゃあそうしましょう。」「はい。」「では、問題がなければ二人残りましょう。」この姿勢で結婚するのはちょっと極端ですけれども、あり得ますね。その時、このような姿勢で結婚する二人の離婚は明らかですね。目に見えています。確実に問題はやって来るでしょう。問題が生じたら、はいさようなら。それはもう目に見えています。

二組目が入ります。入ったら中からドアを閉めて鍵をかけて、二人共鍵を持っているので、鍵を窓から捨てます。道を歩く人にあたらないように窓から捨てます。そして中に入ります。問題が起こるであろうことは覚悟の上で入ります。この二人には問題を解決する謙虚な自信があります。なぜなら今結婚する時、愛を保って深める手段を誓うからです。今の愛を保って深める手段がありますね。それは心の中に入っています。このようにすれば愛が弱くなり、このようにすれば愛は強まるということが分かっています。この手段を用いれば離婚することは考えないでしょう。いろいろな問題があるでしょうけれど、忍耐は美しい。それはそうでしょう、お互いに忍耐しなければならないのですよ。だって人間は誰しも欠点ばっかりですから、相手もそうでしょうからぶつかるに違いありません。けれども、互いに忍耐し合って、合計でトータルで喜んで一緒にいる。皆さんがそうであろうと信じていますし、そう望んでいます。ですからこのことをイエス様は望まれています。今の愛は、あなたがその愛を保って深める手段を果たす限り、離婚の危機は全くないのです。ですからその姿勢を求めるようにしましょう。

ただ一つ、私はこのようなことが面白くないと思うのだけど、「わたしは言っておく。」32節です。「しかし、わたしは言っておく。不法な結婚でもないのに」とありますが、この不法な結婚とは何ですか。これもまた問題です。オリジナルのギリシャ語ではポルネイアというのです。PORNEIAと書いてある。ポルノのポルネイア。みだらな汚らしいこと。それは何でしょうか。その解釈にはいろいろあります。プロテスタントの牧師さん方が広く解釈するのです。たとえば浮気。浮気はポルネイア。あるいは相手のみだらな生き方とか。あるいは愛がなくなったばかりでなく、もう一緒にいられないほど嫌いになったとか。そのような場合、ポルネイアはこのように解釈するのです。ですからその場合離婚を認めます。ところがカトリックはもっと厳しくするのです。ポルネイアというのは今ここに書いてあるとおり、不法な結婚と解釈します。不法な結婚でなければ離婚してはいけない。では不法な結婚とは何かというと、極端に言えば当時のユダヤ人が母親と結婚すること。そのようなことがときどきあったらしいです。あるいは兄弟同士で。それらは不法な結婚です。それは無効です。

私たちカトリックにおける結婚の定義は、私個人が思うには、いずれ変わるでしょう。まだ当分の間は変わりません。いずれ変わると思います。でも今のところは不法な結婚の時は別れてもいいことになっています。それは離婚するというより、その結婚はもともと存在しなかった、成立しなかったという宣言が出るのです。不法な結婚。たとえば家族で結婚、兄弟で結婚したという場合。あるいは、相手に別の女性がいて、その女性と未だつき合っていた。そしてその事実を奥さんは知らなかった。それを知っていたなら結婚しなかったのに。これは不法な結婚だったので成立しません。あるいは当事者たちの意思が尊重されなかった、ということもありますね。二人はまだ結婚したくなかったのに、同棲が見つかって、「同棲しているくらいなら結婚しろ！」とお父さんが厳しく迫ったので、二人はその時点で結婚という形式はとりたくなかったけど、仕方がないから結婚したと。そのような場合も認めます。あるいは相手がゲイだということを知らなかったとか、相手には重篤な病気があったとか。あるいは多額の借金を抱えていた。あるいは酷いギャンブル依存症であったとか。そのような事実を知らずにした結婚は無効です。それらは不法な結婚です。その時は、先程言ったように、もともと成立しなかったという宣言が出ますが、離婚ではありません。私はこのような背景を持つ結婚はあまり好きではありません。好きなのは、マンションに入る二人が今の愛を保って深める手段を守る結婚です。これなら万事うまくいくはずです。それが結婚で一番大切なことです。

誓い

もう一つ。34節「しかし、わたしは言っておく。」その前に33節「偽りの誓いを立てるな。」誓いのことです。これは神への愛、神を愛するということに結びついているので、より厳しくするというのです。そのプロセスは最初このようなものでした。まず誓いを立てる。そして「神にかけて誓う」と言うのならそれをしっかり守りなさい。というのは、ユダヤ人たちは商売をする時嘘をついても構わなかったのです。嘘をついてもよかった。本当のことを言う時もありますよ。でも本当のことを言ってもその時相手は信じてくれません。それも嘘でしょう、と。すると商人は「神にかけて誓う」と言うのですね。するとそれを聞いた客は「あ、これなら本当だ」と信じるわけです。

ところが誓いを立てても守らない人もいました。するとモーセは、それではいけない。「神にかけて誓う以上は必ず守らなければならない。」そしてその後もっと厳しくなって行きました。そして商売をする時は神にかけて誓ってはならないことになりました。神の名前をもてあそんではいけない。十戒の第二の掟ですね。ところがユダヤ人は頭がいいので、うまく逃げたのです。神の名前にかけては誓えないから、天にかけて誓おうと。天と神は同じですけど、神という言葉は使ってないのでギリギリセーフ。ところがそれも駄目だと言われます。では、エルサレムにかけて誓おう。エルサレムも神様のものですよ。それも駄目だ。では神殿にかけて……。それも駄目。神殿の黄金にかけて……。駄目。祭壇にかけて……。供え物にかけて……。いろいろなものに誓っていたのですね。

しかし、イエス様は抜本的に、34節「しかし、わたしは言っておく。一切誓いを立ててはならない。」37節『然り、然り』『否、否』と言いなさい。」ですから、あなたがたが誠実で嘘をつかない人なら、武士道の精神のある侍だったなら、誓う必要はないはずですよ。どこか紙に書いて約束すると。「はい」、「然り」と言えば、必ず実行しますよ。そのような信頼される人になればいいのです。あなたは誓ってはいけない、ということは、イエス様は誠実さを求めておられるということなのです。嘘を言わない。約束を守る。誠実で忠実な人になりなさい、と。それなら然り、然り、否、否。いいですね。

しかし、疑問に思う点があるかもしれません。私たちは日常的にあまり誓う機会はありませんけれど、例えば結婚式の時など神の前に誓いますね。でも、神にかけて誓うということと、神の前に誓うということは違います。

結婚式の時は神にかけて誓うというのではなく、神の前で誓うのです。商売と結婚は別です。それに結婚式の時その誓い、誓約を求めるのは、相手に安心感を与えることより、自らの責任を自覚するという意味合いが強いです。責任感を抱かせるのです。誓えば相手は安心します。この人は神の前に誓ったので、間違いないでしょう、と。そのようなことは元より、自分に対して誓う。私は神様の前に誓ったと同時に社会とご両親、皆の前にも誓ったので責任を感じています、と。このように自分の責任感を強めるため、同時に相手に安心感を抱かせるためにも誓うのです。

ゆるし合い

もう一つあります。聖書の別の箇所に書いてある、これです。

「『目には目を、歯には歯を』と命じられている。」「しかし、わたしは言っておく。敵を愛し、自分を迫害する人のために祈りなさい。」(4)

律法には「目には目を、歯には歯を」と書いてあります。確かにこれはけじめをつける意味で書かれているのですね。ですから一本の歯に対して二本取らないで一本だけ、けじめです。ほどほどに復讐しなさい。でも復讐はしなさい。してもいいだけではなく、した方がいいと。ところが、「しかし、わたしは言っておく。敵を愛し、自分を迫害する人のために祈りなさい。」復讐は復讐を呼ぶのですね。あなたが復讐すれば今回は相手が負けるでしょう。でも相手も黙っていませんよ。力を集めてまたやってきます。そしてあなたも更に報復するでしょう。私たちの歴史を見返す時、人類の歴史は戦争だらけの歴史です。これは復讐をするからですね。ですから復讐をやめなさい。自分の方から螺旋を切りなさい。その方がいいと言うのですね。私たちは復讐と恨みに敏感すぎるのかもしれません。ゆるし合えば両者の勝ちですし、復讐は両者の負け。復讐と恨みは砂浜の砂のようなものです。砂を手で掴んで相手の目をめがけて投げつければ、相手の目に砂が入ってすごく痛い。ところがひとたび風向きが変われば相手に向かって投げた砂はあなたの目に入ります。やっぱり、話し合いとゆるし合いと譲り合いがいいですね。

フランソワ・モーリアックの「蝮の絡み合い」という話をしましょう。小説の題名です。フランソワ・モーリアックはフランスの作家です。登場する夫婦に生じた小さな誤解の話です。夫には劣等感があり、自分は愛されていない、好かれていないと思い込んでいました。それがよくなかったのです。謙虚な自信があればよかったのに。ところが、ある若い女性が彼に好意を持ちました。「本当に愛していますよ」と。そして結婚しました。彼は幸せでしたね。ところが、新婚旅行の帰り、南フランスのとある地方を訪れた時、ベッドで二人話していました。電気がなく、真っ暗で何も見えない中。妻は夫に焼きもちを妬かせようと古いテクニックを使って、ペラペラとしゃべりだしました。

「私にはボーイフレンドがいました。彼はとても格好良かったのですよ。」

夫は劣等感のかたまりですから、相手が悪かったです。表情も見えないし、見えたなら、あ、ちょっとまずいかも、話題を変えましょうとなったでしょう。でも彼女は話し続けました。

「すごく格好良かったし、話が合って楽しかった。」

夫は、自分は恰好悪いのに、と思います。

「本当にスマートで。」

夫は、自分は野暮ったいし、と。

「話の運び方がすごく面白くて。」

やっぱり夫は自分が退屈な人間なのだと。

だんだん、だんだん悔しくなって、この女は私を愛していない。愛しているのは昔のボーイフレンドなのだ。自分はお金持ちだから、お金目当てに結婚したのだと思い始めました。あくる日話し合えばよかったのに、しませんでした。そして復讐を考えだしました。よくもばかにしてくれたな、覚えておけよ、と。

あくる日。

「これからは寝室を別々にすることにしよう。」

「え？　どうしてですか。」

あの当時のフランス人にとっては、若い夫婦が別々の部屋に寝るのは考えられないことです。

「その方がいいと思う。」

これが彼の復讐です。夫婦らしい会話はひとつもありません。話し合いをすればよかったのに。プライドで、劣等感の反動で復讐心が芽生えました。彼女は逆に、この人のこの態度は、きっと私の他に女性がいるのだわ、と思って、更なる誤解を招きます。それでも話し合いはしません。そのようなわけで、互いにもう

30年間、蝮の絡み合い。子供は四人いましたが、あとはこれといって何でもありません。最後に分かるのですが、その憎しみあっているとばかり思っていた夫婦は、本当は愛し合っていたのです。最後に老夫婦となった二人は、ある時庭を歩きながら、「寒いですか」と。夫の手が妻の肩に触れたのだと思います。「寒いですか。」妻は夫の手を感じて、ずっとこの人を愛していたことに気付きました。

「明日、仕事でちょっとパリに行ってきます。」

「そう、いってらっしゃい。」

30年ぶりに夫婦らしい会話をしました。ところが彼はパリで狭心症を起こして亡くなってしまったのです。夫の死後、日記を読んでみると、他に女性はいませんでした。それればかりか夫は自分の妻を常に愛していました。愛していたからこそ憎んだ。幸せになることができたはずなのに、話し合い、譲り合うことなく、プライドと傲慢で復讐を選んだのです。残念ながら二人は不幸になったのです。

ですから、イエス様はゆるしなさい、と言われます。ゆるし合い。心からゆるしなさい。すなわち、また付き合って、また受け入れて、また信じる。また付き合って、また話し合って、また受け入れ合って、直らない欠点のあるこの人を受け入れます。そしてまた信じ合う。１００％信じることはできなくても、十分信じることができるはずです。それが、イエス様が選んだ道です。

人を癒す

最後に、他にも掟があります。例えば安息日を守る。ここには書いてありませんが。安息日を守る。イエス様は何度もこの掟を守りませんでした。安息日に人を癒しました。それがいけなかったのです。ところがイエス様はこのように言われました。「安息日という掟は直接愛に結びついていないだけでなく、今の状態にはこの掟は愛の掟と矛盾しています。わたしはこの安息日の掟を守ることによって、人を癒すことができなくなります。ですから、わたしは人を癒すという根本的な掟を選ぶことにします。そのことによって、安息日という掟を守らない、というより超えることができるからです。」(5)

たとえば、車は信号を守りますね。守らなければなりません。赤信号を無視すると罰金です。ところが救急車には赤信号は関係ありません。救急車は赤信号を無視するのではなく、救急車の前には赤信号が赤信号でなくなるのです。その意味で、イエス様は安息日を無視するのではなくて超えるのです。この愛の掟を守るために必要だからです。とにかく私たちは、いろいろなことを改善したり、完成したりしなければなりません。根本を掴んで、心に受け入れて。ですから、シェマということは心に受け入れ、行いで実現することです。そのような姿勢で生きていれば、新たに決定すべきことをどんどん決めることができるでしょう。

では、読むのは大変ですから、少し考えましょう。

それでは、アヴェ・マリアで終わりたいと思います。

†「アヴェ・マリアの祈り」（480ページ）

お疲れ様でした。ありがとうございました。また再来週、どうぞ。

（２０２０年2月20日）

（1）「唯一の主」申命記6章4節
　聞け、イスラエルよ、われらの神、主は唯一の主である、あなたは心を尽くし、魂を尽くし、力を尽くして、あなたの神、主を愛しなさい。

（2）「72人を派遣する」ルカによる福音書10章1，3～12節
　その後、主はほかに72人を任命し、ご自分が行くつもりのすべての町や村に二人ずつ先に遣わされた。「行きなさい。わたしはあなたがたを遣わす。それは狼の群れに小羊を送り込むようなものだ。財布も袋も履物も持って行くな。途中でだれにも挨拶をするな。どこかの家に入ったら、まず、『この家に平和があるように』と言いなさい。平和の子がそこにいるなら、あなたがたの願う平和はその家にとどまる。もし、いなければ、その平和はあなたがたに戻ってくる。その家に泊まって、そこで出される物を食べ、また飲みなさい。働く者が報酬を受けるのは当然だからである。家から家へと渡り

歩くな。どこかの町に入り、迎え入れられたら、出されるものを食べ、その町の病人をいやし、また、『神の国はあなたがたに近づいた』と言いなさい。しかし、町に入っても、迎え入れられなければ、広場に出てこう言いなさい。『足についたこの町の埃さえも払い落として、あなたがたに返す。しかし、神の国が近づいたことを知れ』と。言っておくが、かの日には、その町よりまだソドムの方が軽い罰で済む。

（3）ルカによる福音書9章62節

（4）マタイによる福音書5章38～39節

「あなたがたも聞いているとおり、『目には目を、歯には歯を』と命じられている。しかし、わたしは言っておく。悪人に手向かってはならない。だれかがあなたの右の頬を打つなら、左の頬をも向けなさい。」

マタイによる福音書5章43～44節

「あなたがたも聞いているとおり、『隣人を愛し、敵を憎め』と命じられている。しかし、わたしは言っておく。敵を愛し、自分を迫害する人のために祈りなさい。」

（5）「安息日に麦の穂を摘む」マタイによる福音書12章1〜8節

そのころ、ある安息日にイエスは麦畑を通られた。弟子たちは空腹になったので、麦の穂を摘んで食べ始めた。ファリサイ派の人たちがこれを見て、イエスに、「御覧なさい。あなたの弟子たちは、安息日にしてはならないことをしている」と言った。

そこで、イエスは言われた。「ダビデが自分も供の者たちも空腹だったときに何をしたか、読んだことがないのか。神の家に入り、ただ祭司のほかには、自分も供の者たちも食べてはならない供えのパンを食べたではないか。安息日に神殿にいる祭司は、安息日の掟を破っても罪にならない、と律法にあるのを読んだことがないのか。言っておくが、神殿よりも偉大なものがここにある。もし、『わたしが求めるのは憐みであって、いけにえではない』という言葉の意味を知っていれば、あなたたちは罪もない人たちをとがめなかったであろう。人の子は安息日の主なのである。」

「手の萎えた人をいやす」マタイによる福音書12章9〜13節

イエスはそこを去って、会堂にお入りになった。すると、片手の萎えた人がいた。

人々はイエスを訴えようと思って、「安息日に病気を治すのは、律法で許されていますか」と尋ねた。そこで、イエスは言われた。「あなたたちのうち、だれか羊を一匹持っていて、それが安息日に穴に落ちた場合、手で引き上げてやらない者がいるだろうか。人間は羊よりもはるかに大切なものだ。だから、安息日に善いことをするのは許されている。」そしてその人に、「手を伸ばしなさい」と言われた。伸ばすと、もう一方の手のように元どおり良くなった。

二〇二〇年二月は、新型コロナウイルスの感染が急速に拡大し、その防止策として外出自粛や人々が社会的距離を取ることが求められました。そのため下旬以降、一つの空間に多くの方が集まって講話を聴くことが難しくなり、「二〇一九年度ガラルダ神父様の教え」は今回が最後となりました。残念ですが、途中で終わる形になりました。その後、「ガラルダ神父様の教え」は二〇二〇年十月に再開しました。いつの日か更なる「もうひとさじ」をお届けできることを願っております。最後までお読みくださりありがとうございました。

「主の祈り」

天におられる私たちの父よ、
み名が聖とされますように。
み国が来ますように。
み心が天に行われるとおり
地にも行われますように。
わたしたちの日ごとの糧を　今日もお与えください。
わたしたちの罪をおゆるしください。
わたしたちも人をゆるします。
わたしたちを誘惑におちいらせず、
悪からお救いください。
アーメン。

「アヴェ・マリアの祈り」

アヴェ、マリア、恵みに満ちた方、
主はあなたとともにおられます。
あなたは女のうちで祝福され、
ご胎内の御子イエスも祝福されています。
神の母聖マリア、
わたしたち罪びとのために、
今も、死を迎える時も、お祈りください。
アーメン。

「平和を求める祈り」

わたしたちをあなたの平和の道具としてお使いください。
憎しみのあるところに愛を、
いさかいのあるところにゆるしを、

分裂のあるところに一致を、
疑惑のあるところに信仰を、
誤っているところに真理を、
絶望のあるところに希望を、
闇に光を、悲しみのあるところに喜びを、
もたらすものとしてください。
慰められるよりは慰めることを、
理解されるよりは理解することを、
愛されるよりは愛することを、わたしが求めますように。
わたしたちは与えるから受け、
ゆるすからゆるされ、
自分を捨てて死に、永遠のいのちをいただくのですから。

「親の祈り」

神様
もっと、よい私にしてください。
子どものいうことを　よく聞いてやり
心の疑問に　親切に答え
子どもを　よく理解する私にしてください。
理由なく　子どもの心を傷つけることのないようにお助けください。
子どもの失敗を　笑ったり　怒ったりせず
子どもの小さい間違いには目を閉じて
良いところを見させてください。
良いところを　心から褒めてやり
伸ばしてやることができますように。
大人の判断や習慣で
子どもを　しばることのないように
子どもが自分で判断し

自分で正しく行動していけるよう
導く知恵をお与えください。
感情的に叱るのではなく
正しく注意してやれますように。
道理にかなった希望は　できるかぎりかなえてやり
彼らのためにならないことは
やめさせることができますように。
どうぞ　意地悪な気持ちを取り去ってください。
不平を言わないよう助けてください。
こちらが間違った時には
きちんとあやまる勇気を与えてください。
いつも　穏やかな広い心を　お与えください。
子どもといっしょに　成長させてください。
子どもが　心から私を尊敬し慕うことができるよう
子どもの愛と信頼にふさわしい者としてください。

子どもも私も　神様によって生かされ
愛されていることを知り
他の人々の祝福となることが　できますように。

イエズス会 出版許可証

Opus, cui titulus est

『こころのティースプーン　もうひとさじ』

Auctore　著者

ハビエル　ガラルダ神父

IMPRIMI POTEST

出版許可

Tokyo, October 28, 2020

Quaedam vero correctiones utiles erunt ad opus perpoliendum, ut ex indiciis Cenaorum constat. (修正事項や提案など)

校閲者評：読みやすくできている。講話の形（はじめの祈りに繰り返しが多い）をそのまま生かすのかあるいは省略するのかの判断も必要であろう。

イエズス会日本管区長補佐
Socius, Japan Province, Society of Jesus

山岡三治 sj

注：この許可には出版費用は含まれません。
出版契約手続きは出版社と本部（会計室）との間で行います。

《ハビエル・ガラルダ (Javier Garralda S.J.)》
上智大学名誉教授 麹町聖イグナチオ教会協力司祭
1931年 スペイン・マドリード生まれ
1948年 イエズス会入会
1956年 コンプルート大学大学院哲学研究科修了
1958年 来日
1964年 上智大学大学院神学研究科修了 司祭叙階
上智大学文学部教授、上智大学文学部人間学研究室室長、
上智大学社会福祉専門学校校長、聖心女子大学講師を歴任
2018年5月「瑞宝小綬章」受章
著書に『自己愛とエゴイズム』、『自己愛と献身―愛するという意味』(以上 講談社現代新書)、『「いい人」がきっと幸せになれる7つの法則』(PHP研究所) などがある。

こころのティースプーン もうひとさじ
ガラルダ神父の教話集
ハビエル・ガラルダ

2021年3月19日　第1刷発行
2024年6月29日　第2刷発行

発 行 者●谷崎新一郎
発 行 所●聖母の騎士社
〒850-0012 長崎市本河内2-2-1
TEL. 095-824-2080 / FAX. 095-823-5340
e-mail: info@seibonokishi-sha.or.jp
http://www.seibonokishi-sha.or.jp/

校正・組版●聖母の騎士社
印刷・製本●大日本法令印刷(株)

Printed in Japan

ISBN978-4-88216-382-4 C0116

聖母文庫

ペトロ・ネメシェギ

イエスと…

イエスとさまざまな「人」や「もの」との関係を発見し、私たちの救い主イエスをもっとよく知りましょう。

価格500円(税別)

アントニオ・リッチャルディ＝著　西山達也＝訳

聖者マキシミリアノ・コルベ

聖コルベの生と死、信仰と愛、思想と活動の全貌を、列福調査資料を駆使して克明にまとめ上げた必読の書。

価格1000円(税別)

平田栄一

すべてはアッバの御手に

井上洋治神父の言葉に出会う＝

井上洋治神父の言葉を通して、主イエスに出会う旅へ…。井上神学案内書、第2弾！

価格500円(税別)

カルロス・メステルス＝著　佐々木治夫＝訳

「ルツ記」を読む

パン・家族・土地

パン、家族、土地、これらの問題解決のため、ナオミとルツは、どのように闘ったのか、さまざまな困難に立ち向かうすべての人に、「ルツ記」は励ましを与えてくれるだろう。

価格500円(税別)

R・ドグレール／J・ギシャール＝著　伊従信子＝訳

神と親しく生きる

いのりの道

福者マリー＝ユジェーヌ神父とともに

現代の狂騒の中で、大切な何かを見失っていないだろうか…真理、善、美、生きる意味、神との関わりを捜し求めている人たちへ送るメッセージ。

価格500円(税別)

聖母文庫

草野純英
世相からの祈り
神にみ栄え　人に平和

祈りの本です。…少しの時間でも、日頃のお恵み、ご加護を感謝し、また、不完全さのお赦しを願うため、本著が少しでもお役に立てば幸いです。　価格600円（税別）

木村　晟
帰天していよいよ光彩を放つ勇者のスピリット
平和の使者w・メレル・ヴォーリズの信仰と生涯

信仰に基づく「勇者」であるか否かを決する尺度は、その人の死後の評価に表れると、私は思っている。（「プロローグ」より）　価格800円（税別）

ラザロ・イリアルテ＝著　大野幹夫＝訳
聖フランシスコと聖クララの理想

聖フランシスコと聖クララの霊性が、現代社会が抱えている諸問題、特に「愛」、「平和」、「環境」などの問題に、希望の光となると信じています。　価格1300円税別

高木正剛＝編
萬里無影
中島万利神父追悼集

キリスト信者として、司祭としてたくましく生きられた中島神父様のことが、多くの方々に知られ後世に語り継がれるための一助となれば幸いだと思います。（髙見三明大司教）　価格500円（税別）

シリル・ジョン＝著
日本カトリック聖霊による刷新全国委員会＝監訳
聖霊に駆り立てられて

国際カトリック・カリスマ刷新奉仕会評議会のメンバーであり、最も影響力のあるシリル・ジョン神父が、カリスマ刷新の重要性を力強く解説した一冊。　価格600円（税別）

聖母文庫

親と子の信仰宣言
カトリック鶴崎教会学校＝編

「初聖体」「旧約聖書」「新約聖書」に続く親と子シリーズの第4弾！公教要理のようなスタイルで、カトリック信仰を親子で学びましょう。

価格600円(税別)

聖書を読む
トマス・マートン＝著
マリア・ルイサ・ロペス＝監修　塩野崎佳子＝訳

神の言葉とは何か。聖書とは一体どのような本なのか…その問いに迫るトラピスト会司祭マートンの、成熟した神学とユーモアに触れられる一冊。

価格500円(税別)

長崎のコルベ神父
小崎登明

コルベ神父の長崎滞在時代を数々のエピソードで綴る聖母の騎士物語。(初版復刻版)
価格800円(税別)

神への讃歌
木村　晟

ヴォーリズと満喜子の祈りと実践の記

W・メレル・ヴォーリズが紡いだ讃歌の言葉から浮かび上がる篤い信仰を見つめながら、宣教・教育活動を振りかえる。

価格800円(税別)

私のキリシタン史
安部明郎

人と物との出会いを通して

人間には、そのために死んでもいいというような向があるときにこそ、喜んで生きることができる。キリシタンたちに、それがあったのだ。(ペトロ・ネメシェギ)
価格800円(税別)

聖　母　文　庫

水浦征男

教皇訪日物語

第1章「教皇訪日物語」
第2章「そごう百貨店の大ヴァチカン展」
他を収録。

価格500円（税別）

場﨑　洋

キリスト教小噺・ジョーク集

この書で紹介するものは実際に宣教師から聞いたジョークを集めて綴ったものですが、それ以外にも日本で生まれたジョークや笑い話、小噺を載せてみました。

価格600円（税別）

場﨑　洋

イエスのたとえ話

私たちへの問いかけ

歴史的事例や人物、詩などを取り上げながら私たちが生きている現代社会へ問い掛けているイエスのメッセージに耳を傾けていきたいと思います。

価格800円（税別）

森本　繁

ルイス・デ・アルメイダ

本書は、アルメイダの苦難に満ちた医療と伝道のあとを辿り、ルイス・フロイスとの友情や、さまざまな人たちとの人間的な交流を綴ったものである。

価格600円（税別）

ホセ・ヨンパルト

「笑う」と「考える」・「考える」と「笑う」

人間は笑うだけでは幸せになれませんが、考えることによって幸せになることができます。

価格500円（税別）

聖母文庫

ルイス・カンガス
イエス伝
イエスよ、あなたはだれですか

男も女も彼のために、全てをささげ命さえ捧げました。この不思議なイエス・キリストとはどのような方でしょうか。

価格1000円(税別)

ミゲル・スアレス
キリスト者であることの喜び
現代教会についての識別と証しの書

第二バチカン公会議に従って刷新された教会からもたらされる喜びに出会いましょう。

価格800円(税別)

水浦征男
この人

月刊「聖母の騎士」に掲載されたコラム(「スポット・ライト」、「この人」)より1970年代から1980年代にかけて掲載された人物を紹介する。

価格800円(税別)

木村　晟
すべては主の御手に委ねて
ヴォーリズと満喜子の信仰と自由

キリスト者達は皆、真理を実践して真の自由を手にしている。近江兄弟社学園の創設者ヴォーリズと妻満喜子も、平和を愛する信仰の勇者なのであった。

価格1000円(税別)

森本　繁
南蛮キリシタン女医　明石レジーナ

江戸時代初期に南蛮医学に情熱を燃やし、外科治療に献身した女性が存在した。実証歴史作家が描くレジーナ明石亜矢の物語。

価格800円(税別)

聖母文庫

水浦久之
愛の騎士道

長崎で上演されたコルベ神父物語をはじめ、大浦天主堂での奇跡的出会いを描いたシナリオが甦る。在世フランシスコ会の機関誌に寄せたエッセイも収録。価格600円(税別)

水浦征男
教皇ヨハネ・パウロ物語

「聖母の騎士」誌22記事再録

教皇ヨハネ・パウロ一世は、あっという間に姿を消されたため、その印象は一般にあまり残っていない。わずかな思い出を、本書の記事で辿っていただければ幸いである。価格500円(税別)

ジョン・A・シュグ＝著　甲斐睦興＝訳　木鎌安雄＝監訳
ピオ神父の生涯

2002年に聖人の位にあげられたカプチン会司祭ピオ神父は、主イエスの傷と同じ五つの聖痕を持っていた。神秘に満ちた生涯を文庫サイズで紹介。価格800円(税別)

ハビエル・ガラルダ
こころのティースプーン(上)

ガラルダ神父の教話集

東京・雙葉学園の保護者に向けてガラルダ神父がされた講話をまとめました。心の底に沈んでいる「よいもの」をかき回して、生き方に溢れ出しましょう。価格500円(税別)

ハビエル・ガラルダ
こころのティースプーン(下)

ガラルダ神父の教話集

イエズス会司祭ガラルダ神父が雙葉学園の保護者に向けて語られた講演録第二弾。心の底に沈んでいる「よいもの」をかき回して、喜びに満ちた生活へ。価格500円(税別)

聖母文庫

田端美恵子
八十路の春

八十路を歩む一老女が、人生の峠に立って永久に広がる光の世界を見つめ、多くの人が神の愛に目覚めてくれることを願いつつ、祈りを尽くして綴った随想。　価格500円(税別)

駿河勝己
がらしゃの里

日々の信仰を大切にし、御旨のうちに生きる御恵みを祈り、ガラシャの歩まれた永遠の生命への道を訪ねながら…。

価格500円(税別)

ムンシ ロジェ ヴァンジラ
村上茂の生涯
カトリックへ復帰した外海・黒崎かくれキリシタンの指導者

彼の生涯の一面を具体的に描写することが私の意図であり、私は彼に敬意を払い、また彼の魂の遍歴も私たち自身を照らすことができるように思います。　価格500円(税別)

平田栄一
「南無アッバ」への道
井上洋治神父の言葉に出会うIII

毎日事あるごとに「南無アッバ、南無アッバ」と、神父様のあの最後の実践にならって、唱えることかもしれません。

価格800円(税別)

セルギウス・ペシェク
コルベ神父さまの思い出

コルベ神父様はおっしゃいました。「子供よ……どうぞ私の代わりに日本に残って下さい。そして多くの霊魂を救うためにあなたの生涯を捧げてください」。　価格500円(税別)

聖 母 文 庫

クラウス・リーゼンフーバー
知解を求める信仰
現代キリスト教入門

人間の在り方を問い直すことから出発し、信仰において受け入れた真理を理性によって解明し、より深い自己理解を呼び覚まします。　価格500円(税別)

ヨハネス・ラウレス＝著　溝部 脩＝監修　やなぎやけいこ＝現代語訳
高山右近の生涯
日本初期キリスト教史

溝部脩司教様が30余年かけて完成させた右近の列聖申請書。この底本となった「高山右近の生涯―日本初期キリスト教史―」を現代語訳版で発刊。　価格1000円(税別)

伊従信子＝編・訳
十字架の聖ヨハネの ひかりの道をゆく
福者マリー＝ユジェーヌ神父に導かれて

マリー＝ユジェーヌ神父が十字架の聖ヨハネを生き、体験し、確認した教えなのです。ですから、十六世紀の十字架の聖ヨハネの教えは現代の人々にも十分適応されます。　価格500円(税別)

崎濱宏美
風花の丘
(かざばなのおか)

春が訪れ夏が近づく頃まで、十字架の上でさらされた26人でありましたが、彼らの魂は……白く光る雪よりさらに美しく輝いて天の故郷へ帰っていったのであります。　価格500円(税別)

水浦征男
教会だより
カトリック仁川教会報に綴った8年間

ここに収めた「教会だより」は兵庫県西宮市のカトリック仁川教会報「タウ」の巻頭に2009年4月から2017年3月まで掲載されたエッセイです。　価格600円(税別)

聖母文庫

地上の天国
三位一体のエリザベットの秘密

フランシスコ・ハビエル・サンチョ・フェルミン＝著　西宮カルメル会＝訳

私たちの信仰が本物であり、役に立ち、生きていると感じられるように、エリザベットのメッセージが信仰を活性化する助けとなるように願っています。　価格500円（税別）

母であるわたしがここに居るではありませんか
田端美恵子

様々な思い出に彩られて歩んできた現世の旅路は、すべて恵みであり感謝に変わっています。…八十路を超えた著者が綴る、愛に生きることの幸せを噛み締めるエッセイ。　価格500円（税別）

有馬キリシタン王国記
福田八郎
信仰の耕作地

世界文化遺産『長崎と天草地方の潜伏キリシタン関連遺産』の構成資産である「原城」「日野江城」跡の残る島原半島・有馬の地は、セミナリヨが置かれた地であり殉教の地である。　価格1000円（税別）

イエスの聖テレサと共に祈る
フランシスコ・ハビエル・サンチョ・フェルミン＝著　伊達カルメル会＝訳

祈りの普遍の師であるイエスの聖テレサの遺産が、深い精神的根源に力を与え、豊かにするための助けとなり得ると確信します。（著者より）　価格500円（税別）

「南無アッバ」に生きる
平田栄一
井上洋治神父の言葉に出会うⅣ

少しでも多くのキリスト者、求道者そして日本人が自然体で、ご自身の心の琴線に響くイエスさまのお顔（神観）を求めるきっかけともなれば、著者として幸甚の至りです。　価格600円税別